James Nguyen H. Spencer

Planning for Water Security in Southeast Asia

Community-Based Infrastructure During The Urban Transition

Anthem Press
London
2022

Джеймс Нгуен Х. Спенсер

Планирование водной безопасности в Юго-Восточной Азии

Общинная инфраструктура в период перехода к городскому развитию

Academic Studies Press

Библороссика

Бостон / Санкт-Петербург

2025

УДК 628.17
ББК 26.222.588
С71

Перевод с английского Полины Матвеевой

Серийное оформление и оформление обложки Ивана Граве

Спенсер, Джеймс Нгуен Х.
С71 Планирование водной безопасности в Юго-Восточной Азии. Общинная инфраструктура в период перехода к городскому развитию / Джеймс Нгуен Х. Спенсер ; [пер. с англ. П. Матвеевой]. — СПб.: Academic Studies Press / Библиороссика, 2025. — 316 с. — (Серия «Современное востоковедение» = «Contemporary Eastern Studies»).

ISBN 979-8-901270-60-8 (Academic Studies Press)
ISBN 978-5-907918-80-1 (Библиороссика)

Центральная идея книги книги Спенсера заключается в том, что инфраструктура является основой демократии. В книге эта идея иллюстрируется результатами исследований из Юго-Восточной Азии — быстро урбанизирующихся сообществ в Гресике (Индонезия), Кантхо (Вьетнам), Пномпене (Камбоджа) и Ханое (Вьетнам). Эти четыре тематических исследования, иллюстрирующих схожие общественные явления в разных социальных, политических и культурных контекстах, заставляют задуматься о материальных ценностях, связанных со средой, лежащей в основе демократии, а также о важности демократического участия в управлении крупномасштабными городскими проектами.

УДК 628.17
ББК 26.222.588

ISBN 979-8-901270-60-8
ISBN 978-5-907918-80-1

© James Nguyen H. Spencer, text, 2022
© Anthem Press, 2022
© П. Матвеева, перевод с английского, 2024
© Academic Studies Press, 2025
© Оформление и макет.
ООО «Библиороссика», 2025

Предисловие

Путь к изданию этой книги был долгим и трудным. Все началось в 2005 году, когда я работал в Гавайском университете в Маноа над небольшим грантом от Государственного департамента США, посвященным изучению проблемы обеспечения чистой воды в странах Юго-Восточной Азии. Из всех элементов инфраструктуры, обеспечивающих жизнь в густонаселенном городе, доступ к чистой и безопасной воде является наиболее важным, так как именно от него зависят многие другие аспекты общественной жизни. Конечно, меня потянуло исследовать эту тему в Контхо (Вьетнам) — туда, где я уже работал ранее; первый опыт побудил меня расширить проект: при поддержке Фонда Форда и Министерства образования США провести аналогичные интервью и исследования, связанные с местным водоснабжением, в других районах Вьетнама, а также в Камбодже и Индонезии. Статьи, ставшие результатом этой эмпирической работы, прошли множество переработок, прежде чем предстать в виде этой книги. Я выражаю благодарность редакции *Anthem Press*, а также двум слепым рецензентам, которые помогли мне объединить тематические исследования в более масштабный труд. Их вклад оказался для меня неоценимым в формировании этой обширной работы, а любые недостатки книги — только на моей совести.

В действительности эта книга рождалась гораздо дольше. Мой интерес к Вьетнаму и другим регионам Юго-Восточной Азии является частью моей ДНК, учитывая, что моя мать, Нгуен Сюань Дао Спенсер, родом из Шадека, города, расположенного в дельте Меконга примерно в 50 километрах к северу от Контхо. В начале 1990-х годов у меня стала формироваться точка зрения, которую я и формулирую в этой работе: чтобы понять мир и ориентироваться в нем, нам нужно выйти за рамки формальных систем и установок и сосредоточиться на том, как ведут себя люди. По многим причинам описание неформальных групп, выполняющих важную управленческую работу, связано с тем, что я сын своей матери. Поскольку ей было отказано в получении высшего образования и диплома, она выбрала свой — независимый неофициальный профессиональный путь. Должно быть, она также думала об этом пути, когда отговаривала меня от учебы на юридическом факультете, так как я был слишком внимателен к деталям. Будучи оптимистом, я воспринял это предложение как сигнал к тому, что мои природные навыки могут быть приспособлены к поиску менее структурированных и, возможно, более творческих способов функционирования социальной и политической жизни и в конечном счете — как мотивация к поиску более интересных возможностей. Именно эта мотивация побудила меня пойти по ее пути; точнее, это привело меня к тому, что я несколько лет работал с неправительственными организациями (НПО), стремясь положить конец разрушительному экономическому эмбарго США в отношении недавно объединившегося послевоенного Вьетнама и нормализовать дипломатические отношения с Камбоджей, Лаосом и Вьетнамом. В 1980–1990-х годах моя мама активно участвовала в деятельности неправительственных организаций, несмотря на то что многолетняя война во Вьетнаме — начиная с французского колониального периода и заканчивая последним американским вертолетом, покинувшим Сайгон, — сильно потрясла нашу семью и унесла жизни нескольких близких. Бо́льшую часть этого периода моя мама путешествовала из Соединенных Штатов во Вьетнам и обратно, делясь идеями, налаживая партнерские отношения, сопровождая американских детей азиатского происхождения из Вьетнама в Соединенные Штаты и помогая американским некоммерческим организациям в развитии программ военной и гуманитарной помощи во Вьетнаме, Камбодже и Лаосе. В то время, когда американским гражданам было практически запрещено ездить во Вьетнам, моя мать использовала и неофициальные, и официальные каналы для продвижения американской дипломатии, даже когда последние в значительной степени умыли руки в связи с поистине разрушительным конфликтом.

В то время, когда моя собственная работа совпадала с деятельностью моей матери, мне выпала возможность встретиться с министром иностранных дел Вьетнама Нгуеном Ко Тхатем, реформаторски настроенным лидером, жаждущим идей и информации относительно Соединенных Штатов, которые могли бы помочь его новой стране приспособиться к страшному послевоенному периоду. Именно от него я впервые услышал об аналогии с «гребущей уткой», применимой к дипломатии и управлению: сама утка может казаться спокойной, при этом под водой она тихо, но активно гребет, чтобы добраться, куда ей нужно. Эта метафора прекрасно отражает концепцию, которую я применил в своей полевой работе: не просто смотреть сверху, а тщательно исследовать то, что скрыто от глаз.

Эта книга о важной работе, которую выполняют преданные своему делу группы людей «снизу» — такие как моя мама. Как и она, эти люди создают функциональные взаимосвязи и услуги — какими бы несовершенными они ни были — для доставки жизненно необходимой чистой воды в свои общины. Они знают, что их достижения в итоге будут переняты более крупными и влиятельными людьми и системами, но они усердно трудятся и служат своим общинам, следуя чувству долга и высокой цели. В этом контексте моя мама была одной из таких личностей, и поскольку она работала вне официальных каналов, ее достижения никогда не были признаны в достаточной степени. Эта книга служит лишь скромным публичным выражением признательности за те достижения, которых она добилась в течение своей долгой и насыщенной событиями жизни.

В собственной подготовке последующих тематических исследований я опирался на группу смелых и амбициозных аспирантов. Следуя примеру своей матери, я предупредил их, что не стоит принимать за чистую монету то, что им говорили национальные и местные лидеры, нужно находиться внутри своей семьи, наблюдать за повседневной жизнью и строить отношения, необходимые для понимания действительности. Официальная статистика показала, что в быстро развивающихся городах мало чистой воды; однако мы подозревали, что здесь кроется нечто большее. Мы предполагали, что кто-то, должно быть, помогает обеспечивать семьи и общины водой, и этот «кто-то» находится вне поля зрения региональных и национальных властей. Мы также считали, что эти несовершенные усилия на низовом уровне представляют собой подлинную коренную основу, на базе которой могут быть построены более масштабные проекты. Эта гипотеза оказалась надежной и легла в основу данной книги. Как и моя мама, преданные своему делу люди работали за кулисами, чтобы улучшить жизнь своих общин, не дожидались разрешения вышестоящих органов, у которых, похоже, были другие приоритеты.

Понимание этого мира свободного планирования было бы невозможно без постоянной помощи преданных своему делу подвижников. Доктор Нгуен Тьен Хао, мой бывший аспирант в Гавайском университете, постоянно и с энтузиазмом помогал в управлении всем финансированием, поддерживающим этот проект, а его непринужденные беседы с местными семьями в Контхо помогли мне осознать тот факт, что неофициальное планирование в дельте Меконга заслуживает изучения. Когда он писал диссертацию о поставщиках воды в Ханое, мы много беседовали. Наши разговоры открыли мне глобальный взгляд на то, как именно неофициальные соглашения действуют во всем мире, а его расшифровка интервью представила детальное описание партнеров, обеспечивающих чистую воду в Контхо. Доктор Нгуен Туй Лан, также моя аспирантка из Гавайского университета, оказала неоценимую поддержку, помогая глубже понять, как квазинеформальная система в Ханое демонстрирует принципиально иной тип неофициальных отношений по сравнению с теми, что существуют в Контхо. Бо́льшая часть данных и информации, описанных в главе 5, была изложена в ее диссертации на основе обширных интервью, которые она взяла в Ханое для этого проекта, а ее восторженные описания всегда были для меня глотком свежего воздуха. Глава 6 во многом основана на полевых исследованиях доктора Буннарита Менга, когда он был моим первым аспирантом в Гавайском университете. Эти материалы были опубликованы в журнале *Water Policy*. Будучи в настоящее время высокопоставленным представителем Министерства землеустройства, городского планирования и строительства Камбоджи, Буннарит всегда задавал важные вопросы, связывающие детали наших научных открытий с практикой городского планирования, чтобы помочь стране восстановиться после войны во Вьетнаме и ее последствий, в результате которых был полностью разрушен камбоджийский Пномпень. Наконец, и это немаловажно, Крейг Гузински — увлеченный молодой американец, он, будучи студентом Магистерской программы по городскому и региональному планированию в Гавайском университете, стремился изучить индонезийский язык (*Bahasa Indonesia*) и провести летние каникулы в Гресике, Индонезия. Сочетание присущей американцам легкости и редкой скромности, необходимой для погружения в новую культуру, позволило Крейгу без проблем найти общий язык с консультантами из Технологического института Сепулух Нопембер в Сурабае, обладающими глубокими знаниями о неофициальных соглашениях. Бо́льшая часть материалов Крейга из Гресика, представленных в главе 3, были опубликованы в сокращенном варианте в журнале *Environment and Planning*. В финальной стадии написания книги Крейг также проделал итоговую редакционную подготовку тематических исследований на ранних этапах, как и Дэвид Мараско, мой аспирант из Клемсонского университета. Работа каждого из этих аспирантов отражена на страницах этой книги, и я многому научился у них; я надеюсь, что наш общий труд значительно продвинет теоретическую точку зрения, которая сможет вылиться в практические решения по планированию на местном уровне в Юго-Восточной Азии и за ее пределами, где быстрая урбанизация привела к чрезмерной нагрузке на общественную инфраструктуру. Без их неоценимой помощи в сборе данных в каждом из городов я бы никогда не смог доказать, что планирование должно систематически поддерживать общинные и зачастую неофициальные организации.

Этот момент говорит о важности планирования, которое опирается на неофициальные решения для обеспечения жизненно важного водоснабжения местных жителей, и подводит меня к тому, как лично я вижу планирование и развитие. В предисловии я сразу начал с того, что эта книга — дань уважения работе моей матери. По счастливой случайности она родилась всего за несколько дней до рождения моего дяди, г-на Нгуена Сюань Дюка, который также повлиял на мою профессиональную жизнь. В 1970-х годах он работал в Министерстве общественных работ и коммуникаций Республики Южный Вьетнам в качестве гражданского инженера среднего звена, занимаясь проектированием и обслуживанием крупных инфраструктурных проектов, таких как мост Фу Суан в городе Хюэ. За год, предшествовавший падению Сайгона (1975), бóльшая часть высшего правительственного руководства покинула страну, и Министерство общественных работ и коммуникаций не стало исключением. За несколько дней до падения Сайгона Дюк был назначен министром общественных работ, хотя страна, которой он служил, рушилась. В последние дни апреля 1975 года, когда многие чиновники и их семьи бежали, — на вертолетах, лодках и самолетах — он оставался в стране, хотя ему и его ближайшим родственникам был предоставлен коридор для безопасного выезда. Так Дюк мог бы избежать неизвестного будущего при новом вьетнамском коммунистическом правительстве. В то время самым наглядным предвестником того, что сулит приход коммунистов к власти, стало недавнее событие в Пномпене: опустошение города и начало формирования так называемых Полей Смерти в Камбодже. Дюк настоял, чтобы его жена Мин и дети Нхан, Хонг и Киу бежали в Соединенные Штаты, а затем во Францию без него. Он испытывал чувство ответственности и стремился гарантировать жителям города сохранение доступа к чистой воде; без этой воды, по его мнению, они столкнулись бы с непреодолимыми трудностями, связанными со здоровьем, благополучием и даже выживанием. Это чувство ответственности за благополучие общества стоило ему пяти лет в одном из отдаленных «лагерей перевоспитания» и еще двух лет в ужасающих условиях физического существования и в разлуке с семьей. Его выбор и личный пример иллюстрируют приверженность тех, кто ставит нужды своих общин (и о ком эта книга) на один уровень со своими собственными, иногда ценой жизни. Я надеюсь, что вы прочитаете эту книгу с уважением к тем организаторам, которые продолжают идти вперед, выдвигая общественные инициативы, в то время как другие уклоняются от своих обязанностей.

Как всегда, моя жена Мерон и дети Йоханнес, Сабах и Хорди продолжают служить для меня источником вдохновения и помогают искать тех, кто многое сделал для своих общин.

Введение

Нередко именно нужда становится движущей силой изобретательности; иногда, даже несмотря на серьезные политические и финансовые ограничения, выдающиеся личности или организации находят творческие пути решения насущных проблем на местном уровне. Эта книга посвящена управленческим экспериментам, возникающим в ответ на растущие требования урбанизации. Рассказывая о них в сравнительном ключе, автор стремится раскрыть внутренние механизмы работы местных управленческих структур в государственных и общественных сферах, способствуя более глубокому пониманию практик развития в самых разных странах, преимущественно в регионах Глобального Юга.

В настоящее время принято думать о развивающихся государствах Азии и других регионов как о национальных гигантах, реализующих различные версии модернистских проектов, например, таких, которые подробно описывал Джим Скотт (1998). Скотт утверждал, что постоянно растущая государственная власть все больше проникает в повседневную жизнь граждан. В противоположность описаниям сильных развивающихся государств доминируют характеристики сложных сетей неформальных и неофициальных групп, действующих вне контроля государства и стремящихся к самостоятельному принятию решений на местном уровне. Наряду с господствующими подходами, вовлекающими как государственные, так и негосударственные политические силы, есть и традиционные экономические модели, согласно которым вложения капитала считаются основным фактором экономического роста, что часто используется практиками для снижения значимости политических аспектов.

В книге рассматриваются ситуации, когда местные власти успешно уменьшают влияние мощных национальных структур, а активисты и общественные организации используют свои ресурсы и навыки для реализации важных городских проектов и внедрения инновационных моделей финансирования. Рассматривая эти процессы с разных точек зрения, автор показывает, как местное самоуправление не только предлагает альтернативные пути развития, но и формирует новые формы общественного участия, адаптируясь к быстрым изменениям в местных сообществах и политической ситуации в целом.

Там, где местные соглашения формируются задолго до того, как государство создаст крупные инфраструктурные проекты для решения задач урбанизации, социально-политические структуры становятся частью повседневной жизни и порой служат основой для совместных форм самоуправления. Я убежден, что такие договоренности следует рассматривать как первые шаги к устойчивым формам управления в условиях стремительной урбанизации и развития в глобальном контексте.

Мобилизация общества в поддержку инфраструктуры водоснабжения: четыре района с переходной экономикой в Юго-Восточной Азии

Как известно, после окончания холодной войны Юго-Восточная Азия стала быстро развиваться благодаря прекращению жестоких и кровавых войн и политических репрессий. Этот регион хорошо известен своим политическим развитием на низовом уровне, также способностью проводить преобразующие политические изменения и борьбой в ответ на колониальные репрессии. Менее широко освещается применение этого низового потенциала для решения современных проблем развития; иными словами, для решения актуальных общих для региона задач сформировались креативные группы, организованные на местном уровне. Четыре ситуации, подробно описанные ниже, можно рассматривать как современное проявление давней традиции объединения на местном уровне для решения повседневных вызовов обществу.

Хотя я не стремлюсь напрямую сопоставлять борьбу за антиколониальную свободу с задачами обеспечения местной инфраструктуры, мой акцент на важности местных сообществ и организаций подчеркивает глубокую традицию, коренную для региона Юго-Восточной Азии. Эта традиция в наши дни активно применяется для управления стремительным ростом и урбанизацией. При рассмотрении исторического контекста формирования низовых организаций важно начать с описания таких сообществ, которые будут детально раскрыты в последующих главах. Это помогает показать, как с давних времен регион проявлял находчивость и способность противостоять общемировым вызовам через собственные формы коллективного действия.

Гресик — это урбанизированный *кабупатен* (район) в Индонезии в 40 километрах от города Сурабая в восточной части о. Ява. Гресик рано начал развиваться в индустриальном плане, именно здесь в 1960-е годы появился первый цементный завод в Индонезии. В 1980-е годы Гресик и Ява в целом продолжили интенсивное развитие, чтобы уменьшить экономическую зависимость страны от нефти как основного компонента экономики. В тот же период в отдельных *кекаматанах* (подрайонах) наблюдался рост тяжелой промышленности, — производство нефтехимии и пластмассы было размещено в Гресике. Позднее Гресик стал одним из десяти центров промышленного роста в Индонезии: планы строительства морского порта на побережье, а также присутствие района в мегаурбанизированном регионе Сурабая, несомненно, привели к продолжению быстрой урбанизации.

К сожалению, с точки зрения водоснабжения Гресик не является удачным промышленным объектом. Соленая вода и перебои водоснабжения вызывают постоянную озабоченность. До 1980 года местные жители в основном были рыбаками и ежедневно получали воду из мелких прудов и колодцев. В более мелких районах крупные промышленные предприятия истощили запасы воды, а пруды и мелкие колодцы практически пересохли. В сочетании с промышленным спросом на воду было построено большое количество микрорайонов, известных как перумахан (*perumahan*), для размещения рабочих и служащих, которые переехали в Гресик вследствие роста промышленного производства. В одной деревне, например, количество домов выросло с 316 в 1980 году до почти 2600 в 2006 году. Всего за 25 лет количество домов выросло на 850 %. Вода из водопровода официально подается в *перумаханы*, такие как Гресик, районной водопроводной компанией *Perusahaan Daerah Air Minum* (PDAM); однако общины с низкими доходами, в основном коренные жители Гресика, в целом лишены возможности получать эти услуги, даже несмотря на то, что они живут в непосредственной близости от *перумахана*. На отсутствие поддержки водоснабжения со стороны водопроводной компании и потерю ставших традиционными источников воды, таких как мелкие колодцы и пруды, эти старые общины отреагировали новаторски: открыли собственные системы водоснабжения из глубоких колодцев, финансируемые самими жителями. Создание собственной местной инфраструктуры водоснабжения стало параллельным решением со стороны общины, находящееся за пределами компетенции даже местных органов власти. Эти усилия иллюстрируют местные коллективные действия, которые предоставляют основные услуги широким слоям населения.

Если посмотреть в направлении Яванского и Южно-Китайского морей, в дельте Меконга сложилась аналогичная ситуация на местном уровне. С 2000 года город Кантхо во Вьетнаме экспериментировал с инновационной системой финансирования и управления водоснабжением для новых районов города, которые недавно вошли в его состав. В том же году центральное правительство Вьетнама объявило Кантхо независимым муниципалитетом и ожидало увеличение численности его населения в два раза к 2010 году. Это административное изменение оказало давление на ранее существовавшую систему с низкой пропускной способностью и потребовало инновационной системы партнерства между местными землевладельцами, а также реформ государственной компании водоснабжения и Народных комитетов на уровне районов. В Кантхо местные землевладельцы в сотрудничестве с городской водопроводной компанией вырыли глубокие общественные колодцы, используя те же технологии, что и в Гресике. Здесь местные землевладельцы общины, зачастую будучи бедными жителями отдаленных сельских районов, предоставляли доступ к труднодоступным землям для бурения новых скважин, местная городская компания водоснабжения предоставляла материалы и техническую поддержку, а местный Народный комитет проводил конкурсные торги в округе, чтобы определить, кто получит контракт с компанией водоснабжения. После постройки землевладелец заведовал выставлением счетов и сбором платежей в обмен на плату за управление и комиссию за каждый кубометр воды, использованный домохозяйствами в системе, тем самым создавая стимул для подключения членов сообщества, не имеющих доступа к водопроводной воде. Компания по водоснабжению получала доступ к земле для колодцев без необходимости отбирать ее у жителей общины, а также имела возможность собирать плату, поскольку управляющий был членом общины.

Город Ханой (Вьетнам) быстро рос в конце 1980-х годов, начиная с периода *Дой Мой*[1]. Как и в других городах развивающегося мира, в Ханое постоянно появлялись новые районы, не предоставляющие основные городские услуги; инфраструктурные услуги, например, либо полностью отсутствовали, либо предоставлялись плохо. Следовательно, большинство людей, проживающих в этих районах, не имели доступа к водопроводной воде. Ко Нхуэ, коммуна района Ту Льем, в начале 2000-х годов располагалась на пригородной окраине Ханоя. Здесь люди оплачивали воду по более высоким тарифам, чем в других частях города, хотя жители в целом были беднее. Начиная с 1997 года местное управление коммуны взяло на себя обслуживание района, купив права на подачу воды через основной счетчик, и взяло на себя ответственность за предоставление услуг учредителям. Местное подразделение по управлению водоснабжением (WMU)[2] при

---

[1] Комплексная программа реформ в экономической, политической, социальной и культурной сферах, инициированная Коммунистической партией Вьетнама. Официально принята на VI съезде Коммунистической партии Вьетнама в декабре 1986 года. — *Прим. пер.*

[2] Local water supply management unit (WMU). — *Прим. пер.*

поддержке Народного комитета коммуны Ко Нхуэ было создано для эксплуатации, обслуживания сети водоснабжения и продажи воды потребителям (домохозяйствам), установки новых подключений и счетчиков воды на территории коммуны по мере необходимости. Оно также отвечало за устранение утечек и защиту системы от потери воды, выставление счетов и сбор доходов, а также выплату компании *Cau Giay Water Supply Company,* филиалу более крупной компании *Ha Noi Water Business Company (HWBC)*, общей оптовой стоимости воды, которая закачивается на территорию. Местное управление инфраструктурой водоснабжения привело к регулярному и надежному водоснабжению пригородных окраин Ханоя по более низкой цене.

Если говорить о Камбодже, то можно привести последний пример планирования инфраструктуры водоснабжения на уровне общины; здесь после многих лет гражданской войны сосредоточились на восстановлении и развитии столь необходимой городской инфраструктуры по всей стране. Даже в столице Пномпень в начале 1990-х годов водоснабжения почти не существовало, и новая послевоенная городская администрация, озадаченная системой управления, которая характеризовалась коррупцией и покровительством, столкнулась с проблемой обслуживания больших территорий отдаленных бедных общин, где проживало более миллиона человек. Они никогда раньше не платили за городские услуги, но нуждались в чистой воде, несмотря на то что у них было мало ресурсов для ее обеспечения. Эти вызовы, конечно, также возникли после более чем десятилетия геноцида, гражданской войны и психологических травм. При опоре на пропагандистскую работу и процесс реформ, в которых общины с низкими доходами рассматривались как партнеры и сопроизводители своих собственных услуг, был достигнут практически всеобщий охват водоснабжением по доступным ценам.

Описанные здесь ситуации представляют собой четыре структуры национального правительства: столицы, крупные второстепенные города, а также центральные города и пригородная среда. О достоинствах каждого из них можно написать отдельную книгу и представить в ней местную социально-политическую динамику как свидетельство эволюции этих местностей. Такой этнографический подход не только детализировал бы местные нюансы, но и послужил бы в качестве уроков о региональных характеристиках такого рода, местных экспериментах в сфере предоставления услуг, и о принципах, которые могли бы заострить наше внимание на проблемах развития в этом контексте за пределами региона. При таком минимальном внимании к вопросам внешней действительности исследование предложило бы ряд прагматических смыслов для специалистов по планированию, заинтересованных в критическом анализе, за которым следует общественное принятие решений.

Говоря об этом в региональной сравнительной перспективе, я надеюсь предоставить более широкую и этнографически обоснованную базу для рассмотрения глобальных проблем обеспечения инфраструктурой водоснабжения, поскольку города Глобального Юга быстро урбанизируются. При этом я надеюсь подчеркнуть важность официальных и неофициальных организаций местного уровня и те формы, которые они могут принимать, чтобы помочь устранить инфраструктурный разрыв, который почти всегда сопровождает быструю урбанизацию. Хотя эти случаи не являются независимыми базовыми точками, указывающими на проверяемую гипотезу, их отбор и исследование были структурированы так, чтобы сделать сравнительно надежные выводы.

Каждый случай, описанный в последующих главах, характеризуется высокими темпами роста и увеличением абсолютного спроса на душу населения на городские услуги, такие как вода. Данные в Кан Тхо были собраны в 2005 году и объединены качественными интервью и опросом домохозяйств в количестве 200. Данные трех других участков были собраны таким же образом посредством их посещений в январе 2007 и июле — августе 2007 года, но включали опрос домохозяйств в количестве 350 для каждого участка. Насколько это возможно, инструмент исследования был одинаковым для всех четырех местностей, а качественные вопросы задавались по одним и тем же направлениям. Несмотря на эти усилия по обеспечению последовательности, существуют значительные различия в методологии исследования различных местностей и, следовательно, в анализе.

Однако в каждом конкретном исследовании заложен ключ к пониманию того, как более масштабные институциональные структуры — будь то банки развития, посреднические кредитные организации или вовлеченные в процесс ссудные фонды — способны раскрыть и максимально использовать потенциал местных институциональных инноваций. Только когда местные инновации рассматриваются в сравнительной перспективе, они способны предложить решения, выходящие за рамки строго контекстуальных, хотя и полезных инициатив. В совокупности же такие локальные подходы обретают масштаб и значимость, делая их привлекательными для внимания и поддержки более крупных институтов.

Методы и мотивации

Я считаю, что подробное описание этих проектов в следующих главах сейчас важнее, чем когда-либо. Текущий глобальный кризис, связанный с проблемой снабжения чистой водой, сочетается с тенденцией к быстрой глобальной урбанизации, которая привела к новым вызовам в развитии, для решения которых наши существующие концептуальные рамки неактуальны. Эти примеры показывают, как местные органы власти — и неправительственные организации — иногда реагировали на этот городской кризис водоснабжения, а сравнительное описание выявляет компоненты каждого из этих локальных примеров, которые помогут нам сформировать новые рамки развития в теории и на практике.

Однако я также считаю, что помимо такого материального кризиса может возникнуть кризис науки, образования и практики, который усугубляет существенные вызовы, с которыми мы сталкиваемся. Ученые, занимающиеся проблемами быстрой урбанизации и общественной активности, обнаружили, что сложно предложить эффективные способы влияния на состояние развития, а именно предложить варианты, которые могли бы эффективно поддержать уязвимые сообщества, подвергающиеся риску маргинализации, сделав это с помощью практик развития, не привязанных к местному и региональному потенциалу. Например, основательная критика действий государства может глубоко повлиять на мыслительные процессы читателей, и иногда эти читатели включают такую критику в свою работу, что может поддержать интересы сообщества. С другой стороны, иногда такая критика оставляет читателям — и некоторым практикам — скудную альтернативу нормотворческим предложениям. Распространение моего исследования хорошо проиллюстрировало этот более широкий вопрос.

После проведения большей части этого исследования в рамках того, как маргинализированные сообщества в быстро урбанизирующихся микрорайонах обеспечивают себе поставки воды, стало ясно, что недостатка в творческих местных экспериментах и процессах нет. Когда наша исследовательская группа начала представлять результаты исследования не только ученым и преподавателям, но и политикам, национальным агентствам планирования и банкам развития, стало ясно, что информация о таких местных мероприятиях не просочилась за пределы населенных пунктов. Хотя некоторые представители на государственном уровне не были удивлены существованием таких договоренностей или тем, что местные сообщества имеют возможность обеспечения чистой водой, механизм работы этих местных систем им был малоизвестен. В то же время, когда обсуждался вопрос о том, как крупные инвестиции в инфраструктуру могут непреднамеренно привести к дальнейшей маргинализации бедных сообществ, лица, принимающие решения на национальном уровне, верили в то, что это просто компромисс между модернизацией и социальной поддержкой бедных слоев населения. С их информационной точки зрения процесс принятия решений представлял собой игру с нулевой суммой: модернизация городов против обслуживания бедных слоев; не было золотой середины, посредством которой бедные общины могли бы внести свой вклад в достижение целей модернизации. Я обнаружил, что для чиновников рассказы о местных инновациях в области обеспечения чистой водой были интересны, но совершенно непрактичны с точки зрения развития. В то же время для тех, кто видел потенциал в мелких поставщиках, масштаб был неподходящим. Приведем слова представителя одного из банков развития:

> Это очень интересные и эффективные проекты по водоснабжению, но наше агентство просто не в состоянии принять в них участие на этом уровне. Наши проекты должны быть намного масштабнее, чтобы быть целесообразными и в принципе возможными.

Эта книга написана для аудитории, жаждущей критического анализа прагматических результатов развития. По этой причине тонкая грань проходит между качественной документацией и анализом, который обеспечивает достаточную детализацию и обобщенные сравнительные предложения, чтобы оценить масштаб и более широкое применение. Хотя этот подход не может одновременно удовлетворять профессиональных этнографов и экономистов, он действительно направлен на то, чтобы стимулировать новое мышление, которое бросает вызов установленным границам в исследованиях, посвященных развитию, а также указывает на планы и политику, которые потенциально могут быть расширены. Именно в аспекте создания идей, которые могут быть расширены, книга наиболее важна, поскольку такие серьезные вызовы, как урбанизация — по некоторым оценкам, обеспечение городского водоснабжения потребует триллионов долларов инвестиций к 2050 году [Hutton & Varughese 2016] — требуют от правительств и других организаций реализации широкой политики и привлечения новых партнеров, способных предоставить не только деньги, но и компетенции на местном уровне, а также политическую смекалку. Я считаю, что исследования, подобные этому, методологически предложат будущим ученым модель, позволяющую сеять важные новые идеи для решения других грандиозных вызовов, с которыми мы также сталкиваемся сегодня.

Сферам планирования и государственного управления не чужд такой методологический подход. Каждый из них придерживается точки зрения, согласно которой критическое мышление может положительно повлиять на государственные учреждения, причем в масштабах, выходящих за рамки отдельного проекта. Именно по этой причине наибольший рост набора студентов на обучение по этим дисциплинам приходится на студентов из быстро меняющихся стран Глобального Юга. Таким образом, то, как образовательные учреждения и ученые преподают в этих областях знания, должно быть адаптировано к их профессиональным интересам и потребностям, и крайне важно, чтобы мы понимали и расставляли приоритеты в основных концепциях, касающихся прав и общественных благ в рамках быстро меняющихся потребностей сообщества.

По моему мнению, в настоящее время существует необходимость в обсуждении целой книги, предназначенной для специалистов по планированию и градостроителей, прилагающих усилия по водоснабжению на уровне сообществ. Однако эта потребность является скорее возрождением основополагающей позиции, которая изначально была отправной точкой в области городского планирования, о чем я расскажу в следующей главе. Историкам, изучающим развитие городов, хорошо известно, что первоначальный рост городов в Европе и других странах привел к широко распространенным проблемам со здоровьем, связанным с загрязнением воздуха, вывозом отходов и заражением воды, — и это лишь некоторые из них. Теория микробного происхождения болезней доктора Джона Сноу стала итогом его сотрудничества с городским активистом Генри Уайтхедом, благодаря которой стало понятно, что вспышки холеры в Лондоне XVIII века были результатом отсутствия защищенных систем водоснабжения. Также неудивительно, что один из самых известных ландшафтных архитекторов и градостроителей XVIII века, Фредерик Лоу Олмстед, несколько лет возглавлял Санитарную комиссию США после работы над проектом Центрального парка Нью-Йорка.

Эти исторические связи между планированием и общественным здравоохранением недавно получили новый импульс, например, у Мэтью и Макдоналда [Matthew & McDonald 2007].

Новые ученые стали освещать важность понимания для градостроителей того факта, каким образом городское водоснабжение обеспечивается в быстро растущих городах Глобального Юга. В частности, Харисма Эйси [Acey 2010, 2016] начала использовать эмпирические данные и качественные исследования, чтобы выявить новую общественную динамику, влияющую на водоснабжение в мегаполисах Западной Африки, точно так же как Марсела Гонсалез Ривас [Rivas 2014a, 2014b] начала исследовать небольшие города Мексики и Латинской Америки. Аналогичным образом, Дэвис [Davis et al. 2008] подробно описывает роль, которую общество и микрофинансирование играют в обеспечении устойчивости водоснабжения, а Фуэнте [Fuente 2019] изучил литературу по тарифному ценообразованию и обнаружил, что гораздо большее внимание необходимо уделять странам и муниципалитетам, где распространены неформальные системы.

В дополнение к этим программам эмпирических исследований ученые, занимающиеся планированием и государственным управлением, также начали писать о политических последствиях обеспечения водоснабжения по мере роста урбанизации. Анита фон Шницлер [Schnitzler 2016] задокументировала в книге «Инфраструктура демократии: технополитика и протест после апартеида» факт, свидетельствующий, насколько расовая политика Южной Африки способствовала обеспечению чистой водой в Йоханнесбурге. Шницлер обсуждает сложность включения широких социальных целей, в том числе основных прав доступа к ресурсам, таким как чистая вода, в политику регулирования городскими предприятиями водоснабжения в условиях, когда чернокожие жители подвергались дискриминации в доступе к кредитам и срокам платежей (в т. ч. их вынуждали вносить предоплату). Аналогичным образом Лиза Бьоркман [Bjorkman 2015] в монографии «Политика водоснабжения, борьба за воду: интегрированная инфраструктура тысячелетнего Мумбаи» подробно описывает то, как муниципальные советники конкурируют в интересах общественного здравоохранения и доступа к воде для бедных избирательных округов. Бьоркман описывает, как вспышка холеры вынудила советника Рафика Нагара одновременно протестовать против решений, предложенных санитарными инженерами, которые ограничили бы доступ его избирателей к воде, а также развивать социальное влияние и политический капитал, необходимые для принятия решительных мер для управления кризисом в области здравоохранения. Эту тему организации избирателей вокруг базового водоснабжения повторяет Вероника Эррера [Herrera 2017] в книге «Вода и политика: клиентоориентированность и реформы в городах Мексики». Автор описывает, как базовая городская инфраструктура используется для завоевания политической благосклонности среди избирателей в быстро урбанизирующихся городах Мексики и как городская инфраструктура может быть использована на службе избирательной политики молодых демократий и слабых институциональных систем. Очевидно, что наблюдатели ощущают растущую потребность в понимании процессов водоснабжения и предоставления основных городских услуг по мере роста урбанизации в мире. Это понимание требует не только позитивистских эмпирических исследований городского водоснабжения, иллюстрируемых работами аналитиков первого ранга, но также критических исследований, которые рассматривают предоставление базовых городских услуг через призму политики и говорят нам об аналогичных способах развития сообществ в быстро растущих городах в различных культурных и политических контекстах.

С одной стороны, исследования, ориентированные на планирование, направлены на поиск решений вопросов в мелких масштабах, основанных на расчетах организаций по развитию; с другой стороны, политические исследования местных организаций иллюстрируют, что конфликты вокруг водоснабжения говорят нам о социальных и политических изменениях. Примеры, приведенные в этой книге, выполняют трудную задачу посредством политически и этнографически обоснованного описания социально-политической среды на местном уровне, связанного с практической необходимостью разработки новых институциональных механизмов, которые могут улучшить водоснабжение бедных общин, как это попыталась сделать группа авторов посредством своей основанной на данных, а также эмпирической работы. Понимая всю сложность задачи, я ожидаю, что перспективы и уроки, извлеченные из совокупности этих четырех целевых исследований, могут предоставить градостроителям политически обоснованное понимание, которое может привести к улучшению работы учреждений, служащих бедным и недостаточно признанным сообществам по мере урбанизации городов.

Права на уровне общин и урбанизация водных ресурсов: опыт Юго-Восточной Азии

Учитывая недавнее возрождение исследований в области планирования водоснабжения, важно вернуться к дискуссии о поставщиках чистой воды на местном уровне в контексте общественного благополучия, что является целью любого градостроителя или политика. Примеры Гресика, Кантхо, Ханоя и Пномпеня иллюстрируют разную степень быстрой урбанизации и творческого реагирования на местном уровне для удовлетворения основных потребностей городских жителей — как старых, так и новых. Каким бы интересным ни был каждый случай по отдельности, вместе в более широком смысле они представляют целый класс и спектр гражданских усилий по обеспечению одного из основных прав человека: чистой и доступной воды. Поскольку обеспечение этого права является одной из важнейших задач государства и других лиц, служащих интересам всеобщего благосостояния, невозможно понять развитие гибкой и эффективной системы управления — на самом деле, устойчивой — без понимания изменяющегося характера прав по мере того, как общество урбанизируется. Сложный набор вопросов управления водными ресурсами, права и доступность воды в пригородных районах следует рассматривать в рамках того, что можно определить как «урбанизацию водных ресурсов»[3].

---

[3] Другие исследователи также использовали эту терминологию, например, [Swyngedouw 2004], но лишь немногие сформулировали ее подробно и эвристически. — *Прим. авт.*

Эта структура показывает, как доступ к воде может стать пространственно дискуссионным, поскольку права людей на воду изменяются в зависимости от географического положения, то есть в рамках сельской местности, пригородов или городов. Эта разница определяется доступностью и изменчивостью водных ресурсов, участием различных органов управления в обеспечении водой, а также социально-политическими отношениями, присущими данной местности. Концепция прав [Sen 1983, 1990] полезна в описании комплекса вопросов изменения доступности воды, когда местное сообщество испытывает воздействие быстрого и интенсивного роста городов. Сен утверждает [Sen 1983], что на права влияют не столько природные явления, сколько социальные системы, отвечающие за распределение ресурсов в обществе. Например, в случае голода дело не в том, что еды не хватает; скорее, люди голодают из-за несправедливых процессов распределения. Голод возникает, по его словам, когда отношения между тем, что дано, и правами — или ресурсами и правами — не соответствуют друг другу. По мере быстрой урбанизации эти две концепции, которые экономисты, возможно, рассматривают как спрос и предложение, все более дистанцируются.

Право каждого отдельного человека на воду — базовая человеческая потребность — может зависеть от стабильности или изменений в его/ее целевом капитале. Как видно на рис. 0.1, права на воду для жителей пригородов, где их среда и сообщество переживают быстрый процесс урбанизации в более широком городском контексте, могут довольно быстро сократиться. В сельской местности право человека на воду зависит от природных водных ресурсов в сочетании с социальной структурой или солидарностью в обществе. Из-за наличия и относительной незагрязненности ресурсов поверхностных вод сельские жители с большей вероятностью будут использовать воду напрямую. Социальные нормы, правила извлечения и применения санкций для нарушений, согласованные между пользователями сообщества, членами которого они являются, контролируют к ним доступ. Следовательно, права сельских жителей на воду в основном являются отражением права на природные ресурсы. С тех пор

Рис. 0.1. Целевой капитал, права и урбанизация водных ресурсов
Источник: составлено автором

как социальные отношения во многом определяются родством и взаимопомощью, эти сельские жители также имеют право на воду посредством взаимопомощи и/или перераспределения воды между всеми членами сообщества [Polanyi 1997].

С другой стороны, из-за высокой плотности населения, потенциальных рисков для здоровья, связанных с прямым присвоением природных водных ресурсов, а также высоких финансовых затрат на производство и распределение услуг водоснабжения горожане редко самостоятельно производят воду или напрямую получают надежную сырую воду из окружающей среды. Высокая стоимость земли и потребность в ее освоении делают практически невозможной доступность поверхностных вод для ежедневного использования городских жителей. Доступ к ресурсам подземных вод также становится менее осуществимым, поскольку этот доступ требует крупных инвестиций домохозяйств, и эти воды легко загрязняются в городской среде, если только это не колодец, вырытый в защищенном водоносном горизонте — источник, который имеет более высокий первоначальный инвестиционный барьер. По этим причинам прямой доступ жителей к этим природным водным ресурсам и/или самообеспечение водой становятся гораздо менее вероятными по мере прогресса урбанизации. В результате городские жители становятся все более зависимыми от поставщиков услуг водоснабжения, которым приходится предпринимать все более активные шаги для *производства* воды, а не просто для ее извлечения из природной среды.

Зависимость от таких поставщиков услуг водоснабжения означает, что доступ городских жителей к воде в первую очередь определяется по принципу «пользователи должны платить», который зачастую не выражается в денежной форме. Независимо от того, получает ли человек субсидию от коммунального предприятия или оплачивает полную стоимость услуг водоснабжения, с него требуют деньги (заработанные за счет навыков, труда или продажи продукции) и/или же взаимопомощь, чтобы получить доступ к надежным источникам питьевой воды. Коллективные усилия в форме самопомощи внутри сообщества также возникают в городской черте, это видно из тематических исследований. Однако такое водоснабжение на уровне общин, как правило, оказывается нежизнеспособным в долгосрочной перспективе ввиду (1) продолжающегося роста городского населения и социально-экономической неоднородности, которые потенциально ставят под угрозу коллективные усилия, (2) высокого риска загрязнения водных ресурсов, (3) ограниченного доступа к технологиям и/или (4) отсутствия поддержки со стороны местного правительства, как было в случае предоставления услуг, управляемых сообществом [Isham & Kähkonem 1999; Lowry et al. 2005].

Между сельской и городской средой возникают пригородные районы. Эти переходные пространства, формирующиеся по мере того, как сельская местность поглощается городской структурой, не имеют ни роскоши прямого доступа к источникам сырой воды, как у сельских жителей, ни ресурсов городских жителей, поддерживаемых государством. Вместо этого жители пригородов испытывают изменения в своих правах на питьевую воду. В зависимости от темпов экологических и социально-экономических трансформаций, подрывающих качество природных источников воды и доступность традиционных сельских методов водоснабжения района, также наблюдается тенденция к тому, что жители становятся менее зависимыми от прямого доступа к природным источникам воды и в большей степени зависимыми от местных поставщиков услуг водоснабжения в возрастающих масштабах до тех пор, пока регион не начнет обслуживать крупное общедоступное предприятие водоснабжения.

В более ранних работах я описал, каким образом права на воду и другие инфраструктурные права сохраняются в пригородных районах в долгосрочной перспективе развития. Я предложил теорию прироста и совместимости общественного планирования, в соответствии с которой местные и мелкие поставщики воды не заменяют более обширные и комплексные системы, а скорее дополняют их, что позволяет более крупным системам постепенно развиваться для удовлетворения растущего спроса и тем самым сохранять устойчивость перед лицом быстрых вызовов. Для теоретической подоплеки этой книги крайне важно осознать утверждение, которое я сформулировал ранее: «Небольшие неформальные и полуформальные виды управления являются основными компонентами устойчивой урбанизации» [Spencer 2021: 152]. Я доказывал необходимость разработки

> концептуального понимания того, как крупномасштабные и малые системы «взаимодействуют» [с тем, что...] подчеркивает важность понимания смешанных и комплексных форм предоставления услуг, а также каким образом и когда поддерживать альтернативные организации в их эффективном и устойчивом обеспечении общественных благ [Ibid.: 2].

В совместимости признается, что

> местное управление в условиях быстрой урбанизации является нестабильным, с дополняющими друг друга и конкурирующими в различных масштабах поставщиками воды; [...] Гибридные системы водной инфраструктуры характерны для быстро развивающихся городов урбанизирующегося Глобального Юга. Таким образом, хотя учреждения могут установить естественную монополию над системами Б[оль-

ших] И[нфраструктур], они все равно должны конкурировать за природные источники, частные и общественные колодцы и дождевую воду, источники, которые остаются доступными для потенциальных пользователей. Там, где эти продукты водоснабжения являются товарами с относительно высокой стоимостью, жители будут разбираться в воде, которую они используют, делая экономический выбор в рамках того, что и за сколько покупать и каких целей использовать.

Моя аргументация подчеркивает необходимость того, чтобы города решали трудности, связанные с быстрым городским развитием, действуя через гражданские и территориальные реестры; таким образом, в этой книге представлены существенные детали, иллюстрирующие широкие рамки взаимодействия внутри гибридных систем, предназначенных для работы между крупными техническими системами (LTS)[4] и мелкими предприятиями-поставщиками (SSP)[5].

Каждое тематическое исследование, приведенное ниже, которое описывает урбанизацию водных ресурсов и сложность местного управления ими, которое было экологически, социально-экономически и политически вызвано истощением водных ресурсов, низким, но растущим уровнем вовлеченности государства в обеспечение соблюдения прав на воду, сталкивается с частным оппортунистическим и бизнес-ориентированным поведением, появлением мелких частных поставщиков, преобладанием неуправляемого доступа к подземным водам и появлением новых учреждений. Присутствие этих видов деятельности в городе иллюстрирует, как урбанизация воды привела к исследовательской фазе производства и управления местными источниками воды. Благодаря этой деятельности было выработано достаточное количество воды для домохозяйств, таким образом позволив сохранить права по мере изменения экологического и социального контекста и привести их в соответствие с обще-

---

[4] Large technical systems (LTS). — *Прим. пер.*
[5] Small-scale providers (SSP). — *Прим. пер.*

ственной собственностью. Так, урбанизация без адекватных изменений в системах и учреждениях, вырабатывающих водные ресурсы, представляет собой урбанизацию без основных прав каждого индивидуума.

Урбанизация водных ресурсов, наблюдаемая в таких районах, как Гресик, Кантхо, Ханой и Пномпень, в целом распространена на Глобальном Юге. Поскольку эта возможность обеспечить устойчивость посредством постепенной реорганизации собственности и прав широко распространена, перед наблюдателями и политиками стоит несколько важных вопросов: кто и какие учреждения должны нести ответственность за обеспечение доступа к воде и в каком масштабе? Как государственная политика должна реагировать на появление новых институтов в качестве адаптивного ответа на недоступность коммунальных услуг в сфере водоснабжения? И могут ли подобные новые организации поддерживаться не местными партнерами? Это не просто технические вопросы о предоставлении услуг и удовлетворении материальных потребностей, а скорее вопросы, касающиеся создания устойчивого процесса и тех, кто вовлечен в это производство. Кто платит — или вносит свой вклад неденежными средствами — и каковы их конечные выгоды?

Пример городов Юго-Восточной Азии является подходящим для понимания того, насколько устойчивыми могут быть процессы участия, поскольку национальные правительства нечасто имеют давние традиции демократии. Это также объясняет, почему внимание к лучшему пониманию этих новых процессов так важно для понимания обратной стороны глобализации и движущих сил устойчивых социальных, экономических и региональных изменений.

Эта книга не предназначена для региональных специалистов, хотя некоторые, безусловно, будут заинтересованы в тематических исследованиях, рассматривающих новый набор проблем городского развития в собственных условиях. Наоборот, эта книга нацелена на критиков, ориентированных на планирование и ищущих инструменты для улучшения процесса принятия государственных решений таким образом, чтобы они основывались на понимании местных и других уникальных социально встроенных процессов. Хотя такой подход к тематическим исследованиям с точки зрения несопоставимых социально-политических условий обязательно требует некоторого продуктивного и сознательного исключения деталей, важно объяснить, почему подробные исследования, касающиеся Индонезии, Южного и Северного Вьетнама и Камбоджи должны быть связаны воедино.

В целом примеры быстро развивающихся стран аграрной Юго-Восточной Азии демонстрируют одни из самых высоких темпов социально-экономических и экологических преобразований в мире. В частности, экологические, институциональные, социальные и физические изменения всего за 30 лет превратили эти регионы из мест жестоких конфликтов в период холодной войны в крупных игроков глобальной торговли. Часть моих выводов заключаются в том, что влияние этой трансформации на уязвимые сообщества осталось незамеченным из-за ограничений наших эвристических рамок. Традиционные определения общества и пространства неточно описывают регионы с переходной экономикой. Стандартные определения «сельской» и «городской» местности, «рыночной» и «командной» экономики, а также термины «гражданское общество» и «сообщества» — все это «кальки», которые в значительной степени сложились в западном индустриальном контексте XX века. В исследовании ставится вопрос: что происходит, когда мы пытаемся перефокусировать и переориентировать эти «кальки» на нашу реальность XXI века и на растущие города в развивающихся странах? В частности, что происходит, когда мы видим, что региональный городской рост является нелинейным собственной экономике, политике, управлению и культуре?

Управление, социальная организация и финансирование общественных благ являются центральными вопросами в дискуссиях о водных ресурсах по мере того, как общества переходят от традиционных городских и сельских местностей к пригородным, преобладающей модели расселения в будущем. Ключевой термин «пригородный» будет уточнен ниже. На данный момент важно признать определенные особенности роста населения в этом регионе. Юго-Восточная Азия с населением более 593 миллионов человек на 2010 год и предполагаемыми 682 миллионами к 2025 году составляет значительную долю мирового населения и еще более значительную долю мировой бедноты, не имеющей доступа к улучшенной инфраструктуре [Montgomery et al. 2003], поскольку она урбанизируется беспрецедентными в мире темпами. По данным ООН, Юго-Восточная Азия (ЮВА) и страны Африки к югу от Сахары были регионами с самой быстрой урбанизацией в период с 1990 по 2005 год (год, после которого более половины населения мира проживало в городах), во многом из-за перехода от аграрного общества к городскому. Эти показатели сопоставимы с показателями Китая; как очень мощное развивающееся государство с сильной политической структурой, инвестиционным капиталом и техническим потенциалом, Китай, однако, обладает более продвинутой возможностью управлять урбанизацией и направлять ее.

И Юго-Восточная Азия, и страны Африки к югу от Сахары сталкиваются с такими темпами перемен, не имея ни потенциала национальных государств для развития, ни громадных географических и финансовых масштабов, которые бы позволили осуществлять очень крупные инвестиции. По этой причине Юго-Восточная Азия является естественной лабораторией для понимания того, как сообщества и страны справились с описанной выше проблемой периурбанизации и всеобъемлющими преобразованиями, которые влечет за собой переход к городскому развитию. Возможно, подобное региональное исследование стран Африки к югу от Сахары проиллюстрирует аналогичную динамику в рамках других региональных характеристик.

В заключение некоторые читатели могут предположить, что политическая экономика трех стран, описанных в следующих главах, противоречит региональному сравнению или что подробное обсуждение исторического влияния военных конфликтов в каждом из регионов также определяет то, что мы видим сегодня. Действительно, такие наблюдения были бы оправданы, и геноцид, революция, этнические чистки и история колониализма и неоколониализма каждой из трех стран, а также внутренняя региональная политика внутри Вьетнама должны рассматриваться как фон для научных исследований. За последние два десятилетия по этим темам были написаны целые тома, и их следует рассматривать как актуальные исторические материалы для читателей, ищущих более глубокий контекст в исследованиях. В надежде более четко сосредоточиться на решениях, влияющих на будущее этих сообществ, я рассматриваю этот материал как основные предпосылки для тематических исследований и анализа, проведенного здесь[6].

Глобальный вызов: права в эпоху урбанизации

Хотя Юго-Восточная Азия и страны Африки к югу от Сахары отличаются друг от друга культурой и историей, они разделяют глобальный вызов, связанный с быстрым переходом в городской структуре — концепцию, которая будет рассмотрена далее в главе 2. В обоих регионах назначение периферийных городских районов — принять бóльшую часть возросшего числа населения в ближайшие десятилетия. В главе 2 также представлен обзор фактов, связанных с урбанизацией на Глобальном Юге, и в этой связи вопрос инфраструктуры становится одним из основных неотложных вызовов глобального развития. В то время как растущий дефицит инфраструктуры вызван взрывным ростом числа и плотности городского населения, возможности местных органов власти в разработке политики и планов развития местных населенных пунктов в основном остаются статичными, полагаясь на не городские уровни власти, то есть национальные и провинциальные правительства. Наконец, помимо установления фактов, связанных с ростом городов и проблемами управления, глава заканчивается определением взаимосвязанных экономических, пространственных, социальных и культурных аспектов пригородных поселений, которые одновременно отличают эти

---

[6] Иллюстративное исследование политики и развития Вьетнама см. в [Gainsborough 2003] или [Nguyen et al. 2017]; о Камбодже см. в [Hughes & Un 2011]; о современной Индонезии см. в [Booth 1999].

сообщества от традиционных сельских и городских поселений и служат основой для тематических исследований, представленных далее.

Эта динамика требует переосмысления того, что такое город и что влечет за собой глобальная урбанизация. Для начала необходимо изменить эвристические рамки современной урбанизации. Современные дебаты вполне позволяют описать рост городов в глобальном масштабе, а данные переписи населения по всему миру подтверждают, что наше планетарное будущее — это городское будущее (см., например, [Angel et al. 2012; Angel 2012]). Однако более важный вопрос, который следует рассмотреть, заключается в том, что находится под этой описательной верхушкой айсберга; другими словами, что нам следует делать с этими иллюстрациями и важными изменениями? Что на самом деле означают эти цифры?

Периурбанизация на Глобальном Юге является частью более масштабной социальной трансформации, которая включает в себя то, что некоторые называют «переходом к рынку» (например, что касается Вьетнама, см. [Fforde & De Vylder 1996; Arkadie & Mallon 2003]), другие называют «аграрной трансформацией» [Akram-Lodhi 2004; De Konick 2004], а третьи — «переходом в области здравоохранения» [Smith 1997]. Однако наиболее полной версией этого процесса является «переход к урбанизации», о котором я подробно рассказываю в главе 3. Как я утверждал ранее (2014), города все чаще становятся местом, где живут люди — их непосредственной окружающей средой, в которой они создают семьи, добывают средства к существованию и создают условия для жизни. По этой причине понимание перехода к городскому развитию — физического и культурного феномена — является ключом к раскрытию значения популярной статистики глобальной урбанизации.

Городской переход следует рассматривать как своего рода разрыв поколений в обществе, в результате которого постепенная эволюция уступает место разрушительным изменениям, за которыми следует ее новый путь развития. В эти периоды перемен сообщества должны быстро развиваться и осваивать новые социальные, экономические и политические институты, способные управлять новыми моделями расселения и образа жизни. Переход к городскому развитию во многом обусловлен экономическими и промышленными изменениями, создающими спрос на людей и рабочих в городских регионах; в свою очередь, эти силы приводят к тому, что физическая среда, в которой живут люди, включает в себя более плотную застройку, повышенный спрос на государственные услуги и прямые формы правления и управления. Таким образом, экономические изменения привели к изменениям в искусственной среде, которые, в свою очередь, создают новую городскую социальную и экологическую среду. Неудивительно, что эта новая городская социальная экология выходит далеко за рамки физических различий между городской и сельской средой и включает в себя также серьезные культурные различия — различия, которые стимулируют новые формы социальной организации в предоставлении основных услуг, таких как водоснабжение и санитария, жилье и общественное здравоохранение.

Как социальная проблема, переход к урбанизации не может быть отделен от более мелких по масштабам развития домохозяйств, а также общественного развития. Наряду с пригородной урбанизацией, уровень жизни в Юго-Восточной Азии и связанное с ней потребление в домохозяйствах растет, поскольку регион устойчиво интегрируется в глобальные торговые сети. Эти изменения произошли одновременно с быстрыми физическими, экологическими и социальными изменениями, сопровождавшими рост пригородов, и оказали беспрецедентное давление на поставщиков городских услуг, которым поручено управлять этими изменениями. По большей части надвигающаяся проблема для городских застройщиков и политиков является результатом сближения преобразований по шкале «люди» и «места». Переход к городской среде состоит как из увеличения спроса на воду среди домохозяйств, так и из совокупного увеличения плотности населения и домохозяйств в результате миграции в города.

Однако эти вызовы, с которыми сталкиваются правительственные застройщики и политики, также привели к появлению удивительно широкого спектра инновационных местных механизмов и институтов для поддержания прав, благодаря чему жители отреагировали на меняющуюся динамику и обеспечили доступ к чистой воде без особого вмешательства правительства.

Главы книги посвящены конкретизации этих общих вопросов и исследованию новых языков, терминологии и эвристического подхода для понимания специфики городов, возникающих в быстрорастущих агропромышленных регионах Юго-Восточной Азии. Первоначально этот подход жертвует теоретической точностью, чтобы охватить сложности и беспорядочность эмпирических случаев. Однако для выработки более широких принципов эта беспорядочная эмпирическая работа должна быть включена в более широкое сравнительное понимание. Доли в разработке этих общих принципов выходят за рамки только академической значимости: по мере того как эвристические рамки, с помощью которых мы оцениваем сложность эмпирических данных, становятся общепринятыми, их реальная и материальная сущности выходят в поле общественных дебатов, планирования и выработки политики и имеют последствия — как хорошие, так и плохие — для уязвимых сообществ.

В частности, исследования, представленные в этой книге, описывают эволюцию местных инфраструктурных систем в трех быстро урбанизирующихся регионах Юго-Восточной Азии: Индонезии, Вьетнаме и Камбодже. Хотя каждый случай уникален и может быть оценен по-своему, мое описание совокупности тематических исследований иллюстрирует последовательность, которая развивается исходя из контекста, в котором государство в значительной степени отсутствует на низовом уровне (Индонезия), в сторону того, где государство, испытывающее острую нехватку ресурсов, должно стать предприимчивым в отношении своих местных жителей (Вьетнам), далее к такому состоянию, когда местные и более крупные правительства участвуют в деловых операциях по предоставлению услуг (Вьетнам) и, наконец, к ситуации, где муниципальные системы учатся взаимодействовать с городскими жителями во многом так же, как, по нашему мнению, они это делают естественным образом (Камбоджа).

Не придавая слишком важного значения аргументу о том, что каждый случай последовательно попадает в этот диапазон, я утверждаю, что они действительно представляют собой ряд точек в постепенной эволюции культуры совместного управления, которая меняется вместе с различными характеристиками социально-экономического развития, инфраструктурных услуг и местных запросов.

Устойчивая урбанизация на основе широкого участия: структура книги

Эта книга призвана внести прагматическую и теоретическую лепту в планы и идеи. Глядя на то, как сообщества решают двойные вызовы, связанные с нехваткой воды и урбанизацией, подобный анализ не только решает одну из наиболее насущных материальных проблем безопасности человека, но и приоткрывает завесу того, как городское развитие, планирование и инфраструктура способствуют новому пониманию диапазона форм, которые принимают устойчивое политическое развитие.

Точнее говоря, этот взгляд на важный материальный вызов усиливает отношения между населенными пунктами и государством. Вопрос заключается в том, как инвестиции в базовую инфраструктуру могут способствовать достижению более широких целей общинного и институционального управления и как системы реализации, используемые для материальных инвестиций в основные потребности сообществ, создают вторичные эффекты для развития сообществ в более широком смысле. Несмотря на то что общественные и государственные инвестиции могут или не могут привести к долгосрочным институциональным улучшениям, их необходимо рассматривать в качестве центрального процесса, посредством которого инфраструктура обеспечивает права на участие граждан в принятии решений, которые управляют их сообществами. Конечно, такой подход к сообществам, который фокусируется на устойчивых политических процессах и даже на демократии, сам по себе должен начинаться с целей, планов и действий на уровне сообщества. Существует давняя теоретическая традиция планирования, которая подчеркивает масштаб наблюдений и действий.

Прежде чем перейти к конкретным проектам на уровне сообществ, направленным на водоснабжение и развитие, и которые составляют суть этой книги, будет полезно кратко рассмотреть теоретические основы урбанизации на основе широкого участия и устойчивости. Слишком часто кажущийся аполитичным акцент на реакции развития государства на различного рода опасности затмевает необходимость наилучшего понимания того, что представляет собой устойчивое государственное устройство, — иными словами, лучшего понимания того, что различные компоненты системы управления способны приходить в норму после катастрофы. По этой причине я считаю, что следующая концепция устойчивости и ее развития в быстро урбанизирующемся мире заполняет ключевой пробел в нашем понимании устойчивого развития.

Политологи и другие специалисты уже давно обеспокоены наличием демократических процессов в управлении населением. Изучение того, как коллективная власть осуществляется в отношении отдельных людей, было одной из центральных задач во время холодной войны между Восточным и Западным блоками, и оно остается теоретически и практически спорным вопросом, поскольку различные движения за демократию во всем мире держат государство на уровне вечных разногласий со своими избирателями. Эта книга предлагает новый взгляд на то, что расширяет возможности источников власти для коллективного управления, рассматривая государство через призму инфраструктуры и городских услуг по мере того, как общество переходит от аграрного к городскому образу жизни. Я утверждаю, что именно через эту призму можно определить фундаментальную основу политической легитимности по мере того, как мир перемещается в сторону развития городов.

Центральным вопросом управления и политики в крупных странах Глобального Юга с переходной экономикой с конца 1990-х годов был вопрос о том, как ориентированные на развитие национальные правительства могли бы лучше децентрализовать свою власть, — как политическую, так и экономическую, — чтобы спустить ее на более низкие уровни власти. Одним из широко растиражированных примеров является Индонезия с сотнями языковых групп, географическим и культурным разнообразием; это, возможно, наиболее широко обсуждаемая из крупных децентрализованных развивающихся стран. Не сбрасывая со счетов важность децентрализации, я полагаю, что другой, не менее важный для политики, вопрос касается той степени, в которой любая система управления эффективна при включении желаний, целей и мнений своих избирателей в процесс принятия общественных решений. Мы склонны думать об этом так: «В какой степени политическая система демократична?» Однако с таким же успехом можно было бы задаться вопросом о том, в какой степени эта система является системой «широкого участия». Хотя первый термин необязательно ограничивается голосованием и формальными выборами, но также включает в себя другие формы прямого представительства, а последний термин подразумевает более активную, постоянную, «независимо мыслящую» и «независимо действующую» общественность, или *народ (demos)*.

Это различие индивидуальной автономии и усиление в разработке норм национального управления занимает центральное место в моей общей аргументации и особенно актуально в быстро развивающихся условиях, где социальные цели не находятся в относительно устойчивом состоянии или же не ориентированы на сохранение. В так называемых развитых странах, таких как США, Западная Европа и Япония, государственное развитие отошло на второй план, давая толчок управленческому мышлению, ориентированному на постепенные изменения и незначительные корректировки. В поднимающихся и переходных обществах, подобных тем, что можно найти в так называемом развивающемся мире, как политические образования, так и общественные настроения меньше обращаются к идеализированному прошлому и статус-кво — как во многих развитых странах — а больше вперед к идеализированному новому миру модернизации и вновь материализованного богатства и стабильности.

Одно из основных положений этой книги заключается в том, что демократические процессы будут формироваться в различных контекстах развития и что поднимающиеся государства будут сильно отличаться от развитых. Говоря более конкретно, я утверждаю, что регионы, переживающие быстрый переход к рыночной экономике и городским поселениям, и глобальные государства-нации демонстрируют совсем другие формы демократии, нежели более устойчивые страны и регионы. Центральное место в моей аргументации в этой книге занимает то, что существование и развитие гражданских ассоциаций, подобных тем, которые Роберт Патнэм [Putnam 2001] определил как важные для американской демократии, также находятся в центре политического развития в быстро развивающихся странах. Таким образом, если мы хотим понять демократию в развивающихся странах, мы должны подчеркнуть существование и развитие такого рода социальных и гражданских институтов, которые позволяют разнообразным, беспартийным, неидеологическим и заинтересованным людям объединяться на основе неполитических причин. Эти институты могут быть ориентированы на развлечение (о чем свидетельствует фраза Патнэма «боулинг в одиночку») или на достижение общепризнанных и частных целей, что и является предметом этой книги. Эти положения о многочисленных формах, которые может принимать демократия, являются отправной точкой для моего основного аргумента о том, что управление в быстро меняющихся условиях должно иметь возможность адаптироваться, эффективно «отыгрывать назад» и «вперед», если хочет выжить в качестве механизма народного представительства. Иными словами, оно должно быть устойчивым. Кроме того, суть моего аргумента заключается в том, что устойчивые микро-, неофициальные и местные институты должны эффективно согласовываться и координироваться с макро-, официальными и нелокальными организациями, чтобы удовлетворить постоянно меняющиеся потребности населения.

То, что правительства должны быть устойчивыми, адаптироваться к изменениям и восстанавливаться после потрясений, сегодня в развитых странах воспринимается как данность. Однако я предлагаю рассматривать устойчивость как процесс, переплетающийся с формированием демократии. Что, если мы будем думать об устойчивости, демократии и участии как о чем-то «привнесенном», а не как о «неотъемлемом праве» тех, кем управляют? Что, если бы мы признали, что развивающееся общество существенно отличается от развитого тем, что касается необходимости создания новых институтов и инфраструктуры? Несмотря на широкомасштабные усилия по встраиванию демократических процессов в развитие переходных обществ, нельзя просто взять и перенести западную политику участия в другие страны. Скорее, лучше примерить цикличную, длительную историческую перспективу на демократию. Точно так же как экономисты, занимающиеся вопросами развития, такие как В. В. Ростоу (W. W. Rostow), представляли себе пять стадий экономического развития, ведущих к переходу от аграрного общества к индустриальному, политологи, ориентированные на развитие, должны лучше представлять себе поэтапный рост демократических процессов и процессов участия. Страны, рассматриваемые в этом исследовании, по-прежнему в основном являются аграрными, но существует растущая городская экономика, которая находится в состоянии динамичного развития. Под этим я понимаю бо́льшую часть экономики, считающуюся «неформальной», т. е. еще не охваченной официальными структурами государственной политики и регулирования. Используя национальные данные примерно за десятилетний период, заканчивающийся в 2016 году, Международная организация труда подсчитала, что от половины до трех четвертей национальных экономик в развивающихся странах находятся в неформальном секторе. Во Вьетнаме, например, 68 % занятости в несельскохозяйственном секторе, по оценкам, являются неформальными, а в Индонезии — 70 % [International Labor Organization 2018]. Этот этап постоянно меняющегося развития дает возможность изучить, что же означает для населения поддержка новых форм правления. Мы должны смотреть глубже, чтобы понять, какую поддержку жители и сообщества оказывают своим конкретным формам правления. В этой книге говорится о том, что инфраструктура предлагает населению способы участия в развитии своих правительственных структур. Исходя из этого, данная книга тщательно исследует развитие городской инфраструктуры и определяет инфраструктуру как средство обеспечения этой широкой поддержки — процесса, который создает основу для более широкого устойчивого демократического процесса.

Идея о том, что урбанизация, основанная на широком участии, может породить устойчивость, возникла у Джейн Джейкобс (Jane Jacobs), которая подчеркнула прогрессивное внимание к участию и организованным действиям на уровне сообществ, что открыло одну из наиболее динамичных областей городского и регионального планирования, финансов и государственной политики. Это внимание варьировалось, например, от «Лестницы участия» [Arnstein 1969] до «эпистемологии, основанной на культуре» [Umemoto 2001], и обычно подчеркивало напряженность, часто ощущаемую между местными и государственными агентствами или градостроителями, а также неофициальными и полуофициальными местными организациями, которые влияют на реализацию политики и планов. Однако случай с водоснабжением является образцовым и выходит за рамки оппозиционного противостояния между маргинализированными сообществами и генеральными застройщиками: проблемы водоснабжения демонстрируют, что общественные институты являются рентабельными структурами, способными в сотрудничестве с государственными субъектами развивать пригородные поселения.

Сложности такого местного партнерства еще предстоит полностью изучить с помощью полевых исследований и свести в сравнительную структуру для понимания пригородных форм роста и управления. Эта книга заполняет пробел путем сведения различных тематических исследований в единую структуру для понимания характеристик, которые делают сообщества рентабельными, что применимо к государственному финансированию, а также к более широкому спектру городских услуг. При этом предполагается, что учреждения на уровне сообществ могут быть связаны с более крупными пространственными, институциональными и финансовыми объемами. Более того, используя этот подход, книга будет следовать доводам [Laquian et al. 2007] о том, что децентрализация городского водоснабжения является одновременно насущным практическим вопросом и широким взглядом на политические, экономические и социальные проблемы, с которыми в настоящее время сталкиваются растущие города Азии и других частей быстро развивающегося и урбанизирующегося мира.

Как уже отмечалось, книга начинается с обзора растущего глобального кризиса, связанного с вопросами запасов пресной воды (глава 2). Глава 3 иллюстрирует, как глобальная урбанизация — в особенности периурбанизация и переход к урбанизации — контекстуализирует необходимые стратегии организации сообществ, которые обеспечат их чистой водой в новых условиях. Главы с 4-й по 7-ю демонстрируют тематические исследования, сделанные в четырех городах среднего размера во Вьетнама, Камбоджи и Индонезии, чтобы проиллюстрировать конкретные механизмы, с помощью которых субъекты на уровне сообществ организуются и сотрудничают с государственными учреждениями, финансовыми институтами и другими субъектами сообщества, такими как мечети и пагоды, чтобы удовлетворить ежедневные потребности в воде преимущественно бедных жителей. Углубляясь в эти детали, в главах уделяется внимание финансовым и другим стимулам, которые мотивируют местных лидеров, жителей и потребителей действовать коллективно не только в деле обеспечении чистой водопроводной водой, но и в финансовом управлении долгом, платой за пользование и компенсациями за землю. Вопреки многочисленным историям сбоев и недостатков в предоставлении услуг некоторые ситуации даже демонстрируют положительные потоки доходов, которые оказали побочное влияние на другие местные общественные блага.

После подробного описания тематических исследований далее, в главе 7, общие черты различных случаев связываются со структурой, предлагающей способы, которые могли бы мобилизовать комплекс местных прав и правил доступа в качестве дополнения к традиционным, крупномасштабным городским услугам и инфраструктурам. Мы также копаем глубже, чтобы задать вопросы о том, как эти случаи и устойчивая форма урбанизации, которую они представляют, говорят нам о том, каким образом процесс участия — возможно, демократического — формируется в быстрорастущих городах Юго-Восточной Азии и везде, где это возможно.

Следуя концепции, в этой книге говорится о том, что эти комплексные системы технического обеспечения городских услуг являются скорее нормой для пригородных территорий, чем исключением. Этот аргумент бросает вызов идее исключительного государственного управления, включающего финансовое и другое материальное участие бедных слоев населения в их собственном развитии, и предполагает, что городская инфраструктура может быть ключевым компонентом участия граждан в развитии городов.

Признание этого вклада на уровне сообществ не означает, что они идеальны, а скорее означает, что они бросают вызов междисциплинарной группе ученых и практиков: улучшить эвристику управления, чтобы она лучшим образом соответствовала материальным условиям и конкурирующей институциональной лояльности жителей местных сообществ в быстро развивающихся городах. Я надеюсь, что эта книга оживит взгляд на литературу, посвященную городскому управлению, и затронет как актуальные вопросы политики развития, так и более широкое теоретическое понимание динамики сообщества внутри государства и в естественной среде. В целом урбанизация, рост и растущая потребность в улучшенных услугах создают условия для реформ в области развития. Поскольку новое население приносит деньги, идеи и другие соответствующие ресурсы и создает новые «общие» подходы к городскому контексту, наше концептуальное понимание управления также должно измениться. Именно в пригородных районах в Юго-Восточной Азии рост стимулирует как местные творческие эксперименты, так и создание демократических структур, основанных на широком участии, которые могут просуществовать долгие годы или же могут исчезнуть, в зависимости от того, как они ценятся, культивируются и адаптируются.

В конце концов, мой подход к пониманию инфраструктуры и городских услуг в контексте устойчивых процессов участия в Юго-Восточной Азии формулирует более фундаментальный вопрос: что должно делать государство? Является ли его роль предоставлением конкретных, но нежелательных технологий и решений для того, чтобы встретиться с вызовами входящих в его состав сообществ? Или роль государства состоит в том, чтобы стимулировать процессы участия, которые удовлетворяют основные потребности жителей посредством разработанных сообществом, хотя, возможно, технологически неоптимальных, стратегий?

Наконец, мой акцент на физическом и материальном активе водоснабжения намеренно подчеркивает роль, которую инфраструктура играет в обеспечении участия граждан. В отличие от невидимых коллективных действий, реальная инфраструктура играет повышенную роль в создании демократических процессов, поскольку обычные жители, граждане и другие лица напоминают, что сообщества коллективно создали необходимые материальные структуры, которые облегчают бремя их жизни. Инфраструктура — это видимое и осязаемое отражение регулярного участия обычных людей в строительстве города и его материальных активов. Таким образом, этот взгляд на роль инфраструктуры в демократическом развитии является естественным продолжением предположения Льюиса Мамфорда [Mumford 1937] о том, что искусственная среда и то, как мы ею управляем, явственно отражают политические отношения внутри общества или сообщества; они провозглашают актуальную устойчивость и демократию.

Глава 1
Вода и безопасность человека

Прежде чем описывать стратегии сообщества по обеспечению безопасной водой, важно оценить значение водной безопасности как глобальной проблемы XXI века. И *US News and World Report*, и Азиатский банк развития (ADB)[1] сосредоточили внимание на воде как на одной из главных экологических проблем XXI века, в то время как другие в своих исследованиях сравнивали будущий спрос на пресную воду с энергетическим кризисом в его неравномерном распределении, неэффективном ценообразовании и его способности радикально влиять на человеческое общество, если он останется нерешенным. Независимо от того, идет ли речь о безопасности или равенстве, растущий спрос и снижение поставок пресной воды является важной темой современных общественных дебатов, особенно в ЮВА и других регионах быстро урбанизирующегося Глобального Юга.

Ужасающая статистика

Вода, конечно же, является основным ресурсом, поддерживающим жизнь, и имеет основополагающее значение для существования человека независимо от нации, демографического или социально-экономического статуса. Расширение доступа к воде имеет далеко идущие последствия, а обеспечение надлежащего качества и количества воды для производства продовольствия

---

[1] Asian Development Bank (ADB). — *Прим. пер.*

и энергии способствует экономическому росту и стабильности, сокращению бедности и производству продовольствия и энергии. Доступ к воде имеет решающее значение для сохранения экосистем, от которых зависит наша жизнь точно так же, как зависит от экосистем и устойчивость воды [UNESCO 2006]. Однако то, что является столь важным, на Земле существует в относительно малом количестве; 99 % воды в мире либо является соленой, либо находится в составе ледников в замороженной форме [PWC 2012]. И хотя оставшийся 1 % должен удовлетворять все потребности человека, эти же ресурсы пресной воды одновременно поддерживают нашу природную экосистему.

По оценкам Продовольственной и сельскохозяйственной организации в составе ООН, 2,8 миллиарда человек уже живут в регионах, испытывающих нехватку воды, и к 2025 году это число может вырасти до двух третей мирового населения. За последнее столетие глобальный спрос на воду увеличился в шесть раз, более чем в два раза увеличились темпы мирового роста населения и, по оценкам Всемирного банка, спрос может вырасти более чем на 50 % к 2030 году [PWC 2012].

Отчет Центра стратегических и международных исследований за 2005 год «Обращение к нашему глобальному водному будущему» гласит: «Повсеместное чрезмерное потребление ресурсов пресной воды вызывает коллапс глобальных систем пресной воды, который станет основной движущей силой будущего дефицита». В докладе цитируются прогнозы Отдела народонаселения ООН, в которых утверждается, что 15 стран — где проживает 2,3 миллиарда человек — будут испытывать «водный дефицит» к 2025 году, что означает доступность воды на душу населения ниже 1700 кубических метров в год [Pearce 2006]. Достижения в области инженерии и технологий только усугубили неравенство в доступе к воде и уровне ее использования. Интенсивное использование подземных вод было невозможным до относительно недавно свершившихся технологических достижений в геологии, бурении скважин, насосной технике и электрификации сельских районов. В большинстве районов возможность эксплуатировать подземные воды и более глубокие «ископаемые» водоносные горизонты появилась еще в 1950-х годах, но в последнее десятилетие значительно ускорилась [Ibid.]. Нерегулируемый забор грунтовых вод, особенно вдоль прибрежных районов, где проживает много уязвимых сообществ, истощает запасы и приводит к увеличению проникновения соленой воды. Конечно, угроза истощения ресурсов во многом зависит от особенностей местного спроса, и неудивительно, что подвергающиеся быстрой индустриализации регионы Азии сталкиваются с громадными вызовами, связанными с водой. На совокупном уровне к 2030 году, по оценкам, разрыв между спросом и предложением в Азии составит 40 % [Asian Development Bank 2012], и эта оценка, вероятно, будет такой же и в странах Африки.

Оценки, подготовленные Азиатским институтом воды в составе Колумбийского университета, прогнозируют увеличение на 65 % промышленного использования воды, на 30 % — бытового использования и на 5 % — использования сельскохозяйственной воды к 2030 году [Ibid.]. Эффективность сельского хозяйства является крайне низкой: 18–58 %, в среднем 37 %. Кроме того, в энергетическом секторе используется огромное количество воды, при этом термальная вода насчитывает до 85 % общего промышленного спроса в Азии [Ibid.].

Помимо глобального снабжения водой, много дискуссий ведется относительно развития водной инфраструктуры. Это находит отражение в таких инициативах, как Цель развития тысячелетия № 7, благодаря которой с 1990 по 2015 год удалось вдвое увеличить доступ к чистой питьевой воде для тех, кто ранее был лишен этой возможности [Sachs 2005; United Nations 2005]. Кроме того, в 2010 году Цель развития тысячелетия[2] по обеспечению чистой водой была достигнута, когда считалось, что более двух миллиардов человек получили доступ к ней, хотя достижение цели, связанной с санитарией, все еще находится далеко позади и не было достигнуто к 2015 году. Тем не менее важные проблемы остаются нерешенными. Ежегодно 85–90 % заболеваний, связанных с диареей, что составляет 2,2 миллиона смертей, — 4 % от всех смертей

---

[2] Millenium Development Goal (MDG). — *Прим. пер.*

в мире — могут быть напрямую связаны с нехваткой чистой воды и проблемами в санитарии [Tibaijuka 2003; World Bank 2012a]. Семьи могут тратить часы каждый день на сбор воды, а бедные платят за воду во много раз больше, чем обеспеченные, как в реальной валюте, так и в процентах от своего дохода. Подсчитано, что 80 % объема неочищенных сточных вод попадают в доступную пресную или прибрежную воду [Asian Development Bank 2012]. Цель № 7 была разработана специально для решения этих проблем путем развития обширных систем и услуг водной инфраструктуры.

Системы и услуги водной инфраструктуры

Существует множество дискуссий по поводу инфраструктуры водоснабжения, особенно в бедных странах, но они в основном сосредоточены на обеспечении минимального количества и качества для как можно большего процента населения. Упущенная возможность заключается в государственных расходах на инфраструктуру: рабочие места в инфраструктуре часто охватывают крупные сектора национальной экономики. В одном из докладов Института экономической политики [Bivens 2014] говорится, что финансируемые за счет долга инвестиции в инфраструктуру в размере 18 миллиардов долларов в год приведут к увеличению валового внутреннего продукта (ВВП) на 29 миллиардов долларов и созданию более 200 000 рабочих мест ежегодно в течение следующего десятилетия. Аналогичным образом, Брукингский институт [Kane & Puentes 2014] подсчитал, что в 2012 году 14,2 миллиона работников были заняты на рабочих местах, связанных с инфраструктурой, по всей территории США, что составляло 11 % занятости в стране. После транспорта и образования водоснабжение часто является значимой сферой государственной экономики и экономики местных органов власти [McNichol 2016]. В развивающихся странах оно обычно составляет наибольшую долю и активно растет из-за быстрой урбанизации.

Например, по оценкам Организации экономического сотрудничества и развития (ОЭСР)[3], к 2025 году вода будет составлять

---

[3] Organization for Economic Cooperation and Development (OECD). — *Прим. пер.*

основную часть глобальных инвестиций в инфраструктуру. В странах ОЭСР, России, Китае, Индии и Бразилии расходы на воду превысят 1 триллион долларов, а развивающимся странам потребуется 103 миллиарда долларов в год на оборудование и услуги для водоснабжения, санитарии и очистки сточных вод до 2015 года [Rodriguez et al. 2012].

К сожалению, строительство мощной инфраструктуры для расширения доступа к водопроводной воде не всегда решает проблему человеческого развития. Помимо простого доступа, запасы воды должны быть безопасными, достаточными для повседневных нужд, регулярными, удобными и доступными по цене, которую жители — даже самые бедные — могут себе позволить. Если эти «более мягкие» стороны развития инфраструктуры в сфере водоснабжения не предусмотрены, ценность водопроводной воды, проходящей через сложную инфраструктуру труб, колодцев и установок, значительно снижается. Если в случае идеально функционирующих систем снабжения вода поступает через них нерегулярно, плохого качества или слишком дорогая, то вся система находится под угрозой выхода из строя.

Еще более важной, нежели финансовые последствия игнорирования более мягкой стороны развития водной инфраструктуры, является угроза непостоянного и некачественного водоснабжения. Такая опасность ставит граждан, потребителей и заказчиков в ту же ситуацию, что и тех, кто не имеет гарантированных источников воды и вынужден обращаться к нескольким источникам для удовлетворения ежедневных потребностей в воде. Системы водоснабжения, призванные обеспечивать самофинансирование в условиях плохого обслуживания и износа, зачастую оказываются обременены значительными долговыми обязательствами и снижают свою эффективность.

Даже в этом кратком обзоре можно увидеть не только проблемы, но и большие возможности для экономического развития, связанные с глобальным дефицитом чистой воды. Если вызов, связанный с обеспечением достаточным количеством и качеством чистой воды бедных сообществ, также обеспечит существенный стимул экономике, то почему водоснабжение остается такой досадной проблемой? Во многих отношениях настоящие вызовы связаны с проблемой времени: как и в случае многих других инфраструктурных проблем, высокие первоначальные затраты и нехватка доступного капитала создают трудности.

Услуги водоснабжения и финансирование инфраструктуры

Большинство городских жителей, обитающих в непосредственной близости от них, требуют оказания услуг от своего правительства, которые обеспечили бы здоровье и благополучие членов сообщества. Примеры таких «основных» услуг включают как физическую, так и социальную городскую инфраструктуру: чистую воду, канализацию, медицинские услуги, телекоммуникации, почту, услуги транспортной сети и электроснабжение [Hodge 2007]. В современном, полностью сформировавшемся городе такие механизмы очень распространены и в целом функционируют хорошо. Экономия за счет масштаба удерживает цены на низком уровне и, следовательно, обеспечивает относительно равный доступ и почти всеобщий охват. Продемонстрированный муниципальный или корпоративный потенциал управления финансами — часто оцениваемый с помощью общей системы рейтингов — позволяет правительству и частным корпорациям собрать капитал, достаточный для достижения результата; техническая экспертиза, как правило, доступна на местном уровне в современных, полностью сформированных городах. Более того, такие города характеризуются, как правило, низкими темпами внутренней миграции и роста потребления — в отличие от высоких фоновых уровней потребления — на душу населения. Хотя не все регионы индустриального мира, такие как Западная Европа и Северная Америка, находятся в подобном относительно устойчивом состоянии, эта форма преобладает в этих двух регионах, как и в развитых странах Азии: Японии, Южной Корее, Тайване и в большей мере в некоторых районах Китая. Такие регионы, как Латинская Америка и Карибский бассейн, разделяют некоторые из этих относительно устойчивых городских условий динамики и роста даже в экономических условиях, когда базовый уровень бедности намного выше.

В ОЭСР существует широкий континуум доступных моделей регулирования — от институциональных до договорных — и модели могут комбинироваться и реализовываться на различных уровнях правительства [Ibid.]. Бо́льшая часть собственности является общественной, особенно в водном секторе. В большинстве стран ОЭСР существуют правительства, в которых государство реализует городскую инфраструктуру. Однако, поскольку модели меняются от государства как строго поставщика к государству как возможному регулятору, верховенство закона, лежащее в основе коммерческих контрактов, и независимая судебная система являются необходимыми основами. В ОЭСР эти институциональные конструкты давно устоялись, и воспринимаются как нечто само собой разумеющееся. Однако на Глобальном Юге быстро растущие и неформальные городские агломерации являются нормой: ЮВА и страны Африки к югу от Сахары сталкиваются с урбанизацией, значительно отличающейся от большинства развитых стран Севера, и в какой мере регулятивные режимы других юрисдикций могут быть адаптированы к этим развивающимся странам, не совсем ясно.

Роль государства в предоставлении услуг

Государство может играть ведущую роль в предоставлении городских услуг различными способами: во-первых, как поставщик; во-вторых, как инструмент реализации и, в-третьих, как партнер, работающий с частным сектором и/или сообществом. Ни одна из этих ролей не является взаимоисключающей, особенно если учесть, что разрыв между спросом и предложением увеличивается и требует множества стратегий поведения.

Как поставщик, государство участвует в прямом предоставлении услуг: физическом акте строительства, обслуживания водопроводной сети и поставок воды. Огромное экономическое значение инфраструктуры, желание защитить общественные интересы в отраслях, предоставляющих основные общественные услуги, а также опасения по поводу власти частных монополий привели правительства к выводу, что контроль над водой не может быть поручен стремлениям и взысканиям со стороны свободного рынка [Kessides 2004]; таким образом, они не должны позволять естественным монополиям существовать без регулирования. Естественная монополия существует, если общие затраты ниже, когда одно предприятие производит всю продукцию для данного рынка, чем когда любая совокупность двух или более предприятий делят продукцию между собой [Megginson 2005; Donahue 1989]. Эта озабоченность монополий обусловлена главным образом экономией за счет масштаба. Бо́льшая часть муниципальной системы водоснабжения предполагает экономию за счет инженерного масштаба, которая способствует условиям естественной монополии, особенно в области забора и транспортировки воды [Kessides 2004]. Из-за тотального контроля над рынком, который создает монополия, экономисты обычно предлагают регулирование естественных монополий, чтобы предотвратить завышение цен, и, таким образом, это часто приводит к оправданию государственной собственности и эксплуатации [Megginson 2005].

Однако одним из основных вызовов этой стереотипной модели является общая трудность, с которой сталкиваются правительства при финансировании муниципальных сетей. В настоящее время, по оценкам, 75 % инвестиций в водные ресурсы в развивающихся странах поступают из государственных источников, включая внешнее финансирование, а также бюджеты центральных и местных органов власти [Rodriguez et al. 2012]. С ростом промышленного спроса и доходов правительствам приходится постоянно искать новые источники муниципальной воды, и, следовательно, стоимость воды из этих новых источников растет быстрыми темпами. Это означает, что каждый новый проект обычно в два-три раза дороже предыдущего [Gutierrez 2003].

Крупные займы развивающихся стран и экономический спад 1970–1980 годов в сочетании с азиатским финансовым кризисом 1997 года оставили правительствам и местным коммунальным предприятиям мало средств для инвестиций в новую инфраструктуру или расширение государственных услуг [Rondinelli

1990; Wira Study Team 2012]. Задолженность развивающихся стран выросла с 49 до почти 775 миллиардов долларов в период с 1970 по 1986 год, поскольку обслуживание долга выросло с 1,5 до 4,4 % валового национального продукта (ВНП) [Rondinelli 1990]. Кроме того, коммунальные предприятия подверглись серьезной критике из-за обвинений в коррупции, бесхозяйственности и неэффективности. Таким образом, многие государственные компании водоснабжения застряли в ловушках равновесия низкого уровня, поскольку субсидирование воды часто помогало богатым, а не бедным, наносило ущерб финансовой жизнеспособности коммунальных предприятий, приводило к ухудшению качества услуг и, как следствие, к низкой готовности пользователей платить [Gulyani et al. 2005]. После финансового кризиса 2008 года давление на государственный сектор как поставщика возросло, поскольку частная деятельность в водном секторе развивающегося мира в последние годы составляла в среднем лишь 2,5 миллиарда долларов в год, или около 3 % инвестиционных потребностей. Общий объем частных вливаний упал с 58 миллиардов долларов в 1990-х годах до 29 миллиардов долларов в период с 2001 по 2010 год [Rodriguez et al. 2012].

Вторая роль, которую может сыграть государство, — это содействие предоставлению услуг водоснабжения. Как утверждает Кек,

> политические дебаты начинаются с идей, которые могут стимулировать инновации, увеличивать или лишать силы акторов и служить маркерами, которые сообщают другим об общих чертах, которые в противном случае могли бы быть неочевидными [Keck 2002: 166].

Если правительство не предоставляет услуги напрямую, оно может предпринять множество действий, чтобы обеспечить водоснабжение, например обеспечить доступность услуг посредством решений, касающихся политики и стандартов обслуживания [Allen et al. 2006a].

Различные уровни правительства могут брать на себя разные роли. Например, в Индонезии Закон о водных ресурсах от

2004 года возложил ответственность за предоставление услуг водоснабжения на местные органы власти; теоретически центральное правительство оказывало поддержку в освоении источников сырой воды, техническую помощь и доступ к капиталу, в то время как местные органы власти и коммунальные предприятия стали разработчиками и операторами активов [Wira Study Team 2012].

Роль государства как регулятора зависит от того, что определяется в качестве ожидаемых результатов. Если цель состоит в расширении участия частного сектора, особенно международных инвестиций, странам необходимо создать безопасный и благоприятный инвестиционный климат. Другие способы, с помощью которых правительство может способствовать развитию городских услуг водоснабжения, заключаются в предоставлении кредитов общинам или предпринимателям для развития водоснабжения [Solo 1999], обеспечения землевладения [Winayanti & Lang 2004], что облегчает пространство, необходимое для физической инфраструктуры, или, например, как в ситуации, сложившейся в Джакарте в 1990-е годы, а именно в виде принятия дерегулятивной меры, позволяющей частным домам, имеющим подключение к водопроводу, перепродавать муниципальную воду [Crane 1994]. В региональном масштабе государство в качестве регулятора может также управлять ресурсами подземных вод и гармонизировать отраслевое и пространственное планирование в речных бассейнах [Asian Development Bank 2012].

Выполняя роль стимулятора и регулятора, правительство должно предоставить четкий набор правил, которые способствуют как справедливости, так и эффективности в распределении воды, и должно быть в состоянии обеспечить соблюдение этих правил через независимые правительственные учреждения [UNESCO 2006]. Кессидес опирается на необходимость регулирования, объясняя, что регулирование водных ресурсов необходимо для достижения трех целей экономического и социального благосостояния, вес которых зависит от местных водных условий, экономического развития и политики: (а) эффективность производства и доставки воды с минимально возможными затратами, поддержание активов и экономия запасов; (б) справедливость в обеспечении того, чтобы все жители имели доступ к качественным и доступным услугам; и (в) экологическая устойчивость в минимизации загрязнения и ущерба природным ресурсам [Kessides 2004].

На практике определение регулирования зачастую не так просто, поскольку конкуренция в традиционном секторе муниципального водоснабжения происходит не на рынке, а для рынка благодаря экономии за счет масштаба. Правительство может вводить правила для компаний, поскольку они претендуют на право поставлять воду, хотя более простые правила могут давать преимущества при приватизации коммунальных предприятий, таких как водоснабжение. Упрощенное регулирование позволяет поставщикам воды повышать затраты для существующих потребителей и предлагать низкую плату за подключение новым потребителям, тем самым используя возросшие доходы для расширения сети [UN habitat 2003].

Независимо от степени регулирования странам необходимы регулирующие органы, а также беспристрастные судебные органы и решительная позиция по борьбе с коррупцией, чтобы уберечь естественные монополии от сговора и вредоносных действий по отношению к потребителям. Правительства должны согласовывать цены и политику, обеспечивать соблюдение договорные обязательства по предоставлению услуг и осуществлять защиту от других монополистских тенденций, таких как заполнение колодцев или вытеснение местных продавцов или других мелких поставщиков воды, которые обеспечивают недостаточно обслуживаемые сообщества [Ibid.; Kessides 2004]. Даже в лучших условиях свободного рынка правительство всегда будет играть необходимую роль привратника, регулируя вход на рынок, а также управлять им [Gutierrez 2003]. К сожалению, многим развивающимся странам не хватает технического потенциала для регулирования частных монополистических отраслей [Kessides 2004], и этот недостаток усугубляется тем фактом, что в большей части Азии сложные функции спущены на местные уровни управления.

В-третьих, правительства могут быть партнерами, работая вместе с неправительственными организациями (НПО), общинными организациями[4] и международными донорскими агентствами. Они могут предоставить финансирование, техническую экспертизу и другое прямое участие, которое обеспечивает прямой контакт общин с государством. Партнерства особенно полезны при создании альтернативных систем водоснабжения, таких как скважины, дождевые коллекторы и другие небольшие распределительные сети, которые не требуют крупных инвестиций, как, например, муниципальные службы водоснабжения.

В то время как дебаты по водоснабжению колебались между лагерями «прав» и «рынков», упускался из виду тот факт, что большинство моделей не способны адекватно обслуживать городскую бедноту. Эта книга — попытка помочь нам более систематически думать о сложности роста городов и водоснабжения таким образом, чтобы обеспечить наилучшее соответствие между водоснабжением и спросом, где социально-экономические изменения, изменение спроса и сокращение предложения взаимно влияют друг на друга. Анализ четырех тематических исследований, составляющих основу этой книги, лучше всего иллюстрирует, как взаимодействуют эти силы. Однако исторический взгляд на водоснабжение с учетом динамических взаимоотношений между рынками и правительством позволит читателю лучше понять диапазон последствий планирования и политики на будущее.

Большие дебаты современности: приватизация и ложная двойственность

Институциональные дебаты по поводу водоснабжения, как правило, сосредоточиваются на нескольких важных терминах. Одно из мест распространения этих терминов — литература, посвященная участию частного сектора и государственно-частному партнерству в водном секторе [Asian Development Bank 2012; Budds & McGranahan 2003; Blanc & Botton 2010]. С 1990-х годов

---

[4] Community-based organizations (CBOs). — *Прим. пер.*

крупные банки развития и правительства способствовали приватизации городского сектора водоснабжения, основываясь на последовательных выводах о том, что даже бедные люди готовы платить относительно высокую стоимость за высококачественную бытовую питьевую воду и воду для приготовления пищи [Asian Development Bank 2012]. Благодаря этим выводам целый пласт проектов, рассматривающих воду как экономический товар, цена которого зависит от готовности платить, позволил поколению застройщиков и политиков рассматривать некоторые городские услуги на основе возмещения затрат, при которых государство является организатором и гарантом производства, труда, капитала и технических знаний от лица сообщества или заинтересованной общественности. Финансовым инвесторам обещана оплата посредством различных механизмов для возмещения затрат, а правительственные организации стремятся обеспечить доступность для жителей высококачественной бытовой воды по приемлемой цене. Широко освещенные неудачи таких предприятий в Кочабамбе в Боливии (см., например, [Olivera & Lewis 2004]), а также успешные случаи, такие как Гуаякиль в Эквадоре [Blanc & Botton 2010], позволяют предположить, что местный и институциональный контекст имеет большое значение для того, каким образом эта концептуальная модель связана с общественными целями городского развития. Однако в последние годы текущие дебаты отошли от единой государственно-частной дихотомии, поскольку исследования выявили очень широкий спектр опыта приватизации воды (см., например, [Budds & McGranahan 2003]), и эта область исследования стала воспринимать более тонкое понимание ролей масштаба, контекста и сообщества.

Этот сдвиг бросает вызов одному из центральных концептуальных принципов, пронизывающих практику предоставления городских услуг: водоснабжение, по своей сути, является естественной монополией, а не предоставленной или созданной. Традиционно механизмы городского водоснабжения требуют «естественных монополий», условий, при которых государство или его агент может исключить одного или всех поставщиков услуг, в данном случае бытовой воды, для потребителей, которые также представляют интересы сообщества и общественности. Однако в последнее время системы городского водоснабжения стали продуктом плановых монополий.

В последние 20 лет велись большие дебаты о роли частного сектора в обеспечении инфраструктуры, в основном касаемо случаев водоснабжения, учитывая, что этот важнейший ресурс не может быть ничем заменен и напрямую связан с проблемами здоровья человека и окружающей средой. В 1990-е годы акцент в развивающихся странах делался на «участие частного сектора», где правительства стремились передать инвестиционные обязательства частному сектору, чтобы освободить государственные бюджетные средства, а не делать акцент на возможностях партнерства [Asian Development Bank 2012]. Дебаты были сосредоточены главным образом в период структурных преобразований и крупных контрактов, делегирующих полномочия (1990–2000), что оставляло мало возможностей для междисциплинарного анализа [Blanc & Botton 2010]. Азиатский банк развития придерживается аналогичной точки зрения в своем недавнем Плане государственно-частного партнерства (2012), который гласит:

> государственно-частное партнерство[5] и участие государственного сектора[6] часто используются как синонимы. Понятие контрактов государственного сектора использовалось в 1990-е годы. [...] В некоторых случаях схемы государственного сектора были чрезмерно амбициозными, а социальная повестка дня игнорировалась, что приводило к естественной обеспокоенности общественности по поводу платы за услуги пользователей и допустимой прибыли из-за монопольного характера этой деятельности. [...] Этот критический анализ опыта государственного сектора привел к разработке транзакций нового поколения с упором на улучшение предоставления государственных услуг посредством партнерства и демонстрации соотношения цены и качества на протяжении всего жизненного цикла актива [Asian Development Bank 2012: 3].

---

[5] Public Private Partnership (PPP). — *Прим. пер.*

[6] Public Sector Participation (PSP). — *Прим. пер.*

Хотя может показаться, что Азиатский банк развития спорит по мелочам, Прасад заявил о том, что приватизация все чаще приобретает различные формы [Prasad 2006], а Баддс подтверждает, что в отношении водного сектора

> приватизация относится к процессам, которые увеличивают участие официальных частных предприятий […и что] участие частного сектора также относится к формальным частным предприятиям, работающим на предприятия водоснабжения или совместно с ними. Термин «государственно-частное партнерство» не используется на том основании, что он может подразумевать общие цели, которых не существует [Budds & McGranahan 2003: 89].

В 1980–1990-е годы участие частного сектора в инфраструктуре широко рассматривалось как облегчение ситуации, связанной с неэффективностью, коррупцией и сбоями в предоставлении государственных услуг, включая водоснабжение и санитарию. Считалось, что приватизированные отрасли могут справляться с этим более эффективно и могут предоставлять населению товары и услуги более рационально и с меньшими затратами, чем правительства, что дает частным отраслям сравнительное преимущество [Dinavo 1995; Donahue 1989; Megginson 2005; Gormley 1991]. Теоретически приватизация была также направлена на сокращение размера государственных расходов и содействие конкуренции и эффективности производимых товаров и услуг [Dinavo 1995].

В то же время различные практические формы приватизации активно продвигались в политической повестке дня в области водоснабжения и санитарии для стран Глобального Юга как средство достижения большей эффективности и расширения сектора водоснабжения и санитарии [Budds & McGranahan 2003]. По общему мнению, государственный сектор предоставлял услуги слишком медленно, что часто сопровождалось большой неэффективностью и коррупцией. Поскольку частные компании лучше управляют системами водоснабжения и могут получать доход (часто за счет повышения тарифов на воду), считалось, что они могли бы использовать дополнительные средства для расширения систем водоснабжения.

Еще одним оправданием участия частного сектора было то, что государственные средства и помощь в развитии считались недостаточными для адекватного финансирования необходимых муниципальных систем водоснабжения. Утверждалось, что из-за отсутствия финансирования на улучшение систем водоснабжения развивающиеся страны часто попадают в ловушки равновесия низкого уровня, когда низкая операционная эффективность приводит к низкому качеству услуг и, как следствие, к ослаблению основного рынка. Передавая эту деятельность частным компаниям, правительства могли бы одновременно извлечь выгоду из рыночного опыта частного бизнеса, связанного с водой, и в то же время высвободить ресурсы для распределения в других важных секторах, таких как социальная политика [Prasad 2006]. Поддержка приватизации возникла не только по экономическим причинам, но также стала частью более широкой дискуссии по поводу государственничества — точки зрения, что государство должно вмешиваться в личные, социальные и экономические вопросы — в противовес рыночному неолиберализму, включающему в себя такие концепции, как финансовая дисциплина, торговля, инвестиции и финансовая либерализация, дерегуляция, децентрализация, приватизация и снижение роли государства [Ibid.].

Часто приватизация требует либерализации и дерегуляции рынков, чтобы отечественные и международные частные фирмы могли выйти на рынок без предварительного усиления регулирующего управления [Dinavo 1995; Prasad 2006]. Вспомогательная роль, которую играют международные донорские агентства и национальные правительства, является ключевой в создании условий для существования рынков, связанных с поставками воды, особенно в развивающихся странах. Такие агентства, как Международный валютный фонд (МВФ), поощряют правительства-«клиенты» для участия частного сектора в секторе водоснабжения, и был даже случай, когда МВФ устанавливал условия для займов, основанных на приватизации и/или коммерциализации сектора водоснабжения [Bakker 2003]. Благодаря открытию рынков и дерегулированию, поддерживаемому этими агентствами, транснациональные корпорации, осуществляющие деятельность в развивающихся странах, также поддержали там приватизацию [Dinavo 1995].

Очевидная в тот период проблема заключалась в том, что правительства многих развивающихся стран не понимали процесса приватизации и его последствий, часто использовали приватизацию в качестве инструмента для поддержания потока иностранных вливаний от международных доноров [Ibid.]. Следовательно, с точки зрения эффективности одной лишь приватизации недостаточно для улучшения финансовых показателей; другие структурные реформы, такие как регулирование, играют решающую роль [Kirkpatrick & Parker 2004]. Но, в отличие от США и других европейских стран, развивающиеся страны обычно не имеют нормативной базы для отслеживания деятельности частного сектора [Kessides 2004]. Например, в Соединенных Штатах существует независимая судебная система, сильные антимонопольные и договорные законы и формальные механизмы разрешения споров. Для создания таких структур США потребовалось более 200 лет государственности, и тем не менее быстрая приватизация предприятий водоснабжения в развивающихся странах была защищена предприятиями, базирующимися в Вашингтоне, успех решающим образом зависел от зрелых организаций [Prasad 2006].

Кроме того, нормативно-правовая база, которую развивающиеся страны переняли у развитых стран, часто была неподходящей для них ввиду недостатка контроля и баланса, низкого уровня доверия, широко распространенной коррупции, нормативных захватов, ограниченного технического опыта, слабых систем аудита, бухгалтерского учета и налогообложения [Kessides 2004]. Невнимание к этим политическим разногласиям часто приводило к повышению тарифов, отключению клиентов от обслуживания, ухудшению качества воды, тайным контрактам, взяточничеству и коррупции, когда такая политика проводилась в развивающихся странах [Barlow & Clarke 2004].

Каков был конечный результат этого периода приватизации? При оценке эффективности необходимо проводить важное различие, которое постоянно обсуждается в литературе: в какой степени приватизация оказалась успешной в глобальном улучшении услуг и в какой степени она была успешной в расширении обслуживания неимущих слоев населения? Дебаты продолжаются.

С 1995 по 2001 год в развивающиеся страны было инвестировано 754 миллиарда долларов США в развитие частной инфраструктуры, при этом вложения в проекты, связанные с водоснабжением, составили лишь 43,2 миллиарда долларов [Budds & McGranahan 2003]. В 2001 году пять крупнейших операторов разделили 80 % контрактов государственно-частного партнерства, подписанных в секторе водоснабжения развивающихся стран: 36 % — Suez, 15 % — Saur, 12 % — Veolia, 11 % — Aguas de Barcelona и 6 % — Thames Water [Marin 2009]. Несмотря на то что глобальный водный сектор по некоторым показателям представляется инфраструктурой с наибольшими перспективами для инвесторов, то есть стабильными и долгосрочными денежными потоками, он продемонстрировал наименьший прогресс с точки зрения привлечения частных инвестиций: лишь 5 % мирового населения обслуживаются формальным частным сектором [Budds & McGranahan 2003]. Почти половина капитала была направлена на проекты в Чили, Аргентине и на Филиппинах, где международные финансовые учреждения считали, что они могут сократить объем кредитования и использовать инструменты частного финансирования.

К 2001 году только небольшая часть этого выделенного капитала была фактически потрачена, поскольку концессионеры не смогли привлечь капитал за счет проектного финансирования и были ограничены своими балансовыми отчетами [Marin 2009]. Что касается неимущих, то нет никаких доказательств того, что увеличение количества подключений было напрямую связано с частным сектором, и, по оценкам, за 15 лет было создано всего 600 000 подключений; если исключить государственное финансирование, то на частный сектор придется только 250 000 подключений за тот же период [Prasad 2006]. В докладе Всемирного банка, посвященном приватизации в 1990-х и 2000-х годах, число людей, обслуживаемых частными операторами, увеличилось с 96 миллионов в 2000 году до 179 миллионов в 2008 году, однако отсутствие достоверных данных о домохозяйствах не позволяет оценить, сколько из них было получено бедными [Blanc & Botton 2010; Marin 2009]. Возможность увеличения охвата услугами во многом обусловлена наличием финансирования расширения и напрямую зависит от финансовых условий — в отличие от физических условий — каждого проекта (особенно от тарифной политики и налоговых трансферов, которые являются решениями правительства). Оно также сильно зависит от вопросов, которые находятся вне контроля коммунальных предприятий, например борьбы с трущобами и незаконными поселениями, а также от эволюции экономических условий с течением времени. Вопрос расширения доступа является частично независимым от публичного или частного характера оператора.

С 1990 по 2008 год по всему миру было заключено более 270 контрактов. Кроме того, 53 проекта приватизации в сфере водоснабжения с участием Всемирного банка потерпели неудачу, что составляет 31 % от общего объема инвестиций [World Bank 2007a; Marin 2009]. Тем не менее к концу 2008 года 85 % контрактов все еще действовали, хотя их стоимость была намного меньше, а большинство из них были расторгнуты в странах Африки к югу от Сахары. В большинстве случаев растущие тарифы, неплатежеспособность и эффективность деятельности компаний были причинами возврата к государственным органам после социального протеста [Prasad 2006].

Случай в Кочабамбе (Боливия) является хорошим примером недовольства, которое приватизация вызвала среди граждан, и того, почему эти политические усилия не оказались столь успешными, как первоначально планировалось. Дочерняя компания американской компании водоснабжения и строительства Bechtel получила контракт на строительство системы водоснабжения в Кочабамбе, когда страна согласилась на приватизацию в обмен на кредит в 25 миллионов долларов. Компания ввела полную себестоимость воды, в результате чего цены выросли на 35–300 %. Не было субсидий для бедных, и даже было разрешено взимать плату за сбор дождевой воды, что привело к общественным протестам и расторжению контракта [Simonson 2003; Barlow

& Clarke 2004]. И этот случай не был тогда единичным. Приватизация предприятия водоснабжения в Джакарте также была сорвана из-за отсутствия регулирования и сговора между многонациональным и коррумпированным правительством, что привело к провалу попытки приватизации [Siregar 2003].

Что интересно, так это то, что с 2001 года большинство новых государственно-частных партнерств в сфере водоснабжения были переданы местным частным операторам, поскольку транснациональные корпорации (ТНК) вышли из них в ответ на эти крупномасштабные неудачи. В результате на долю частных операторов из развивающихся стран приходится 90 % прироста числа людей, обслуживаемых в рамках государственно-частного партнерства в течение первого десятилетия XXI века, включая обслуживание около 70 миллионов человек к 2008 году [Blanc & Botton 2010]. Эта растущая роль местных операторов осталась практически незамеченной в свете выхода крупных международных компаний, и даже несмотря на то, что государственно-частное партнерство предприятий водоснабжения не достигло сопоставимого развития с развитием других инфраструктурных секторов, медленный, но устойчивый прогресс обещает более здоровую финансовую ситуацию, чем когда государственно-частные партнерства предприятий водоснабжения привлекали глобальный инвестиционный капитал в 1990-е годы.

Положительный момент: в исследовании Всемирного банка отмечается, что произошли значительные улучшения в сокращении нормирования воды, что было проблемой номер один в отношении качества муниципальной воды. Поскольку непостоянство подачи делает невозможным соблюдение стандартов питьевой воды из-за просачивания в трубах, бедняки, часто живущие в конце систем, где давление низкое, страдают значительно больше. Еще одной областью, в которой наблюдались улучшения, стала эксплуатационная эффективность, поскольку у частных операторов появился стимул работать более эффективно. Эксплуатационная эффективность обычно измеряется потерями воды из-за краж, протечек и поломок счетчиков, сбором счетов и производительностью труда. Общие показатели деятельности частных операторов (измеряемые по охвату, обслуживанию, операционной эффективности и тарифам) позволяют предположить, что в целом большинство государственно-частных партнерств оказало положительное влияние на качество обслуживания, но не на его расширение.

О чем могут нам рассказать эти результаты? Главный урок 1990-х годов заключался в том, что наиболее важными финансовыми игроками были потребители, независимо от того, исходило ли первоначальное финансирование от правительств или от частного сектора. Другими словами, первостепенной задачей — которой пренебрегали во время этой первой волны приватизации — является глубокое понимание меняющегося спроса на чистую воду и готовности сообществ инвестировать в нее и платить за нее. Когда качество обслуживания улучшается, клиенты с большей вероятностью будут оплачивать счета, что увеличивает доходы и кредитоспособность, что, в свою очередь, позволяет коммунальному предприятию получить доступ к финансированию. Это говорит о том, что модели, повышающие эксплуатационную эффективность и уделяющие меньше внимания источнику финансирования, то есть государственному или частному сектору, могли бы стать более эффективным альтернативным подходом, даже несмотря на то, что такой акцент на привлечении финансирования частного сектора мог казаться ошибочным.

Однако потребность в глубоком анализе спроса на воду, учитывая быстрые темпы урбанизации и периурбанизации в развивающихся странах — особенно там, где это влечет за собой переход от аграрных сообществ к городским, — предполагает, что крупные финансовые институты по-прежнему важны не только для тщательного понимания динамики рынков чистой воды, а также для организации сложных финансовых рынков, донорского финансирования и составления методических рекомендаций для государственного бюджета. Крупные финансовые учреждения могут точно моделировать риски среди нетрадиционных поставщиков и прогнозировать спрос на воду там, где официальных данных и анализа недостаточно.

По оценкам Азиатского банка развития, с 2010 по 2020 год Азии потребуются инвестиции в инфраструктуру в размере 8 триллионов долларов США, а государственно-частное партнерство вновь стало широко обсуждаемым вариантом достижения этого уровня [Asian Development Bank 2012]. Например, за последние несколько лет Филиппины, Таиланд, Индонезия и Вьетнам приняли законы о государственно-частном партнерстве и открыли объединения государственно-частного партнерства на государственном уровне. Тем не менее подобное партнерство не является панацеей в обеспечении инфраструктуры, и многие страны неофициально заявляют, что не видят, чтобы оно превышало 15 % от общего объема государственных инвестиций из-за обременительного процесса его создания [Burger & Hawkesworth 2011].

Даже страны ОЭСР с устоявшейся репутацией, правовой базой и институциональным потенциалом полагаются на государственно-частное партнерство только в размере 15 %, что должно предостеречь нас от ожиданий, что оно покроет пробелы в инфраструктуре, связанные с потерей ВВП в развивающихся странах. Примером этого может служить отсутствие по-настоящему крупномасштабного государственно-частного партнерства в ЮВА, которое было бы реализовано в рамках этих подразделений государственно-частного партнерства. Ситуации, описанные в последующих главах, позволяют предположить, что такие крупномасштабные государственно-частные партнерства не станут наиболее важными институциональными формами водоснабжения в ближайшие десятилетия, поскольку основное развитие в аграрных регионах происходит не в полностью сформированных городах, а в пригородных районах.

В полностью сформировавшихся городах приватизация воды является довольно простой задачей ввиду социально и экономически укорененного единого спроса на воду. Во-первых, поскольку чистая вода составляет относительно низкую долю расходов домохозяйств, создание (естественной) монополии может привести к снижению цен до уровня, за которым потребителей будет мало волновать разница в ценах. Как только цена достигнет этого уровня, обоснования ограничения использования сместятся из экономической сферы в экологическую. В этих условиях существует единственно определяемая потребность в воде, которая остается относительно стабильной и требует только технического обслуживания и эксплуатации после того, как будет создана базовая услуга.

Литература, посвященная Глобальному Югу, а также исторические исследования Глобального Севера (например, Северной Америки и Западной Европы) подвергли сомнению эти предположения. Идея «множественных кривых спроса» на воду (см., например, [Whittington et al. 1998; Spencer 2008b]) начала с пользой определять важность различных способов использования воды в домашних хозяйствах, требующих разного уровня качества и надежности. В условиях, когда стоимость чистой воды относительно высока, доля расходов домохозяйств — из-за относительно низких доходов или высоких затрат на производство воды — имеет небольшие различия спроса на воду разного качества и надежности, которые могут весьма существенно изменить поведение потребителей. Здесь предположение о естественной монополии может быть рискованным, и исторический обзор обеспечения инфраструктурой может быть полезен для увязки обширных усилий по материальному улучшению человеческого потенциала с более широким миром социального и политического развития.

Предоставление городских услуг в историческом контексте

Городское развитие неотделимо от предоставления услуг. Фактически сфера городского планирования и, в частности, первоначальный акцент на инфраструктуре водоснабжения и канализации, необходимой для смягчения последствий заболеваний, способствовали быстрому распространению очень плотных, экономически динамичных центров промышленности, никогда ранее не существовавших[7]. Без этой базовой инфра-

---

[7] Более подробную информацию о том, как эта связь между индустриализацией, урбанизацией и городскими услугами способствует глобализации, можно найти в моей предыдущей работе «*Глобализация и урбанизация: глобальная городская экосистема*» (2014). — *Прим. авт.*

структуры крупномасштабное городское развитие никогда не стало бы возможным. Поскольку быстрая урбанизация распространяется по всему Глобальному Югу, необходимо более детальное понимание этой проблемы с исторической точки зрения, если мы хотим увидеть способы, которыми быстро растущие городские поселения должны развиваться в местах, функционирующих согласованно, а не просто возникающих в качестве агломераций без каких-либо более масштабных усилий по координации.

По мере индустриализации города США и Европы XIX столетия ставили перед собой сложный комплекс дилемм, касающихся масштабов и эффективности современного государственного управления и предоставления городских услуг. По мере того как городское население росло и уплотнялось, особой проблемой в первой половине XIX века стало заметное ухудшение условий жизни отдельных людей из-за отсутствия понимания механизмов передачи болезней; например, устаревшие канализационные системы привели к ухудшению традиционных методов водоснабжения и удаления сточных вод, а близость традиционных деревянных построек привела к массовым пожарам, которые невозможно было локализовать.

В то время многие домохозяйства в городах полагались на частные колодцы и туалеты, что, как правило, приводило к созданию «циркулярных систем водоснабжения», которые рециркулировали бытовые отходы и способствовали распространению болезней [Cutler & Miller 2007]. Помимо этих частных колодцев, значительную часть населения обслуживали общественные источники подземных вод. Рассказ Стивена Джонсона о лондонском водопроводе на Броад-стрит в работе «Карта призраков: история самой ужасающей эпидемии в Лондоне — и как она изменила науку, города и современный мир» (2006) иллюстрирует, насколько сложным вызовом для здоровья человека стало растущее население Лондона в XIX веке. Когда эти частные колодцы и устаревшие общественные системы стали переполняться и распространять холеру и другие смертельные заболевания, городские власти начали внедрять централизованные системы водоснабжения, например в Париже — в 1802 году, в Лондоне — в 1808 году, в Берлине — в 1856 году и в Соединенных Штатах в 1801 году [Cutler & Miller 2007; Gandy 2006]. В 1870–1880 годах крупные города также расширили или построили канализационные системы, ввели систематический сбор мусора и начали прокладывать мощеные дороги. Кроме того, с развитием эмпирических наук в первые десятилетия XIX века закономерности смертности и заболеваемости можно было передать лучше, чем когда вспышки холеры и брюшного тифа, например, воспринимались с точки зрения удобства, а не с точки зрения острой угрозы здоровью. Проблема инфекционных заболеваний становилась все более серьезной для современного государства, так что здоровье населения — защищенное городской инфраструктурой — приобрело стратегическое значение, ранее не существовавшее.

Хотя материальные аспекты водоснабжения и санитарии были важны, в равной степени важным было нематериальное развитие. Трансформация современного города была бы невозможна без инноваций в социальной ориентации и коллективном поведении, которое необходимо было развивать в ответ на уплотнение условий проживания. Потребность в разработке более сложных физических систем водоснабжения привела к появлению новых противоречий в отношении того, как городское население будет нести расходы, связанные с этими инфраструктурными проектами. В то время как первоначальные поставки воды в городах США и Европы, как правило, осуществлялись частными компаниями, инвестирующими в инфраструктуру, которая, как ожидалось, окупится в долгосрочной перспективе за счет платы за пользование, такие системы, как правило, были ориентированы только на тех, кто способен платить, а не на всех городских жителей. Такие чисто рыночные подходы в итоге были обречены на провал с точки зрения здоровья из-за природы частных интересов и коллективных благ в плотной среде обитания. Как показал случай с водопроводом на Броад-стрит в Лондоне, обеспечение доступной чистой водой защищало здоровье человека; без него инфекционные заболевания могли бы легко распространиться как среди богатых, так и среди бедных, уравнивая фактор риска городской жизни среди всех жителей, независимо от социально-экономического статуса. Таким образом, город уравнивал в правах всех: обеспечение широких масс чистой водой и канализацией стало необходимым для защиты богатых от инфекционных болезней. В целом плотная жилая городская застройка создала потребность в общей, коллективной основе базовой инфраструктуры, которую сегодня экономисты и другие специалисты называют общественным благом. Без этого город перестал бы функционировать.

Подобно широко распространенным маленьким городкам с пастбищами, которые описаны в первой книге Гаррета Хардина под названием «Трагедия общин», городская инфраструктура нуждалась в общем ресурсе. В отличие от общин, которые описал Хардин, как правило, водные ресурсы представляли собой сложную инженерную задачу, требующую разветвленных линейных сетей, сложных технологий и точной оценки спроса со стороны населения, которое только недавно привыкло платить за чистую воду. Создание такого рода физических инноваций и технологий требовало столь же сложных социальных механизмов для обеспечения достаточного финансирования, труда и технических знаний задолго до того, как какой-либо доход от проекта сможет их оплатить. Подобные проекты — сталкивающиеся с финансовой дилеммой «курица и яйцо» — стали известны как классические «кусочные» инвестиции, требующие крупных вложений на начальном этапе проекта, и которые постепенно погашаются в течение многих лет. Эта проблема частичных финансовых инвестиций в сочетании с новой социальной и повседневной практикой потребовала очень глубокого понимания и последующего развития новых отношений в числе инвестиций, рисков, распределения ресурсов и общественной ответственности.

Городскому населению теперь было предложено платить за новые общественные работы; хотя общая необходимость была в принципе очевидна для многих, практическая реализация этих совместных инвестиций требовала вкладов со стороны населения с совершенно разными платежеспособными возможностями.

Вместо того чтобы столкнуться с непрактичными попытками установить стандартные размеры взносов, которые привели бы либо к настолько низким тарифам, что невозможно было бы построить большую инфраструктуру, либо к слишком высоким тарифам, что большинство не смогло бы их оплачивать, городским лидерам того времени нужно было действовать в социально-ориентированном ключе. Эта задача потребовала внедрения инновационных финансовых инструментов, таких как муниципальные облигации, чтобы обеспечить возможность завершения амбициозных инженерных проектов без наложения существенного дополнительного налогового бремени. Например, в 1830-х годах Нью-Йорк выпустил облигации, позволяющие завершить строительство Кротонского акведука, чтобы решить хроническую нехватку воды в городе, а в 1850-х Берлин использовал не только британский инженерный опыт для развития своего водоснабжения, но и финансовые ресурсы лондонских рынков капитала [Gandy 2006]. Гениальность этого механизма заключалась в его способности определять потенциальную выгоду от инвестиций пропорциональную их риску. Помимо роста новых форм государственного финансирования, реконструкция городов потребовала создания новых политических инструментов, таких как принудительное отчуждение частной собственности и другие возможности, которые позволили общественным потребностям множества людей превзойти непосредственные частные интересы некоторых. В некоторых городах, таких как Лос-Анджелес и Новый Орлеан, уставы частных компаний водоснабжения были отменены, чтобы позволить развивать муниципальные услуги водоснабжения. Благодаря этим нововведениям городские системы водоснабжения получили широкое распространение, и в 1890 году 43 % водопроводных сооружений в Соединенных Штатах находились в государственной собственности, а к 1920-м годам эта цифра выросла до 70 % [Gandy 2006].

Современный рынок муниципальных облигаций поддерживает местную инфраструктуру. Часто при глобальном его мониторинге аналитиками и избранными должностными лицами от внимания ускользают местные инфраструктуры, такие как водоснабжение, которые служат барометром городских процессов, основанных на широком вовлечении населения. Недавний отчет Национальной ассоциации округов США[8] иллюстрирует некоторые аспекты процесса участия в методах финансирования городской инфраструктуры. Те, кто приезжает в Соединенные Штаты из других стран, задаются вопросом, как Америка может поддерживать свой уровень инфраструктуры без более высокой федеральной налоговой базы, подобной той, что наблюдается во многих странах Западной Европы. На рис. 1.1 представлен отчет этой ассоциации под названием «Муниципальные облигации строят Америку: окружной взгляд на изменение безналогового статуса процентов по муниципальным облигациям», который показывает, насколько мало централизованное федеральное правительство вкладывается в местную инфраструктуру. С учетом прямых федеральных грантов на общественные работы (грантов местным органам власти), прямых федеральных инвестиций в общественные работы (федеральных проектов, не связанных с обороной) и упущенных налогов, связанных с инвестициями частного сектора в муниципальные облигации, федеральное правительство вносит менее половины суммы инвестирования в общественные работы в Соединенных Штатах — около $1,3 триллиона из общей суммы $3,25 триллиона, потраченных в период с 2003 по 2012 год. Вторым неожиданным открытием является то, что ни федеральное правительство, ни крупные капиталовложения не являются основными финансовыми спонсорами инфраструктурных проектов.

Принято думать, что инвесторы — это институциональные организации, а не субъекты, участвующие в процессе, но это не так. Отчет Национальной ассоциации округов (рис. 1.2) показывает, что домохозяйства — обычные люди в Соединенных Штатах и других странах — были крупнейшими инвесторами в муниципальные облигации в период с 1960 по 2012 год, за исключением лишь короткого периода в 1970-х годах, когда коммерческие банки превзошли этих мелких инвесторов. В последние десяти-

---

[8] US National Association of Counties (NAC). — *Прим. пер.*

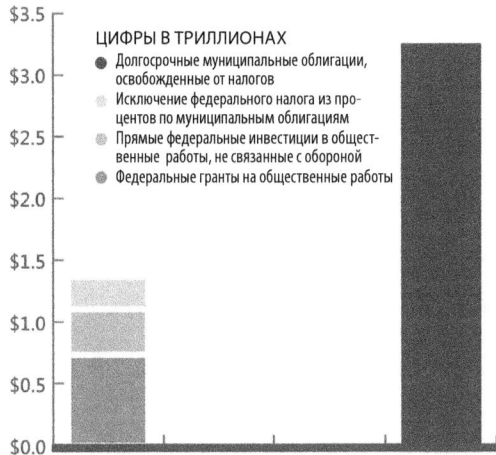

Рис. 1.1. Выпуск муниципальных облигаций и поддержка инфраструктуры со стороны федерального правительства. Опубликовано с разрешения Istrate (2013)

летия только половина финансирования местной инфраструктуры посредством муниципальных облигаций поступает от мелких домохозяйств, а остальная часть примерно одинаково распределяется между фондами взаимопомощи, коммерческими банками, фондами денежного рынка и страховыми компаниями. Короче говоря, рынок облигаций США, поддерживающий местную инфраструктуру, ни в коем случае не является корпоративным рынком — в финансовом плане это тысячи мелких инвесторов, позволяющие местным органам власти вкладывать часть своих сбережений в предоставление и поддержание местных услуг на рынке на основе возврата. Этот механизм развития городской инфраструктуры в Соединенных Штатах далек от описанных ранее корпоративных государственно-частных партнерств, которые пропагандируются в стремительно урбанизирующихся развивающихся странах.

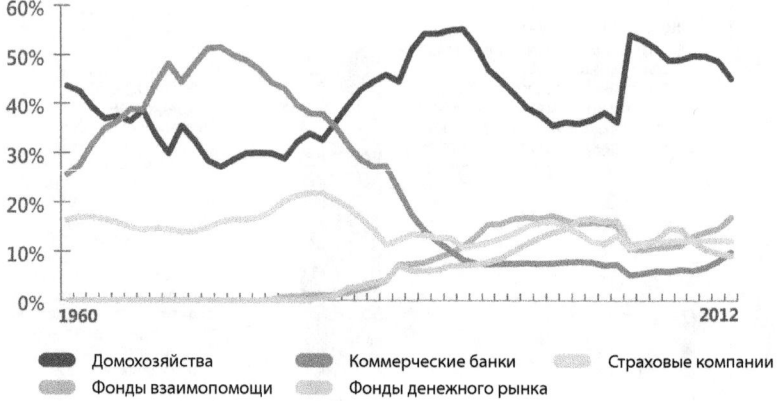

Рис. 1.2. Пять крупнейших держателей муниципальных облигаций, доля находящихся в обращении муниципальных облигаций, 1960–2012 годы. Опубликовано с разрешения Istrate (2013)

Эта децентрализованная структура поддержки финансирования инфраструктуры не может резко отличаться от некоторых мегапроектов, разработанных известными архитекторами в некоторых странах Персидского залива и Китае, в их стремлении финансировать инфраструктуру. Она также не может сильно отличаться от видов поддержки развитию, продвигаемой такими учреждениями, как Всемирный банк, Азиатский банк развития и другими региональными организациями, финансирующими общественные работы и инфраструктуру. Принято критиковать эту децентрализованную систему как слишком рискованную из-за ее зависимости от сопоставления неподготовленной массы рыночных инвесторов без глубокого понимания развития инфраструктуры с рядом местных агентств и чиновников, движимых местными политическими процессами. Однако, как также показывает отчет Национальной ассоциации округов (рис. 1.3), уровень дефолта по муниципальным облигациям на самом деле гораздо ниже, чем по корпоративным инвестициям. Для каждой

Рейтинг	1 год		3 года		10 лет	
	Корпоративные эмитенты	Эмитенты муниципальных облигаций	Корпоративные эмитенты	Эмитенты муниципальных облигаций	Корпоративные эмитенты	Эмитенты муниципальных облигаций
Aaa	0.00%	0.00%	0.01%	0.00%	0.50%	0.00%
Aa	0.02%	0.00%	0.14%	0.00%	0.92%	0.01%
A	0.06%	0.00%	0.41%	0.01%	2.48%	0.05%
Baa	0.18%	0.01%	0.90%	0.06%	4.74%	0.30%
Ba	1.13%	0.18%	5.44%	0.92%	19.72%	2.85%
B	4.13%	2.21%	15.29%	6.14%	42.00%	13.88%
Caa-C	16.85%	5.77%	37.21%	9.67%	69.63%	12.66%

Примечание: совокупные показатели дефолта равны среднему за год, три года и десять лет в период с 1970 по 2012 год для муниципальных и корпоративных эмитентов.
Источник: Moody's Investors Service, Inc. Дефолты и восстановление муниципальных облигаций США. 1970–2012 гг. Май 2013 г.

Рис. 1.3. Совокупные уровни дефолта по первоначальному рейтингу финансовой устойчивости Moody's, корпоративным эмитентам и эмитентам муниципальных облигаций, 1970–2012 годы. Опубликовано с разрешения Istrate (2013)

рейтинговой категории муниципальных облигаций и эмитентов корпоративных акций, эмитенты облигаций, которые являются местными органами власти, представляют собой более безопасные инвестиции, чем те, что делаются на период одного года, трех и десяти лет. Другими словами, муниципальные облигации и базовая инфраструктура, обеспечивающая повседневные нужды, являются одними из самых безопасных инвестиций. Как оказалось, инвесторы с ограниченными знаниями о технических аспектах спроса на инфраструктуру в партнерстве с политическими лидерами, не имеющими опыта в области финансов, добились значительного успеха в финансировании и развитии инфраструктуры.

Характеристики, которые делают рынок облигаций США столь популярным среди граждан и подверженным низким финансовым рискам, — я предполагаю это, исходя из случаев, представленных в последующих главах, — являются в точности теми же характеристиками, которые становятся очевидными в подходах к городской инфраструктуре, основанных на участии сообществ в условиях прогресса развивающихся стран Глобального Юга. По мере того как происходит урбанизация и периурбанизация, мелкие инвесторы вкладывают свое время, землю и деньги в такого рода проекты местных общественных работ, основываясь на детальном знании местного спроса в большей степени, чем на профессиональной или технической экспертизе. Именно такого рода укорененность населения — такого рода совместное финансирование, максимально приближенное к реальным ощутимым затратам и выгодам от инфраструктуры — обеспечивает самые сильные инвестиции и наилучшие результаты.

Прежде чем детализировать аргументы в пользу малых инвестиций, важно оценить глобальный масштаб урбанизации и необходимость решения глобального вызова инфраструктуре в пригородных сообществах.

Глава 2
Глобальная урбанизация
*Слияние периурбанизации и перехода
к городскому развитию*

Поскольку урбанизация на земном шаре объединяет становящиеся все более густонаселенными и плотными человеческие агломерации, взаимозависимость на ограниченных пространствах требует общей инфраструктуры, как материальной, так и нематериальной. От людей, переходящих от аграрной к городской жизни, требуются значительные физические и психологические изменения. Хотя аграрные сообщества, безусловно, работают как взаимозависимые коллективы, создавая долгосрочные соглашения о распределении труда, а также режимы и методы управления природными ресурсами, которые одновременно поддерживают местную экономику и экологию, а также решают многочисленные коллективные проблемы, однако эти связи часто оказываются разорванными из-за все возрастающей плотности населения. Таким образом, задачи и проблемы, которые необходимо решить посредством коллективных действий, могут существенно меняться в зависимости от ситуаций, имеющих место в сельской или городской местности. Например, выбрасывание мусора из окна в городе всегда имело гораздо больший социальный эффект, чем в сельской местности. Этот факт предполагает, что бывшее сельское население, переселившееся в города, должно создавать новые связи, институты и отношения, основанные на новом наборе коллективных вызовов. Исчезла потребность в коллективном орошении для сельскохозяйственного производства на относительно больших площадях; на их место приходят отчетливые потребности в коллективном управлении домашним водоснабжением и загрязнением окружающей среды в относительно тесных кварталах.

Слияние людей в ограниченном городском пространстве одновременно создает непростую задачу по достижению компромисса с многочисленными новыми группами, часто одновременно создавая возможность значительной экономии за счет масштаба, отсутствующей в аграрных сообществах, более рассредоточенных среди природных ресурсов. Даже когда города сталкиваются с проблемой разработки более эффективных способов взаимодействия между миллионами отдельных участников и тысячами сообществ, они утешаются осознанием того, что если они смогут решить эти общегородские проблемы коллективного взаимодействия, то смогут добиться успеха, пожиная плоды огромного снижения затрат на каждого человека и, как мы увидим в тематических исследованиях, горожане привержены целям, связанным с улучшением жизни всего коллектива. Прибыль и эффективность, приобретаемые за счет плотности населения, носят не только финансовый характер. Плотная городская среда значительно увеличивает частоту взаимодействия жителей, что приводит к объединениям на уровне сообществ почти во всех аспектах жизни: экономических, культурных, социальных и политических.

Урбанизация аграрного Юга: переход к городскому образу жизни

Переход к городскому образу жизни наиболее заметен в крупных аграрных регионах мира[1]. ЮВА и страны Африки к югу от Сахары различаются историей, языком, культурой и положени-

---

[1] Я здесь различаю мелкие аграрные сообщества, часто считающиеся более «традиционными», организованными в рамках локальных социальных структур, в противовес промышленно развитым сельскохозяйственным системам. — *Прим. авт.*

ем в современной глобальной экономике. Тем не менее они имеют общее важное историческое наследие, которое служит источником информации для современных дебатов, касающихся развития, связанного с урбанизацией. Экономика каждого региона традиционно была аграрной, и оба региона находятся в центре внимания банков развития, таких как Азиатский банк развития, Африканский банк развития и Всемирный банк, которые делают упор на рост и индустриализацию национальных экономик. Важно отметить, что, в отличие от многих стран Латинской Америки и Карибского бассейна, эти два крупных региона лишь недавно были деколонизированы и политически стабилизированы; таким образом, их постколониальные институты управления коренными народами появились гораздо позже, чем их аналоги в других регионах Глобального Юга. Во многом из-за этих общих черт страны Африки к югу от Сахары и ЮВА сталкиваются с недостаточно теоретически обоснованной проблемой быстрой урбанизации, отличающейся от других крупных регионов мира, несмотря на различную историю и культуру.

Эта особенность этих двух регионов подтверждается всемирной статистикой урбанизации. В 2008 году мир пережил знаменательное событие, когда более половины населения считалось городским [UN Habitat 2013], что в значительной степени было обусловлено быстро развивающимися странами в этих двух регионах. По оценкам ООН, в период с 1990 по 2010 год доля мирового населения, проживающего в городских районах, выросла на 11,12 %, а доля городских жителей в развивающихся регионах мира превысила показатель в 14,5 %. В Азии в целом, включая как развитые, так и развивающиеся страны, темпы роста городского населения были равны темпам мирового роста в развивающихся странах и составляли 14,5 %, тогда как в ЮВА этот показатель составлял 15,5 %. В другом крупном аграрном регионе, странах Африки к югу от Сахары, показатель урбанизации составил 19 %.

На рис. 2.1 показаны темпы роста городского населения в регионах и странах за последние 25 лет с интервалом в 5 лет. Неудивительно, что ЮВА и страны Африки к югу от Сахары являются двумя регионами, отличными от демографических гигантов Индии и Китая, которые переживают очень быстрый переход к урбанизации. В каждом регионе за последние 25 лет наблюдался ежегодный рост доли городов примерно на 1,5 %, что отражает индустриализацию и интеграцию их экономики в более крупную глобальную систему. Эта глобальная торговая интеграция в ближайшие десятилетия будет ускоряться, поскольку производство промышленных товаров и сельское хозяйство в развивающихся странах получит сравнительные преимущества, обещая еще более высокие темпы роста и устойчивый переход к городам. Таким образом, необходимость решения новых проблем городского развития не ослабевает.

Решения этих проблем не могут быть просто или напрямую перенесены из западного контекста; важно отметить, что западные города XIX столетия, такие как Филадельфия, располагали меньшим количеством технологий, были менее густонаселены и имели доступ к гораздо менее сложным схемам финансирования. В отличие от более ранних ситуаций, сложившихся в западных городах, города ЮВА и стран Африки к югу от Сахары имеют преимущества XXI века, такие как транспортные и телекоммуникационные системы, которые значительно облегчают пространственное рассредоточение городов, нежели в прошлом, включая обеспечение обширных физических систем водоснабжения, а также других инфраструктурных систем. Тем не менее политические системы современных городов Глобального Юга сильно отличаются от городов Европы и Соединенных Штатов XIX века, включая проблемы (и потенциальные преимущества) высокоцентрализованных социалистических систем управления. Кроме того, в период до XX века вариантов финансирования было меньше, чем сейчас; в настоящее время правительства не только сталкиваются с более сложным глобальным рынком финансирования, но и имеют доступ к большему количеству частных и крупных институциональных кредиторов, таких как Всемирный банк и Азиатский банк развития.

Глобальная урбанизация | 83

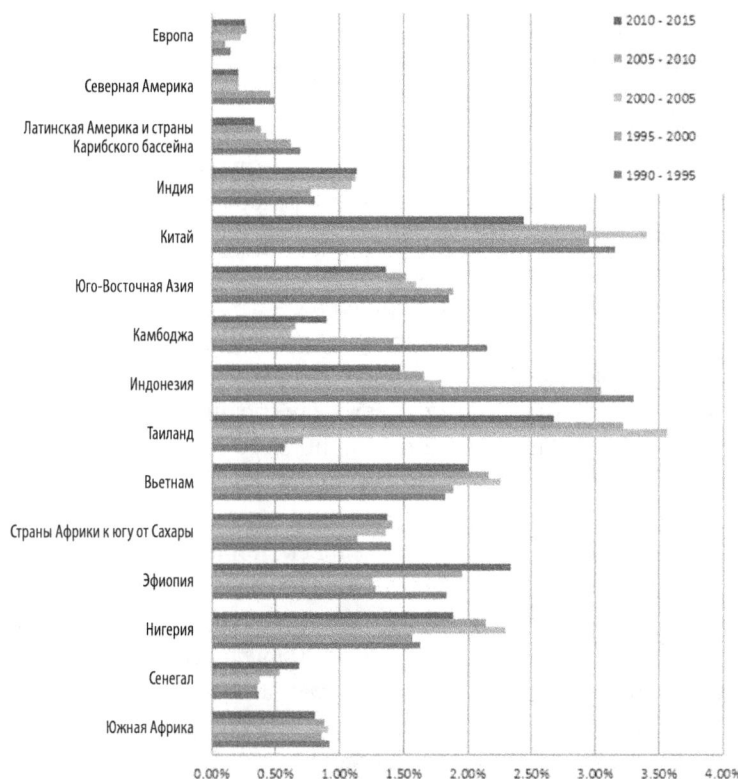

Рис. 2.1. Темпы роста доли городов и доля урбанизации по регионам, 1990–2015 годы. Составлено автором
Источник: Авторская таблица необработанных данных Организации Объединенных Наций, Отдел народонаселения Департамента экономических и социальных вопросов, раздел демографических оценок и прогнозов (авторская таблица необработанных данных по экономическим и руководящим вопросам ООН. Секция демографических оценок и прогнозов).[i]

[i] URL:https://population.un.org/wpp/Download/Standard/MostUsed/ (в настоящее время ресурс недоступен).

Несмотря на преимущества XXI века, институты управления ЮВА и стран Африки к югу от Сахары намного моложе, и приведенные выше цифры показывают, насколько более сложными являются проблемы быстрого роста населения, с которыми они сталкиваются. Например, Индонезия, где ежегодные темпы роста доли городов в стране превышали 3 % в период с 1990 по 1995 год, сталкивается с более сложными административными условиями, чем Европа, где ежегодные темпы роста городов составляли 0,3 %, или Латинская Америка и страны Карибского бассейна, в которых за тот же пятилетний период наблюдался относительно низкий годовой темп роста доли городских жителей на уровне 0,4 %. В практическом смысле мэр среднего индонезийского города должен предоставить новые услуги на 15 % большему количеству жителей в течение 5 лет, в то время как средний мэр в Европе или Латинской Америке и странах Карибского бассейна должен был предоставить новые услуги только 0,9–1,2 % жителей за тот же период. Это означает, что управленцу из индонезийского города с населением в один миллион человек придется каждый год находить помещения и услуги для 30 000 новых жителей, в то время как его европейским или латиноамериканским коллегам нужно будет иметь дело только с 3000 и 4000 человек соответственно. Задача Индонезии, как и других стран ЮВА, будет осложняться тем фактом, что большинство этих местных и национальных органов власти обладают менее чем половиной институциональных знаний, чем их западные и латиноамериканские коллеги. Хотя относительно хорошо известно, что глобальная торговля и интеграция в сочетании с институциональными реформами и достижениями в области технологий — особенно в отношении транспорта и сельского хозяйства — приблизили ранее изолированные регионы ЮВА и стран к югу от Сахары к глобальной тенденции, а также, что менее хорошо известно, что этой глобализации способствовал быстрый рост урбанизации, который в четыре–пять раз превышает аналогичные показатели в Северной Америке и Европе.

К счастью, для гипотетических мэров из ЮВА более детальный взгляд на эти данные указывает направление, которое лучше всего можно охарактеризовать как цикл роста городов. Очевидно, что хотя темпы урбанизации в странах ЮВА очень высоки, в последнее время они также замедляются. Таким образом, городской цикл представляет собой не устойчивый и последовательный рост городского населения, а переходный период, характеризующийся ускоряющимися всплесками роста населения, за которыми следует устойчивое снижение этих темпов. Поэтому перед главами городов стоит задача не просто привыкать к постоянному росту и концентрации, а скорее умело управлять редкими, но, возможно, необратимыми всплесками территориального расширения и уплотнения. Хотя такие периоды длятся недолго и это обнадеживает, последствия сегодняшних решений и вложений навсегда остаются частью городской ткани, поэтому важно принимать взвешенные и оперативные решения для адаптации.

Развитие и переход к городам: за пределами трущоб и периурбанизации[2]

Урбанизация — конструкт, на первый взгляд не более привлекательный, чем «экономическое развитие» или «модернизация». Более того, поскольку урбанизация обычно происходит одновременно с этими двумя другими явлениями, никогда не ясно, какая из них движет другими (если одна из них действительно преобладает), и почему наблюдатель должен отдавать приоритет чему-либо одному. Однако акцент на урбанизации позволяет определить приоритетность пространственных и, как следствие, физических характеристик развития. Как и некоторые другие полезные конструкты, под этим углом можно рассмотреть и связать различные организации, население и материальную среду, такую как

---

[2] Слово «трущобы» или «скваттер» иногда могут использоваться в уничижительном смысле, отражающем несправедливые суждения о людях. Я предпочитаю термин «неофициальные» поселения. Тем не менее «скваттер» действительно поднимает важный вопрос законных прав на проживание, а «трущобы» — это общий термин, используемый исторически, который позволяет нам отслеживать эту динамику с течением времени. — *Прим. авт.*

дороги, жилища, другую инфраструктуру и — в случае равнинной ЮВА — водные пути в определенных местах.

Урбанизация включает в себя два параллельных процесса: концентрацию населения и развитие социально-физической инфраструктуры для управления неизбежными конфликтами и проблемами, связанными с более высокой плотностью населения. Большинство развитых стран исторически прошли через такую трансформацию, но в современный момент переход к городскому развитию происходит в очень сжатые сроки [Montgomery et al. 2003]. Таким образом, переход к городам в развивающихся странах предполагает общесоциальную трансформацию искусственной, биологической и социальной среды.

Существенные изменения в аграрных сообществах являются результатом перехода к городскому развитию, усиливают его и не могут быть отделены от понимания движущих сил урбанизации, а также социальных институтов, возникающих для решения его проблем. Дуглас выделил пять ключевых проблем, возникающих в результате этого перехода: (а) изменение систем управления; (б) экологический менеджмент; (в) устойчивая экономика; (г) адекватное внимание к социальной справедливости и неравенству; и (д) игнорирование сельских районов [Douglass 2000]. К этим принципам иногда добавляют следующее: необходимость решения проблемы роста незаконных поселений [Tang & Chung 2002], усиление роли международной торговли [Pannell & Ma 1997] и приватизации [Pannell 2002], политические сдвиги, которые происходят в результате такой урбанизации [Steck 2006]. Одновременно с литературой, посвященной переходу к городскому развитию, есть литература «аграрного перехода», связанная с аналогичными явлениями. Акрам-Лоди определил аграрный переход как четыре взаимосвязанных явления: (а) дифференциация производственных активов; (б) технологические изменения, которые привели к реорганизации сельского производства; (в) классовое аграрное накопление; (г) последующие новые политические отношения в сельских районах [Akram-Lodhi 2004]. Внутри этого набора социальных изменений в сельской местности другие отметили важность интенсификации и экстенсификации сельскохозяйственных культур, рыночной интеграции, мобильности населения, новых правил и изменения природной среды [De Konick 2004]. Наконец, экономические изменения привели к изменениям в антропогенной среде, которые создают новые городские экологические риски для здоровья [Oliveira et al. 2004; Smith 1997], а миграция в города одновременно вырвала жителей из местных социальных сетей и поместила их в новые формы социальной городской организации, такие как районные ассоциации и группы водопользователей [Crane 1994; Spencer 2007]. Эта новая меняющаяся городская социально-физическая экология, связанная с городским переходом, создает новые вызовы, которые, в свою очередь, требуют новых стратегий управления для предоставления основных услуг, таких как водоснабжение и улучшение санитарных условий, образование, жилье и общественное здравоохранение.

Несмотря на большое количество исследований феномена перехода «село — город», многие из более широких последствий этих одновременных и связанных переходов остаются неисследованными. Одна из наиболее игнорируемых областей исследований касается того, что я называю пригородными регионами, расположенными на окраинах крупных населенных пунктов. Пригородные районы недостаточно изучены, отчасти потому, что они идентифицируются по-разному в зависимости от своего местоположения. В Соединенных Штатах районы за пределами города часто считаются пригородами, что означает привилегии, зависимость от автомобилей и определенный уровень благосостояния. Эта концепция пригорода имеет отношение к моей аргументации только в качестве сравнительной ссылки. В контексте моей книги пригородные районы лучше понимать как «необслуживаемые», что означает то, что правительства не обеспечили необходимую инфраструктуру, чтобы сделать возможным проживание в уплотненной застройке. В прошлом пригородные районы назывались трущобами — уничижительный термин, который использовался в старых отчетах, связанных с развитием. Дихотомия «пригороды и трущобы» указывает на ряд альтернатив в государственном обслуживании пригородных районов. С одной стороны, пригород предполагает, что государственная организация должна предоставлять услуги, что часто выражается в экономической теории общественных благ. С другой стороны, это позволяет предположить, что правительства пренебрегают предоставлением услуг в трущобах. В последнем случае нерадивые правительства тем не менее могут винить в этом сами трущобы, считая, что они обладают своего рода коллективным моральным недостатком и, следовательно, требуют ликвидации. Такое отношение часто возникает в свете очень небольшого фактического знания местных ресурсов.

Мои исследования предлагают другой взгляд на пригородные районы. Я полагаю, что правительства должны быть готовы изучить их с точки зрения местных жителей, то есть с ожиданием того, что взгляд на трущобы может выявить возможности для роста и развития, а не необходимость разрушения и ликвидации. Я утверждаю, что жители пригородных районов обладают уникальной пограничной перспективой, поскольку они находятся между городом и сельской местностью. С одной стороны, города часто непреднамеренно создают эти городские зоны из-за высокой арендной платы и недоступных условий жизни для тех, кто работает в городе с низкой заработной платой, тем самым вытесняя городскую бедноту из мегаполисов. С другой стороны, сельское население часто устремляется на работу в города, привлеченное их богатством, но затем не может найти доступное жилье. Таким образом, в пригородах живет население, занятое мыслями о том, как выжить, преодолеть препятствия и найти решения, несмотря на отсутствие государственной помощи. Ученые пренебрегают этим пригородным населением, дистанцируясь от них и объединяя под дегуманизирующим термином «трущобы».

Слово «трущобы» впервые появилось в 1820 году и использовалось для обозначения низкого качества жилья и самых антисанитарных условий в городском сообществе, убежища для маргиналов и преступников, «порока» и злоупотребления наркотиками, и вероятного источника многих эпидемий, опустошающих городские районы. Сегодня этот термин стал обобщающим для обозначения более низкого качества жилья или же незаконного жилья. Домохозяйство в трущобах определяется как отсутствие любого из следующих пяти элементов: доступ к качественной воде, доступ к улучшенным санитарным условиям, гарантия владения, долговечность жилья и достаточная жилая площадь.

В 2013 году было обозначено, что почти один миллиард человек, или около 15 % мирового населения, — или 30 % мирового городского населения — сейчас живут в «скваттерах», «трущобах» или «незаконных» жилых поселениях; ожидается, что к 2030 году это число удвоится. Доля трущоб составляет 43% в Южной Азии, 36 % — в ЮВА, достигая 65 % в Джакарте и 40 % в Маниле. Региональный средний показатель по всей Африке к югу от Сахары составляет 62 %. Трущобы не являются новым явлением и всегда были частью истории большинства городов, особенно в ранние годы урбанизации и индустриализации, когда население быстро росло. По прогнозам, к 2030 году почти два миллиарда человек будут жить в трущобах [UN Habitat 2013].

Рост этих поселений влечет за собой как экономические, так и политические элементы. С экономической точки зрения люди вытесняются из своих домов из-за стихийных бедствий, устойчивых экологических изменений или низких доходов от сельского хозяйства; их привлекают лучшие перспективы трудоустройства, больше социальных возможностей и более высокие стандарты — в абсолютном выражении — жизни в городе. Экономически мотивированная миграция в города, как правило, превышает возможности государства и рынка по предоставлению доступного жилья и услуг для бедных, которых привлекают города.

Государственное вмешательство, как правило, не смогло остановить рост незаконных поселений, и некоторые трущобы превратились в нечто большее, чем просто маргинализированные сообщества; скорее, они стали экономически интегрированы почти во все развивающиеся города, даже несмотря на то, что жители обитают в перенаселенных, плохо построенных домах, часто с ненадежным/незаконным владением землей и отсутствием доступа к безопасной пище и воде, плохими санитарными условиями, разрушением традиционных семейных структур, высоким уровнем преступности и безработицы [Ceridwen et al. 2013]. В то же время трущобы являются значительной экономической силой: до 60 % рабочих мест приходятся на неофициальный сектор городского населения. Недавнее исследование экономического вклада жителей городских неформальных поселений в городскую экономику, проведенное в Индии, показало, что городские трущобы вносят вклад в размере более 7 % в ВВП страны [India Times 2013].

Во многих отношениях эта растущая форма городского развития определяется как сообщество без достаточной инфраструктуры. Этот пригородный участок, хотя и кажется бесперспективным с точки зрения традиционных экономических показателей благосостояния, предлагает самые инновационные решения проблемы дефицита воды и других ресурсов в глобализирующемся мире. Периурбанизация станет ключом к продолжению урбанизации, и ее необходимо изучить на предмет способов модернизации.

Возвращение к водному кризису: водоснабжение и санитарные условия в азиатских пригородах

По оценкам, в Восточной Азии население пригородных районов вырастет до 200 миллионов человек в течение последующих 25 лет, что составит 40 % городского населения в регионе. Например, прогнозируется, что 53 % демографического роста на территории Бангкока в течение следующих 20 лет будет происходить за пределами самого города, тогда как внутри Джакарты демографический рост составит 70 % [Webster 2002]. Таким образом, сосредоточение внимания на развивающихся регионах Азии, безусловно, поможет нам проиллюстрировать этот глобальный вызов.

Многогранные последствия процесса периурбанизации являются более значительными, чем просто демографический рост. Бо́льшая часть производства в настоящее время расположена в пригородных районах, и они будут продолжать привлекать бо́льшую часть, если не основную, прямых иностранных инвестиций[3], поступающих в регион Восточной Азии наряду с до-

---

[3] Foreign direct investment (FDI). — *Прим. пер.*

полнительными внутренними инвестициями. Вмешательство новых форм производства вызывает быстротекущие и неспокойные периоды, поскольку небольшие сельскохозяйственные общины за очень короткий период вынуждены начать вести индустриальный образ жизни. Может начаться крупномасштабная иммиграция, оказывающая огромное давление на сферу услуг, усугубляемая пространственно фрагментированным характером местного самоуправления в этих пригородных районах и лежащим в основе этого низким потенциалом формальных местных государственных учреждений [Ibid.].

Хорошо задокументированным фактом является то, что во многих странах Азии системы водоснабжения и санитарии не отвечают нынешним и будущим потребностям и что некоторые из беднейших людей мира живут в районах, где нет надлежащего доступа к самым основным услугам. Благосостояние и средства к существованию миллионов домохозяйств и надомных предприятий в городских и пригородных районах серьезно ухудшаются из-за того, что значительное время и деньги тратятся на сбор воды, ее покупку у частных продавцов или борьбу с болезнями, возникающими из-за нехватки водоснабжения, плохих или отсутствующих санитарных условий. И тем не менее национальные и международные инициативы и обязательства по улучшению доступа к воде и улучшению санитарных условий в развивающихся странах, как правило, игнорируют условия, связанные с существованием пригородов. Такое пренебрежение тем более тревожно, что традиционное различие между городскими и сельскими районами становится все более размытым и, следовательно, менее полезным в качестве компонента планирования застройки и других попыток правительства способствовать физическому расширению и экономическому росту. Различие между демографическими типами также не отражает повседневную реальность миллионов людей, чья жизнь и деятельность, связанная с получением доходов, охватывают как сельскую, так и городскую сферу [Allen et al. 2006a].

В практическом, хотя и весьма тревожном, плане граница пригородов часто является «экологическим стоком» для жидких и твердых отходов из более плотно заселенного городского центра. По мнению Аллен и пяти тематических исследований, проведенных ее командой, санитарные услуги, возможно, никогда не станут нормой в пригородных поселениях в условиях быстрого роста населения, изменения окружающей среды, слабых или неадекватных чиновников и традиционных систем снабжения, управляемых централизованными сетевыми системами водоснабжения [Allen et al. 2006b]. Следовательно, исключения и возможности часто являются двумя сторонами одной медали: именно через исключение услуг, регулирование, сохранение и т. д. и формируются возможности [Marshall et al. 2009]. Таким образом, пригородные регионы следует рассматривать как зоны взаимодополняемости, которые, если их исключить, также открывают различные возможности. Исключения не являются однонаправленными; они не существуют изолированно от спорных вопросов. Например, более низкая плотность населения вдали от централизованных систем водоотведения, характерная для пригородных районов, требует больших инвестиций в сбор и утилизацию, что предотвращает масштабную экономию и часто делает централизованные решения недоступными для бедных слоев населения. Застройщикам и лицам, принимающим решения, следует также рассмотреть децентрализованные подходы, которые основаны на более широком участии пользователей, использовании нетрадиционных поставщиков услуг, а также требуют капиталоемких решений. Стратегии преодоления трудностей, «движимые потребностями», могут быть более эффективными, чем политические решения при предоставлении услуг в гибкой и оперативно реагирующей нормативной среде; нецентрализованные услуги могут предложить решение, которое в большей степени соответствует меняющимся потребностям пользователей [Allen et al. 2006a].

Управление общественным здравоохранением является хорошим примером того, как политика должна адаптироваться к пригородным условиям. С точки зрения развивающихся стран одна из главных проблем, связанных с быстрым городским и экономическим развитием, была названа «переходом в область здравоохранения» [Smith 1997], во время которого общества, переживающие быстрый переход к городскому образу жизни, сталкиваются с опасным периодом. По мере того как экономические возможности, землепользование и требования домохозяйств усиливаются, традиционные болезни остаются, даже когда появляются новые. Важность таких быстрых социально-экономических, экологических и биологических изменений для трансформации человеческого риска предполагает необходимость более широкого сосредоточения на значении изменения экологии, связанной с человеком [Blaikie & Brookfield 1987; Watts 1983], поскольку урбанизация трансформирует прямую связь между сообществами и природными ресурсами во взаимосвязь, опосредованную все более сложными технологиями и альтернативами управления. Трансформация сельских сообществ в городские усиливает давление на многочисленные уровни, на которых общественные и государственные институты обеспечивают эффективные — иногда экспериментальные — меры реагирования на взаимоотношения между природой и человеком.

С точки зрения долгосрочного социально-политического развития пригородные районы представляют собой уникальную возможность для изучения демократических процессов и активного вовлечения жителей в совместное строительство общественной жизни. Например, важность рассмотрения вопросов водоснабжения и обеспечения санитарных условий на границах пригородов мегаполисов и регионов обусловлена тем фактом, что существуют особые социальные, экономические, экологические и институциональные взаимодействия между городскими и сельскими районами, которые уникальным образом включены в пригородный интерфейс[4]. Здесь происходят многие процессы изменения между городскими и сельскими потоками, и это может иллюстрировать некоторые конкретные способы, с помощью которых демократические процессы, связанные с коренными народами, развивавшиеся на протяжении поколений в аграрных сообществах, адаптируются и перестраиваются, чтобы соответствовать новой городской реальности.

---

[4] Peri-urban interface (PUI). — *Прим. пер.*

В следующем разделе подробно описано, что в настоящее время известно о широком спектре мелких поставщиков воды в пригородных районах и как это соотносится с крупными инфраструктурными системами, которые традиционно считаются решением городского кризиса, связанного с водой.

Переход в рамках городского управления: от малой водной инфраструктуры к большой

Ученые уже давно обеспокоены тем, как сообщества обеспечивают необходимую для своего роста инфраструктуру, и нигде больше это не является более распространенным, чем в случае с водоснабжением. Прежде чем углубляться в детали того, как быстро переходные сообщества ЮВА организовались в ответ на эти вызовы, важно рассмотреть множество тематических исследований по этому вопросу, которые не были объединены в широкую теоретическую структуру, определяющую их отношение к более официальным и крупномасштабным системам водоснабжения. Таким образом, в этой главе выявляются характеристики того, что я называю «Большой Инфраструктурой» и «Малой Инфраструктурой» в обеспечении города водой.

В многочисленных технических отчетах и тематических исследованиях подробно описан феномен мелких предприятий-поставщиков (например, см. [Ortiz & Piedrafita 2001; Baker 2009]), связанный с усилиями по обслуживанию более двух миллиардов человек, не имеющих доступа к безопасным источники питьевой воды [World Bank 2019]. Что увеличение, позволяющее наблюдать за мелкими поставщиками как за коллективом, говорит нам о планировании, управлении и теории, лежащей в основе предоставления общественных благ в расширенном диапазоне условий роста городов? Рассмотрение этого вопроса в этой главе показывает, что малые неофициальные и полуофициальные формы управления являются важными компонентами устойчивой урбанизации, а также излагается концептуальное понимание того, как крупномасштабные и мелкомасштабные системы (а иногда официальные и неофициальные) «взаимодействуют».

Во многих отношениях глобальный переход от сельской местности к городам зависит от обширной сети физической инфраструктуры, которая позволяет создавать плотно заселенные пункты. Эта основа для развития динамичных населенных пунктов не создается в одночасье, а постепенно развивается от небольших масштабов ко все более крупным, например от диффузных колодцев к централизованным муниципальным сетям. Ориентированный на развитие акцент на крупных инфраструктурах водоснабжения стал результатом стереотипной модели урбанизации, которая определяет крупные технические системы [Hughes 1987] в связи с крупномасштабными потребностями в воде растущего городского населения Глобального Юга (например, см. [Taye et al. 2016]). В то время как водоснабжение часто рассматривается как физически объединенная в сеть система снабжения, акцент на крупных технических системах, по определению Томаса Хьюза [Hughes & Coutard 1996: 45], «сосредоточивается на социально полезных системах и создателях систем», которые включают в себя широкий спектр физических активов и организаций, таких как «турбогенераторы, трансформаторы и линии электропередач [в дополнение к] производственным фирмам, коммунальным компаниям и инвестиционным банкам» [Hughes 1987: 51]. Таким образом, подход крупных технических систем выходит далеко за рамки управления физической сетью, обеспечивающей водоснабжение.

Более того, некоторые начали призывать к большему вниманию в межуровневом согласовании вышестоящих и нижестоящих компонентов таких сложных систем (см., например, [Blomkvist & Nilsson 2017]), а также многочисленных нефизических аспектов инфраструктуры, которые действуют в тандеме как связанные компоненты «общественного капитала» (см., например, [Rivas et al. 2014]). Относительно новую структуру и терминологию для понимания модернистских крупномасштабных подходов к инфраструктуре в развивающихся странах лучше всего обозначить как «Большая Инфраструктура» (см., например, [Crow-Miller et al. 2017]). Более того, даже на Глобальном Севере аналитики стали рассматривать возрождение «Большой Инфраструктуры» как ключ к пониманию меняющихся потребностей не только развивающихся стран, но и Соединенных Штатов [Perry & Praskievicz 2017].

Как упоминалось ранее, государство может играть ведущую роль в предоставлении городских услуг различными способами, выступая в качестве поставщика, посредника и партнера. Эти роли, скорее всего, будут интегрированы и задействованы одновременно. Они включают в себя (а) обеспечение физического строительства, управления эксплуатацией и обслуживанием водопроводной сети; (б) содействие принятию политических решений, обеспечивающих благоприятные условия для прямых иностранных инвестиций, кредитования и регулирования; и (в) установление партнерских отношений с внешними организациями, предоставляющими технические экспертные знания и другие услуги. Государство получает бонусы при работе с «Большой Инфраструктурой», поскольку эти крупные корпорации часто имеют преимущество в размере и ресурсах для привлечения и управления несколькими стратегиями. Кроме того, «Большая Инфраструктура» требует стабильной политической среды, в которой для ее работы правительство должно обеспечивать адекватную политику и системы регулирования.

Независимо от степени регулирования, похоже, что странам потребуются регулирующие органы, беспристрастная судебная система и решительная позиция по борьбе с коррупцией, чтобы уберечь естественные монополии от сговора и вредоносной практики по отношению к потребителям. Это должно регулировать цены и политику, обеспечивать соблюдение договорных обязательств по предоставлению услуг и защищать от других монопольных тенденций, таких как заполнение колодцев или вытеснение местных продавцов воды или других мелких поставщиков воды, которые предоставляют услуги малообеспеченным общинам [Kessides 2004]. Даже в лучших условиях свободного рынка правительство всегда будет играть необходимую роль привратника, регулирующего выход на рынок всех видов поставщиков [Gutierrez 2003]. К сожалению, многие развивающиеся страны не имеют возможности регулировать частные монополистические отрасли [Kessides 2004].

Государственные предприятия пытаются построить «Большую Инфраструктуру», при этом другие члены общества строят «Малую Инфраструктуру» — чтобы решить ту же самую задачу.

Мелкие поставщики услуг и общинные организации представляют собой разноплановую группу малых предприятий, которые предоставляют критически важные услуги малообеспеченным сообществам в развивающемся мире. Услуги варьируются в диапазоне от хорошо организованных сетей, таких как электрические мини-сети и небольшие частные сети водоснабжения, до мобильных распределителей воды, водных киосков и водяных стояков. По оценкам, 40–70 % клиентов малых поставщиков являются бедняками — в зависимости от страны и типа предоставляемых услуг [Baker 2009]. Малые поставщики услуг чрезвычайно разнообразны: Всемирный банк определяет их как независимых предпринимателей, которые финансируют, развивают и управляют предоставлением небольших услуг своей клиентской базе размером менее 50 000 человек или 5000 клиентов, хотя существует довольно большая разница в объемах, зачастую мелкие поставщики обслуживают всего несколько сотен домохозяйств [Baker 2009; Department for International Development 2007]. Также можно провести различие между полностью частными, ориентированными на прибыль предприятиями, и общественными организациями, которые действуют как коммерческие.

Мелкие поставщики существуют в различных форматах и развиваются в ответ на местные условия, что позволяет сравнить это с эндемичным видообразованием [Solo 1999]. Их формы настолько разнообразны с точки зрения рыночных ниш, бизнес-моделей и разнообразия услуг, что сделать общие выводы очень сложно [Solo 2003]. Тем не менее Конан и Соло определяют их как (а) небольшие по масштабу: меньше, чем общегородская инфраструктура, включают в себя менее 100 сотрудников и часто управляются владельцами; (б) финансово устойчивые: мелкие поставщики полностью окупают свои затраты; и (в) эффективные, практически не имеющие неучтенной воды [Conan 2002; Solo 1999]. Хотя они рассматривают их как независимые (поставщик не получает никаких государственных субсидий или поддержки со стороны неместных неправительственных организаций) и частные (капитал поступает из частных источников, а обеспечение водой является основным источником существования людей, выступающих за предприятие), это не всегда так, как было в тех случаях, когда важную роль играют местные органы власти (см., например, [Spencer 2008a; Crane 1994]).

Отмечается, что предприятия мелких поставщиков более распространены там, где зона покрытия невелика; когда основной оператор или коммунальное предприятие не предоставляет услуги или же технические условия замедляют расширение; там, где существует высокий спрос пользователей (готовность платить); где местные гидрологические условия хорошие и где имеется местный потенциал для инвестиций и управления [Baker 2009]. Они обеспечивают около 25 % городского населения в Латинской Америке и Азии и от 50 до 80 % городского населения в Африке [Solo 1999; Solo 2003; Collignon & Vézina 2000]. Отмечается, что

> потребности пригородной бедноты в водоснабжении и санитарии не удовлетворяются ни традиционными подходами, такими как расширение сетевых коммунальных предприятий, ни официальным крупномасштабным частным сектором компании [Allen et al. 2006b: 334].

Более того, даже в городах с широким муниципальным охватом мелкие поставщики обслуживают значительную долю рынка городских домохозяйств, причем не только в районах с низкими доходами, где они являются единственным вариантом, в районах, где муниципальные коммунальные предприятия не спешат расширять охват, но и в более широком разнообразии рыночных ниш, которые сосуществуют с коммунальными услугами и дополняют их [Solo 2003].

Даже несмотря на важность мелких поставщиков в городских и пригородных условиях, только в конце 1990-х годов они начали привлекать международное внимание как ключевые игроки в сфере водоснабжения и санитарии [Ibid.]. Они не привлекали особого внимания, поскольку считались лишь временными или маргинальными [Solo 1999; Collignon & Vézina 2000]. Азиатский банк развития заявляет: «Малые водопроводные сети и предприниматели, которые их финансируют, строят и эксплуатируют, становятся временным решением» [Asian Development Bank 2007: 1]. Но нет ничего предосудительного в том, что от 25 до 80 % населения, получающего воду от этих поставщиков, — это население, для которого государственный и корпоративный сектор до сих пор не нашли возможность обслуживания, даже несмотря на то, что население пригородов и городов продолжает расти. Мелкие предприятия не только поставляют воду, но и создают рабочие места, при этом работают напрямую на компании или становятся частными продавцами, продающими и покупающими воду [Collignon & Vézina 2000].

Документирование и анализ подробных случаев деятельности мелких поставщиков обеспечивают эмпирическую основу, позволяющую рассматривать местные сообщества не как пассивных потребителей и субъектов технической «экспертизы», а как активных поставщиков жилья, воды, обеспечения санитарии, транспорта и других услуг городской инфраструктуры. Кем являются эти мелкие поставщики, что они делают, как они работают, каковы их преимущества и недостатки и с какими вызовами они сталкиваются? Хотя основные потребители мелких поставщиков воды — это, как правило, малообеспеченные сообщества, они также обслуживают и более состоятельные районы в периоды перебоев в работе муниципальных коммунальных служб, а при необходимости — и промышленные предприятия. В целом мелкие поставщики заполняют пробелы там, где государство не может обеспечить доступ к воде, а существующих общественных или частных источников недостаточно. Иногда в их клиентуру входят и те, кто уже пользуется услугами муниципальных систем. Мелких поставщиков также необязательно следует рассматривать как переходный вариант; в Гватемале, например, небольшие водопроводные сети, называемые *aguateros*, работают уже 30 лет. Хотя эти *aguateros* сейчас находятся в центре, а вокруг них раскинулась остальная часть города, корнями они уходят в пригородные мелкие предприятия [Solo 2003]. Такие случаи их существования в более крупных и сложных системах водоснабжения в некоторых случаях терпимы, но в других случаях они, по-видимому, страдают от пренебрежения со стороны финансирующих предприятий. Например, в дельте Меконга, где разветвленная сеть мелких поставщиков обеспечивает воду с середины 2000-х годов (см., например, [Spencer 2008a]), рекомендации консультантов по улучшению водоснабжения региона игнорируют существующие возможности таких поставщиков [Ministry of Construction 2018], тем самым упуская из виду имеющуюся систему, которую можно улучшить за счет финансирования.

Мелкие поставщики получают воду из различных источников; мобильный провайдер может управлять собственным источником воды, покупать ее у стороннего частного источника или перепродавать воду, которую он закупил оптом (или иногда украл через незащищенный трубопровод) у коммунальных предприятий [Solo 1999; 2003]. У некоторых провайдеров есть стояки, которыми они управляют по поручению коммунальных предприятий, покупая воду по фиксированной цене и продавая с наценкой. Другие имеют собственные колодцы или получают воду из соседних домохозяйств (см., например, [Spencer 2008a]). Такое разнообразие источников указывает на одно из многих преимуществ этих предприятий. Первое и самое важное: они служат тем, кого не обслуживают коммунальные предприятия. Они являются одним из многих — и, возможно, наиболее важных — способов получения воды людьми в городских и пригородных районах, поскольку они обеспечивают водой от 25 до 80 % городских жителей, как упоминалось ранее. Во-вторых, они оперативно реагируют на спрос и чрезвычайно гибки. Часто они действуют для удовлетворения долгосрочного прогнозируемого спроса на строительство аналогично застройщикам жилья. В Парагвае, например, *aguatero* переехал в место, где было мало домов, но был большой потенциал для развития. Креативный предприниматель накопил достаточно денег, чтобы пробурить скважину, и за год у него появилось 45 клиентов — семьи, которые переехали в этот район в основном из-за доступных услуг. Вскоре после создания своей системы он начал выплачивать кредиты и был в состоянии начать искать новых клиентов, предлагая более выгодные условия оплаты и более длительные сроки погашения, даже несмотря на то, что другие предприниматели также переехали в этот район и начали конкурировать с его рынком [Solo 1999; 2003]. Наконец, мелкие поставщики, как правило, обеспечивают превосходное обслуживание клиентов и знают многих из них лично, развивая прочные отношения с сообществом. Например, в Парагвае *aguateros* бесплатно снабжают водой школы, медицинские центры и церкви. С точки зрения ценообразования, хотя многие мелкие поставщики взимают более высокие цены, чем муниципальные коммунальные предприятия, часто они могут предложить низкие тарифы на подключение за счет использования менее дорогих материалов и труб меньшего размера [Solo 1999, 2003].

Несмотря на эти преимущества, мелкие поставщики часто сталкиваются с такими проблемами, как отсутствие юридического статуса. Правительства могут попытаться искоренить их, не осознавая до конца, какие последствия это может иметь для ограничения доступа к воде бедных слоев населения, особенно в пригородных районах [Allen et al. 2006b; Solo 1999, 2003; Conan 2002]. Однако это также означает, что мелкие поставщики не имеют возможности обратиться за помощью, когда люди не оплачивают счета, что часто приводит к раздаче взяток местной полиции или государственным чиновникам, что позволяет им действовать незаконно, сохраняя при этом некоторую местную автономию и защиту. Существует также угроза присвоения инфраструктуры, когда правительство заявляет о своей собственности во всех системах производства и распределения на основании незаконного статуса этих мелких поставщиков, а также законов, касающихся прав собственности на землю и воду [Solo 2003]. Другие проблемы включают тарифные ограничения (там, где было введено регулирование деятельности мелких поставщиков, например в Боливии), ограничения на зону обслуживания, долгосрочную устойчивость сетей из-за муниципального расширения и высокие оптовые тарифы на воду, если они покупают ее у коммунального предприятия.

Финансирование таких поставщиков иногда может быть относительно дорогим и будет перекладываться на потребителя в виде более высоких тарифов.

Правительства могут время от времени юридически признавать таких поставщиков и обеспечивать им благоприятную бизнес-среду, а также оказывать помощь в предоставлении им доступа к капиталу, как, например, в городе Хошимин. Там правительство признало важность мелких поставщиков воды для достижения целей охвата и разработало правовую основу для «социализации инвестиций» и привлечения местных фирм, желающих развивать небольшие сети [Conan 2002]. Однако чаще мелкие поставщики представляют собой проблему для правительств с точки зрения управления водными ресурсами. Многие подобные предприятия вырыли колодцы в водоносных горизонтах на частных или общественных землях без какого-либо согласования, тем самым создавая нагрузку на частную и общественную собственности и их способность регулировать водопользование [Spencer & Guzinsky 2010]. Кроме того, во многих новых жилых комплексах роют колодцы в замкнутых водоносных горизонтах. Если водоснабжение не регулируется монополией и/или государством, как это часто бывает в пригородных районах, кто тогда контролирует использование местных водных ресурсов официальными и полуофициальными мелкими поставщиками, а также местными сообществами? Это означает, что, хотя мелкие поставщики и являются важным звеном, участие государства в регулировании местного забора воды и мониторинге ее уровня остается ключом к устойчивости таких предприятий.

Учитывая ту важную роль, которую мелкие поставщики и общественные организации играют во всем мире, все больше крупных инфраструктурных проектов продвигается и реализуется, и должно быть очевидно, что нам необходимо более широкое и обобщенное понимание их положительной роли в решении проблем урбанизации и перехода к городскому образу жизни. С точки зрения управления важно определить, например, какие именно среди различных источников водоснабжения будут работать в краткосрочной перспективе, а какие окажутся жизнеспособными в долгосрочной перспективе для удовлетворения насущных потребностей жителей пригородных районов, когда территория быстро трансформируется. В некоторых случаях пригородные территории в итоге будут включены в состав города; однако темпы инкорпорации в значительной степени зависят от темпов урбанизации, которые, возможно, планируются и поддерживаются центральным правительством или же развиваются спонтанно, без вмешательства государства. Местные инициативы, то есть учреждения, управляемые сообществом, и другие нетрадиционные пути предоставления услуг, возможно, могут стать долгосрочными решениями проблемы урбанизации, но в большинстве случаев окажутся временными решениями в отсутствие дееспособного государственного сектора. Таким образом, эти инициативы либо выйдут из оборота — приводя в упадок созданную ими физическую и социально-политическую инфраструктуру — либо будут играть долгосрочную роль. В итоге такие системы могут быть включены в эффективно функционирующую городскую систему водоснабжения или продолжать существовать, играя родственную, но независимую роль.

Хотя некоторые институты развития уже давно выступают за интеграцию мелких поставщиков в крупные технические системы (см., например, [Ortiz & Piedrafita 2001]), им трудно напрямую поддерживать такие небольшие учреждения. Таким образом, у крупных учредителей есть мало способов эффективной поддержки этого сектора. В этой книге показано, что сосредоточение внимания только на «Большой Инфраструктуре» не только рискует стать неэффективным, но также может подорвать цель обеспечения развития, создающего устойчивые формы управления. Скорее, в нашем мышлении сейчас отсутствует систематический способ понять взаимозависимые отношения между этими общественными системами и «Большой Инфраструктурой» и, таким образом, рассматривать их как взаимодополняющие компоненты функционирующей крупной технической системы. Такое понимание позволило бы осуществить масштабную поддержку и руководство мелкими поставщиками со стороны более крупных учредителей.

Глава 3
Общинное и государственное финансирование систем глубинного водоснабжения в периурбанизированной Яве

Пригородные переходные сообщества Восточной Явы в Индонезии отреагировали на проблемы урбанизации и социальных преобразований инновационными способами. Сторонники местных неформальных сообществ по всему Глобальному Югу уже давно выступают за различные акты сопротивления и подрывной деятельности перед лицом посягательства на власть национальных, провинциальных и муниципальных государств, которые часто объединяются с корпоративным частным сектором, чтобы обезвредить местные и зачастую политически незначимые сообщества. Рассказы о бесправии в деле предоставления услуг водоснабжения особенно распространены в нашем понимании городских услуг как таковых. Оливейра и Льюис в своем исследовании Кочабамбы в Боливии [Oliveira & Lewis 2004], а также Бонд и Дюгард в своей работе по Южной Африке [Bond & Dugard 2008] иллюстрируют виды лишения гражданских прав, возникающие в результате государственно-центричной урбанизации. Однако глубоко прагматичные усилия широких масс по решению проблем быстрой урбанизации и переходного периода менее хорошо документированы.

В этой главе подробно описывается, как местные жители Гресика (Индонезия) де-факто стали застройщиками, банкирами и инженерами. Эти «мастера на все руки» сосуществуют вместе с рациональными, опытными профессионалами в области планирования в быстро урбанизирующихся общинах Гресика, однако они почти полностью невидимы для официальных структур национального и местного управления водными ресурсами. Понимание того, чего могут и чего не могут достичь эти низовые общественные застройщики и девелоперы, проливает свет на возможности политики и управления, присущие быстрой урбанизации и развитию на Глобальном Юге.

Индонезия — четвертая по величине страна в мире, включающая в себя пять крупных островов: Суматра, Ява, Калимантан, Сулавеси и Папуа. На Яве сосредоточено до 60 % населения, хотя он составляет всего 7 % всей площади суши. С 2000 по 2010 год основная часть прироста населения Индонезии приходилась на городские районы: общее население выросло с 203,5 до 237,6 миллиона человек, а городское — с 85,2 до 118,3 миллиона. Доля тех, кто живет в городах, увеличилась с 41,9 до 49,7 % за период с 1970 по 2010 год, при этом 68 % населения проживает на Яве, что дает Индонезии самый быстрый уровень урбанизации в Азиатско-Тихоокеанском регионе — 4,2 % [Firman 2012; Ellis 2012]. К 2025 году примерно 67,5 % населения будет проживать в городских районах, причем самый быстрый рост будет происходить в пригородных районах за пределами Явы и Бали [World Bank 2012a].

Чтобы понять экономическое развитие, урбанизацию и городское управление в Индонезии, важно сделать краткий обзор недавней истории страны. В 1959 году тогдашний президент Сукарно был разочарован региональными раздорами, а также разногласиями между политическими партиями, поэтому взял Индонезию под свой контроль под предлогом установления «управляемой демократии». Он вывел централизованное правительство из Джакарты и заменил ранее существовавшую парламентско-демократическую структуру. Однако нисходящий экономический спад, угроза становления коммунизма и борьба за положение его преемника привели к падению Сукарно в 1965 году. Новое правительство возглавил генерал Сухарто, который консолидировал и расширил политическую власть в рамках своего режима Нового порядка. Новый порядок также усилил экономическую централизацию и лидерство, что обеспечило финансовую стабильность стране, которую считали «хронически выбывшей» из гонки экономического развития [Booth 1999: 112]. На фоне трех десятилетий сильного экономического роста Сухарто смог узаконить свой высокоцентрализованный авторитарный режим. С 1966 по 1970 год четкая приверженность правительства экономической ортодоксальности и международным донорам привела к сильной реакции со стороны как иностранных, так и внутренних инвесторов [Hill 1996]. Если говорить кратко, правительство Сухарто вывело Индонезию из экономического кризиса, поставив финансовое восстановление выше политического развития и сделав упор на политическую стабильность.

1966 год стал переломным в экономической истории Индонезии и стал символом решающих изменений направления в политике и экономическом развитии [Ibid.]. Подобно Малайзии, Филиппинам и Таиланду, Индонезия превратила свою экономику из аграрной в промышленную базу посредством политики поддержки местной промышленности и импортозамещения, что привело к быстрому и устойчивому национальному росту в период с 1965 по 1996 год. ВНП рос в среднем на 6,7 % в год [Wie 2002: 198]. С 1966 года до азиатского финансового кризиса 1997 года экономика в целом была сильной, при этом экономическая активность была сосредоточена в крупных городских районах и ненефтяных провинциях [Ellis 2012].

Кроме того, роль Индонезии как экспортера нефти и природного газа и ее членство в Организации стран — экспортеров нефти в 1970-х годах значительно способствовали экономическому росту и политической стабильности Индонезии. Таким образом, частью политического и экономического успеха Сухарто в этот период была его способность использовать доходы от нефти и газа для перекрестного субсидирования богатых неприродными ресурсами регионов. Однако к 1980-м годам, когда цены на нефть (и доходы) снизились и стало невозможным далее субсидировать местную экономику, страна начала отходить от импортозамещения к рыночному и внешне ориентированному росту. Как и во многих других развивающихся странах Азии, недавняя урбанизация была стимулирована развитием промышленного сектора и сектора услуг, которые обычно располагаются в крупных городах. Такое развитие промышленности, финансов и услуг, в свою очередь, привело к развитию и инвестициям в сектор недвижимости [Firman 2012], а также к либерализации государственной политики, направленной на стимулирование деятельности частного сектора и снижение нефтяной зависимости. Эта последовательность событий значительно стимулировала развитие городов: городское население росло на 5,2 % в год с 1980 по 1995 год, бо́льшая часть которого приняла форму неорганизованных или недостаточно спланированных пригородных сообществ [Firman 2002]. Необходимость управления ростом городов усугублялась принятием в 1993 году Пакета мер по дерегуляции, который позволил выдавать разрешения на освоение земель не только провинциальным департаментам, но и местным органам власти и Национальному совету по управлению земельными ресурсами.

Этот был переход от провинции к местному управлению земельными ресурсами и развитию, в то время как часть более широких административных усилий страны по децентрализации (см. [Kimura 2013]) предоставили относительно полную свободу действий местным лидерам без достаточных возможностей для планирования, управления и регулирования того, что впоследствии привело к массовому притоку новых жителей в города Индонезии, и которым требовался определенный уровень базовых услуг, таких как водоснабжение, санитария, транспорт и образование, и это лишь некоторые из них. Результат местной неготовности означал, что девелоперы начали городские преобразования путем строительства эксклюзивных жилых и рекреационных комплексов с сетью частных дорог, и были вынуждены адаптировать провинциальные и муниципальные планы к этим фрагментированным частным инициативам [Hudalah 2010]. Кроме того, конвергенция национальной экономической децентрализации и быстрой урбанизации стимулировала развитие индустрии недвижимости, а также приток прямых иностранных инвестиций в производство, что способствовало неконтролируемому росту крупномасштабной застройки земель вокруг крупных городов. К середине 1990-х годов четверть городского населения Индонезии проживала в Джаботабеке (агломерация Джакарты), а почти 41 % был сосредоточен в четырех крупнейших мегаполисах: Джаботабеке, Сурабае, Бандунге и Медане [Firman 2002].

По мере физического роста Индонезии, и особенно Явы, были созданы коридоры, соединяющие большие города, что привело к высокому уровню экономической активности как в сельских, так и в городских районах, тем самым стирая различия между тем, что считалось обособленной средой обитания и сообществами. Чтобы проиллюстрировать важность этих изменений, столица Индонезии Джакарта была вынуждена в 1980-х годах адаптировать свое название в просторечии и стать «Джаботабеком» — этот термин объединяет Джакарту и три окружающих его муниципалитета: Богор, Тангеранг и Бекаси, а затем Джабодетабеком, когда в 1990-е годы в него вошел муниципалитет Депок. Эти соглашения о названиях должны были описывать не только муниципальные образования, но и включение сельских районов в состав города. Городской географ Терри МакГи [McGee 1991] ввел термин *Desakota* для описания того, что он увидел в поселениях Индонезии, и который сочетает в себе термин *desa*, что означает «деревня», и *kota*, что означает «город».

По всей стране крупномасштабное переустройство сельскохозяйственных земель в результате отсутствия регулирования привело к тому, что окраины городов стали центрами многочисленных городских видов деятельности; промышленным зонам, жилым домам и зонам отдыха не хватало какой-либо последовательной логики относительно того, как они соединяются друг с другом или управляют общими ресурсами. Чтобы дать представление о масштабах этих изменений, преобразование сельскохозяйственных угодий в Индонезии оценивалось в 106 000 гектаров в 1991–1993 годах, поскольку спекуляция землей и ее застройка процветали и шли в ногу с растущим средним и высшим классом, требующим домов и услуг за пределами города [Firman 2002].

Эти рыночные инициативы увеличили не только экономический рост, но и, как и во многих других регионах Глобального Юга, глобализацию, которая, в свою очередь, привела к быстрой урбанизации и огромному давлению на основные экологические услуги, такие как водоснабжение и санитария. В то же время это давление также увеличило социально-экономический разрыв, поскольку средний и высший классы, составляющие лишь небольшую часть на пригородных территориях, оказались изолированными от более бедных кварталов из-за строительства стен, ворот, эксклюзивной инфраструктуры, а также других жилых домов и промышленных анклавов высокого класса [Hudalah 2010]. Эти закрытые поселения создали расовые, социальные и экономические различия в пригородных районах, где новый средний класс и богатые общины соседствуют бок о бок с коренными жителями деревень *kampung*, живущими в основном в поселениях аграрного типа.

Этот вид периурбанизации, преобладающий в Индонезии, также характеризуется социальным разделением, поскольку рыночное ценообразование на землю нарушает налоговое ценообразование, регулируемое местным рынком [Winarso 2007; Hudalah 2010], что привело к фрагментации транспортной сети и других сетей, связанных с инфраструктурой. В поисках самой дешевой земли застройщики часто игнорируют транспортные проблемы; зачастую новые дороги не связаны с региональной транспортной сетью или наблюдается нехватка общественного транспорта. В то время как средний класс и богатые жители, как правило, могут позволить себе частный транспорт, жители с низкими доходами сталкиваются с ростом местных цен и пробками в отсутствие общественной инфраструктуры, обеспечивающей мобильность менее обеспеченным слоям населения. Однако меняющиеся районы этих бывших сельскохозяйственных сообществ не были бы столь проблемными, если бы их финансирование соответствовало росту урбанизации.

Периурбанизация в Индонезии также привела к снижению урожайности риса, поэтому сельское хозяйство часто больше не может функционировать в качестве основного источника дохода для традиционных сообществ. Более того, проблемы экологической устойчивости, загрязнение водоразделов, сокращение грунтовых вод и уменьшение площадей стока паводков усугубляют проблемы отсутствия предоставления услуг, подрывая более традиционные и основанные на природных ресурсах государственные услуги.

Если эти вызовы неограниченным рыночным силам и отсутствию планирования не возложили достаточное бремя на бедные сообщества, коррупция и отсутствие прозрачности, обычные в таких обстоятельствах, еще больше усугубили разногласия среди местных жителей. Некоторым очень влиятельным застройщикам удалось построить прочные отношения с финансовым сектором и государственными чиновниками. Благодаря неофициальному лоббированию и коррупции эти застройщики смогли влиять на планы и процедуры и снизить транзакционные издержки, что усугубляет разнородную застройку в пригородных районах. Выдача разрешений на землю является очень показательным примером того, насколько сложным может быть управление пригородным развитием, поскольку правительственные чиновники уклоняются от выполнения установленных планов в обмен на взятки.

Поскольку процессы урбанизации шли на местном уровне по всей Индонезии, национальную политическую экономику потряс финансовый кризис 1997 года. Этот сокрушительный системный провал вызвал серьезные вопросы относительно мудрости подхода Сухарто к развитию. В 1998 году режим пал после 30-летней диктатуры, сведя на нет многие национальные экономические достижения, которые произошли в начале 1990-х годов. Именно в этом национальном контексте инновационные подходы к финансированию общественных благ вышли на первый план в городских условиях. То, что произошло в Восточной Яве в этот период, иллюстрирует, как бедные общины на заре урбанизации активно участвовали в своем развитии, даже когда их потребности в воде и обеспечении санитарии игнорировались национальными и местными правительствами.

Восточная Ява: Сурабая и пригородный Гресик

Сурабая — второй по величине город Индонезии с населением 3,1 миллиона человек (5,6 миллиона в мегаполисе), но он малоизвестен международному сообществу, учитывая, что его экономика сильно отстает от огромного, но запутанного мегарегиона Джакарта. Однако многие местные и региональные инвесторы видят возможность принять участие в быстром развитии, которое переживают Сурабая и его округа в своем переходе из бывшей аграрной экономики в городскую.

В 1900 году Сурабая был больше Джакарты и являлся одним из главных торговых центров Азии. Город с населением 340 000 человек в 1930 году был главными воротами во внутренние районы Восточной Явы с населением более 13 миллионов человек и поставлял 75 % сахарного тростника из голландских колоний. Поскольку выращивание сахарного тростника считалось трудоемкой культурой, это привело к демографическому буму на Яве, численность которого выросла с 30 до 41 миллиона человек, а плотность населения увеличилась [Peters 2013]. Крах экспорта сахара во время депрессии 1930-х годов, за которым последовала японская оккупация и в итоге — революция и независимость Индонезии, привели к стагнации индонезийской экономики и позволили Джакарте вытеснить Сурабая как центр торговли, промышленности и политики в новой независимой стране. Тем не менее Сурабая продолжал расширяться как портовый город, необходимый для межостровных торговых сетей, которые связывали Яву с другими островами страны. Лишь после экспортного бума 1990-х годов Сурабая занял центральное место как одна из нестоличных промышленных зон Юго-Восточной Азии [Dick 2003].

С 1950 по 1966 год население увеличилось в три раза, с 700 000 до 2 миллионов человек, а затем рост замедлился, поскольку режим

Сухарто Новый порядок[1] очистил сквоттеры (1966–1970), но они начали снова расти с 1970 по 1985 год. Такой рывок нанес колоссальный удар по жилищному строительству и инфраструктуре в деревнях (или *kampung*, как их обычно называют), расположенных в центрах быстро урбанизирующихся регионов Восточной Явы или вблизи них. Помимо жилищного строительства, в 1960-х и 1970-х годах промышленность также расширялась на окраинах города, так как промышленники скупали дешевую землю по всей окраине, особенно в направлении юга, в сторону Сидоарджо [Peters 2013], а также вдоль городских коридоров, соединяющих Гресик на западе и Моджокерто на востоке. К середине 1980-х годов более половины крупных и средних промышленно развитых районов Восточной Явы были поглощены городскими окраинами Сурабая.

Эти региональные преобразования жилищного строительства и промышленности оказали преобразующее воздействие на столичный регион Сурабая, а пригородный центр Гресик является прекрасной иллюстрацией того, как эта региональная динамика стимулировала творческую реакцию сообщества на урбанизацию.

Гресик — быстро урбанизирующийся район в Индонезии, в 40 километрах к северо-западу от Сурабая. Город Гресик — это шумный городской центр, расположенный у подножия известняковых холмов, которые тут же сменяются длинными участками рисовых полей, которые, в свою очередь, уступают место перумаханам (*perumahan*), рыбным фермам и фермам по разведению креветок, а также промышленным предприятиям. На пустующих землях продолжают строиться новые жилые комплексы, и существуют серьезные планы по промышленному развитию Гресика. Исторически это был торговый и ремесленный центр, однако в наше время Сурабая затмил Гресик и, по мнению Дика [Dick

---

[1] Существовавший в Индонезии с 1960-х по 1990-е годы авторитарный режим генерала Сухарто, как он его сам называл, чтобы подчеркнуть отличия от прежнего режима Сукарно, главы партии индонезийских националистов. — *Прим. пер.*

2003], он стал не более чем промышленным пригородом. Однако индустриализация и периурбанизация отразились на жителях. Около 200 гектаров рыбных прудов вдоль коридора к Гресику было рекультивировано под жилищное и промышленное строительство, что поставило существующих жителей в очень шаткое положение, поскольку природные ресурсы, на которые они на протяжении поколений полагались в качестве источника чистой воды, оказались под угрозой стока, загрязнения и истощения. Сегодня этот район представляет собой высохший ландшафт, который годен лишь для поддержания соленых прудов, где выращивают креветок и рыбу, а также засушливого сельского хозяйства, в основном неорошаемого или сухого риса, кукурузы и маниока [Dick 2003].

В прежние времена жители деревень брали воду для дома из ручьев, протекавших через деревни, а также из прудов и неглубоких колодцев, которые проистекали из незащищенных, но функциональных водоносных горизонтов. Естественная фильтрация и низкотехнологичные методы минимальной очистки оказались достаточными для большинства бытовых целей. Однако к 2000 году промышленный рост и строительство нового жилья начали оказывать большую нагрузку на местные водные ресурсы, вызывая пересыхание ручьев и колодцев и непреднамеренно загрязняя оставшиеся источники воды. Это поставило не только под угрозу местное водоснабжение, но и многие средства к существованию коренных жителей, основанные на природных ресурсах.

Преобразование Гресика из заводи, окруженной солеными прудами, в кластер энергоемких производств с портовыми мощностями по перевалке грузов по-настоящему началось в 1957 году с открытия цементной компании *Semen Gresik*, которая изменила его экономику и ландшафт за счет добычи извести из местных каменных холмов [Dick 2003]. В 1970-х годах перенос промышленных мощностей из Джакарты — Западной Явы в Сурабая — Восточную Яву привел к промышленному расширению в этом районе. Было завершено строительство государственного нефтехимического завода, а также электростанции и фанерного

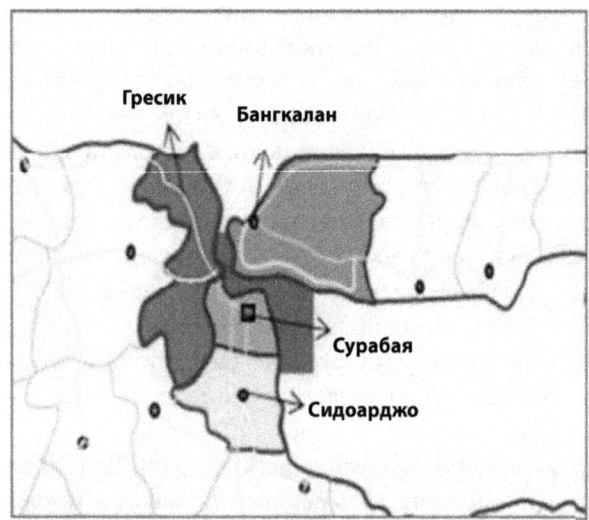

Карта мегаполиса Сурабая (Гербангкертосусила)

Рис. 3.1. Карта региона Сурабая, 2012 год (*Источник*: Ellis, 2012)

завода в соответствии с Генеральным планом Сурабая, согласно которому тяжелое загрязняющее производство было вынесено за пределы города. С 1971 по 1976 год занятость в промышленности выросла на 10 %, с 31 700 до 35 000 человек, при этом еще 22 000 работников находились в Гресике и Сидоарджо, расположенных по соседству [Ibid.]. В 1990-х годах расширение платной дороги привело к появлению новых заводов, в том числе завода по производству меди, что еще больше способствовало индустриализации в этом районе.

Из-за спекуляций в начале 1990-х годов на рынке недвижимости Сурабая наблюдался рост стоимости земли для жилищного строительства на востоке и западе. После того как вся земля в муниципальном районе Сурабая была раскуплена, а жилье низкой и средней стоимости стало слишком дорогим, застройщики обратились к прилегающим районам, включая Гресик. Также наблюдались большие спекуляции землей, поскольку инвесторы стремились купить землю по загородным ценам, делая ставку на будущее развитие. Гресику уделялось наибольшее внимание из-за низкой сельскохозяйственной ценности земли, и за 12-месячный период в 1994–1995 годах, например, было выдано 185 разрешений на застройку. К 2000 году Сидоарджо и Гресик занимали первое и второе место по уровню урбанизации в Восточной Яве — 86 % и 50 % соответственно [Ibid.].

Давление на развитие возрастало, поскольку Гресик, Сидоарджо и другие города вокруг Сурабая продолжали расти и были втянуты в борьбу за развитие Восточной Явы без какой-либо структуры планирования. В 1983 году Японское агентство международного сотрудничества определило расширенную агломерацию Сурабая, известную как Гербангкертосусила (Гресик — Бангкалан — Моджокерто — Сурабая — Сидоарджо — Ламонган), в качестве объекта для новых подходов к региональному планированию, которые позволили бы интегрировать городское планирование Сурабая в окружающую среду [Ibid.]. До этого существовало некоторое сотрудничество, но не было четких шагов по расширению муниципальных границ или по созданию координационной структуры, в отличие от Джаботабека [Ibid.].

Планирование промышленного роста в Гресике и его окрестностях получило дальнейшую поддержку, когда в 1995 году Департамент общественных работ начал классификацию городских центров с целью разработки новых стратегий городского развития. Факторами, использованными для этой классификации, были функции городского центра в рамках национальной городской стратегии, размер центра города, национальная стратегия экономического развития, темпы расширения городов и темпы развития окружающей сельской местности [Niessen 1999]. На основании этих факторов были созданы следующие категории: Центры национального развития[2], Центры межре-

---

[2] Centers for National Development (PPWN). — *Прим. пер.*

гионального развития³, Центры регионального развития⁴ и местные сервисные центры⁵. К 2007 году Сурабая стал центром национального развития, а Гресик — центром межрегионального развития. Вместе с ростом и новым статусом Сурабая и Гресик стали отвечать за предоставление домохозяйствам улучшенных услуг, а районная компания водоснабжения действительно обеспечила строительство новых жилых комплексов с водоснабжением. Однако районные компании часто пренебрегали предоставлением своих услуг общинам с низкими доходами, которые в основном состояли из коренных общин и жителей региона. Без услуг водоснабжения и в условиях растущего загрязнения природной экосистемы менее удачливые общины остались без всего.

То, что сделали пригородные сообщества с низкими доходами в ответ на быструю урбанизацию и индустриализацию, оказалось прекрасным примером устойчивости, инноваций и их потенциала. Если говорить кратко, многие из этих меняющихся сообществ самоорганизовались, чтобы вырыть собственные защищенные системы глубоких колодцев с водой, и финансировали их самостоятельно через местные религиозные учреждения или при помощи местного деревенского правительства. Эти организованные сообществами системы водоснабжения не только обеспечивали жителей достаточным количеством воды, но и приносили доходы, достаточные для поддержки текущих проектов ремонта и развития в своих сообществах. Тот факт, что эти усилия впоследствии пострадали от крупномасштабных проблем, таких как пополнение водосбора, и технических проблем, таких как отсутствие тщательного тестирования качества воды, предполагает необходимость рассмотрения инициатив и потенциала сообщества как необходимое дополнение к формальному государственному обеспечению инфраструктуры в быстро урбанизирующейся Индонезии, а также в аналогичных регионах на Глобальном Юге.

---

[3] Centers for inter-regional development (PPAW). — *Прим. пер.*
[4] Centers for regional development (PPW). — *Прим. пер.*
[5] Local service centers (PPL). — *Прим. пер.*

Регентство и три деревни

Как и многие другие деревни переходного периода в аграрных регионах ЮВА, история Гресика рассказывает нам о том, как общины адаптируются к промышленным изменениям и демографическому притоку. Исследуя сложности местного управления водными ресурсами, предполагаются более масштабные изменения в ролях, которые в настоящее время играют сообщества в управлении общей собственностью в городских районах. За последние 20 лет в Гресике быстрыми темпами произошла урбанизация, и в нем по-прежнему сохраняются высокие темпы роста населения, что побудило власти соединить сельское и городское землепользование. Однако в бедных общинах изменения в обеспечении домохозяйств чистой водой не были инициированы общегородскими агентствами или проектами банков развития. Скорее, меняющаяся экология городских прудов, ручьев и грунтовых вод заставила жителей взять на себя решение своих собственных водных проблем, а не ждать реакции правительства, которая часто занимает слишком много времени для сообществ, не имеющих политического или экономического статуса.

От деревни к кварталам: периурбанизация и спрос на водную инфраструктуру

В 2005 году регентство Гресик состояло из 18 округов с населением 1 164 024 человека. Хотя в таблице ниже приведена классификация как сельских, так и городских подрайонов, только 26 из 356 деревень в Гресике были классифицированы как поселки городского типа, тогда как остальные по-прежнему оставались в административном отношении сельскими, хотя физические различия было трудно обнаружить. Эти административные классификации, незримо определяющие непрерывное развитие физической среды, отражают текущую проблему, стоящую перед Гресиком: это пригородный регион, рассматриваемый в основном как отдельные деревни, хотя он функционирует скорее как непрерывная застройка, состоящая из городских кварталов.

Таблица 3.1. Население Гресика, подрайоны

	Население	Процент городского населения	Городское население, чел.	Площадь (кв.км)	Плотность населения
Врингинаном	66 454	32	21 037	62,62	1061
Дриворейо	82 276	95	78 452	51,3	1604
Кедамеан	63 907	31	19 797	65,96	969
Менганти	103 715	61	63 735	68,71	1509
Керме	66 515	50	33 358	71,73	927
Бенйенг	60 749	15	8862	61,26	992
Балонгпангган	58 237	18	10 297	63,88	912
Дудуксампеван	49 717	66	32 804	74,29	669
Кебомас	84 968	100	84 968	30,06	2827
Гресик	87 126	100	87 126	5,54	15 727
Маньяр	92 352	81	74 963	95,42	968
Бунгах	63 396	21	13 364	79,43	798
Сидаю	38 675	42	16 178	47,13	821
Дункун	62 278	14	8737	59,09	1054
Панченг	45 546	46	20 728	62,59	728
Уджунгпанданг	44 799	28	12 668	94,82	472
Сангкапура	61 606	16	9843	118,72	519
Тамбак	31 708	30	9636	78,7	403
Всего	1 164 024	52	606 553	1191,25	977

Источник: Suryahadi, Elbers and Pradhan (2005)

Экономический рост был устойчивым в 1990-х и 2000-х годах: валовой региональный внутренний продукт вырос на 4,62 % в 2002 году, на 4,41 % — в 2003 году и на 5,86 % — в 2004 году, хотя это несравнимо с уровнем в 13 % до азиатского финансового кризиса, который наблюдался во многих других частях Индонезии [Gresik in Figures 2005: 304]. Доход на душу населения также вырос даже после поправки на инфляцию, увеличившись с 12,3 миллиона индонезийских рупий в 2002 году до 14,45 миллиона в 2005 году [Government of Gresik Regency 2007]. Для

Рис. 3.2. Карта Йосовилангуна. Банджасари и Сучи, 2008 год
(*Источник*: Google Maps)

сравнения, в 2005 году доход на душу населения в Индонезии составлял 11,8 миллиона рупий [Tempointeractive 2006], что позволяет предположить, что в целом экономика Гресика укрепляется и что жители столкнулись с проблемами роста, а не с проблемами базовой бедности. Как видно из таблицы 3.2, к 2005 году промышленность заняла место сельскохозяйственного производства в качестве наиболее важного сектора экономики Гресика, составляя почти половину от региональной экономики [Gresik in Figures 2005].

Северо-западный подрайон Маньяр является типичным для Гресика в этот период, демонстрируя темпы роста выше среднего по сравнению с остальной частью страны. 61 % земли в Маньяре состоял из соляных прудов для выращивания рыбы и креветок, а 15,7 % — для жилья. Несмотря на аграрное землепользование,

Таблица 3.2. Экономика Гресика по секторам

	2002	2003	2004
Сельское хозяйство	11,76	11,17	10,78
Фермерское хозяйство	5,32	4,87	4,67
Рыболовство	4,35	4,26	4,16
Добыча полезных ископаемых	1,54	1,5	1,44
Промышленность	48,08	48,06	47,82
Продукты, напитки и табак	4,94	4,91	4,86
Текстиль	8,57	8,63	8,53
Лесозаготовки	15,26	15,21	15,18
Химикаты, нефть, резина и пластик	10,07	9,87	9,74
Электричество	4,09	4,33	4,25
Вода	0,05	0,05	0,06
Газ	0	0	0
Строительство	5,72	5,8	5,79
Торговля, отели и рестораны	20,53	20,94	21,47

Источник: Гресик в цифрах (2004, 2005)

около 72 % населения работали в несельскохозяйственном секторе. С 1996 по 2006 год население Маньяра выросло с 64 564 до 81 475 человек, или на 2,6 % в год. Темпы прироста населения Маньяра в 2004–2005 годах были немного выше, составив 2,89 % по сравнению с показателем 2005 года, равным 1,45 %, что позволяет предположить, что к концу первого десятилетия столетия Гресик сильно вырос экономически [Manyar in Figures 2005].

Это экономическое преимущество не осталось незамеченным, и Восточная Ява стала местом жительства для новых рабочих и предпринимателей. Поскольку многие рабочие переехали в Гресик из других частей Индонезии, застройщики начали стимулировать новый рынок недвижимости, отстраивая новые жилые комплексы, известные как *перумахан*. Это строительство обеспечило не только жилье для работников промышленности в Гресике, но и дешевую альтернативу жилью для растущего числа жителей, которые были включены в торговый центр Сурабая. По мере того как это развитие продолжалось, существующие сельские жители увидели, что их деревни *кампонг* превратились в городские кварталы, окруженные и закрытые *перумаханами*.

Периурбанизация на уровне деревни: Йосовилангун, Сучи и Банджасари

Подрайон Маньяр был разбит на деревни, многие из которых включали в себя как *кампонг*, так и *перумахан* (городское жилье с высокой плотностью застройки). По большей части жители городского *кампонга* были уроженцами этого района, в то время как жители *перумахана* — мигрантами, приехавшими работать на различных фабриках и в других отраслях промышленности этого района.

По численности населения деревни Йосо, Сучи и Банджар заняли 1, 3 и 21-е места соответственно в Маньяре (см. таблицу 3.4). *Кампонг* Йосовилангун имел самую высокую плотность населения: около 1200 человек проживали в 285 домохозяйствах, в то время как связанный с ним *перумахан* насчитывал около 2500 домохозяйств. *Кампонг* Сучи был самым большим: в нем было около 800–900 домохозяйств по сравнению с 1000 занятыми домохозяйствами *перумахана* и еще 1000 домами, которые все еще не были проданы. Банджар был разделен примерно поровну: *кампонг* включал примерно 220 домохозяйств и очень ограниченное число *перумаханов*. Как показывает рост, произошедший в этих трех деревнях Маньяр, общины *кампонг* все больше подчинялись новым застройкам, а с учетом практики планирования все больше и больше сдерживались частными поселениями и обслуживаемыми поселениями, построенными на земле, которая раньше обеспечивала природные ресурсы, от которых зависели эти *кампонги*. Одним из таких ресурсов была пресная вода.

Регентство Гресик страдает от многих проблем с водоснабжением. Дождей в этом районе мало, а в засушливый сезон и периоды без дождя часто могут длиться месяцами. Почва создает условия для низкого потенциала грунтовых вод, а количество осадков по годам колеблется весьма существенно. Растущее

Таблица 3.3. Занятость в указанных деревнях

	Фермерское хозяйство	Промышленность	Строительство	Торговля	Транспорт	Услуги	Другое	Несельхоз. сектор	Всего	Сельскохоз. сектор, в процентах
Банджасари	164	45	25	11	8	18	2	109	273	60,1
Сучи	192	478	44	86	82	64	74	828	1020	18,8
Йосовилантун	9	697	16	65	19	179	82	1058	1067	0,8
Всего (все деревни)	4035	4201	1294	1897	873	1605	662	10 532	14 567	27,7

Источник: Маньяр в цифрах (2005)

Таблица 3.4. Население в указанных деревнях

	Площадь (кв. км)	Население	Оценка
Йосовилангун	1,01	9323	1
Сучи	3,89	6791	3
Банджасари	2,67	1378	21
Всего	95,42	81 475	

Источник: Маньяр в цифрах (2005)

промышленное использование воды, вырубка лесов и проникновение соленой воды усугубляют эти проблемы [Harsapurtra 2004], делая растущую плотность населения серьезной проблемой для жителей.

В целом водопроводная вода в Индонезии обеспечивается одной из примерно 316 районных компаний по производству питьевой воды *Perusahaan Daerah Air Minum* (PDAM), большинство из которых довольно малы, обычно с менее чем 10 000 подключений [World Bank 2003; World Bank 2007b]. В 2003 году такие компании обслуживали лишь около 20 % индонезийцев [Kompass 2003], что дает некоторое представление о серьезности проблем с водоснабжением, с которыми сталкивается Ява, население которой составляет около 940 человек на квадратный километр.

По состоянию на 2007 год 50 093 компании обслуживали 1,2-миллионное население Гресика, в результате чего примерно 80 % населения вынуждены были искать источники чистой воды. Те, кому посчастливилось подключиться, имели подачу воды с мощностью 605 л/с: 550 л/с из реки Сурабая, которая находится в 40 км и проходит через водоочистные сооружения, 35 л/с из скважин и 20 л/с — перекупленные у районных компаний в Сурабая. Всего 35 л/с используется только для промышленности. Система подает всего 525 л/с из-за недостаточной производительности городского насоса. Другими словами, поставки воды в Гресике недостаточны как по количеству подключений, так и по силе напора.

Водопроводная система Гресика также пострадала; с точки зрения эффективности системы потеря воды составила около 20–28 %, что в целом лучше, чем предполагаемые общие потери в Сурабая в 35–40 % [Gresik in fugures 2005; Kompass 2003], но все еще является проблемой. В этих потерях виноваты неточные счетчики воды, счетчики старше 4 лет и трубы старше 25 лет, а также люди, случайно (или намеренно) повреждающие трубы, что вызывает в них течь [PDAM Gresilk 2005]. Эти проблемы не были бы непреодолимыми, если бы не быстрые темпы роста регентства.

Несмотря на проблемы компании PDAM, некоторые необслуживаемые домохозяйства могли себе позволить и действительно хотели получить такое обслуживание. Однако компания предпочитала подавать воду только в жилые комплексы из-за готовности застройщиков установить разветвленные трубопроводы [World Bank 2006], тем самым оставляя даже тех жителей *кампонга*, у которых были средства, вне инфраструктурной системы. Не имея возможности покрыть расходы на отвод трубопроводов, чтобы подойти достаточно близко к водопроводной магистрали, многие *кампонг* стояли в списке ожидания почти два года. В других не было водопровода, хотя трубы были проложены по соседству. Даже там, где некоторые удачливые жители получали услуги компании, проблем было предостаточно.

Самая большая жалоба пользователей компании PDAM, расположенной в Гресике, касалась качества воды; они протестовали против того, что вода содержит известь и становится грязной после отключений. Жители жаловались, что такое плохое качество приводило к кожным высыпаниям, и относительно немногие домохозяйства использовали эту воду для питья, хотя значительный процент использовал ее для приготовления пищи. Проблема касалась только компаний в Гресике, поскольку большинство из них даже не соответствовали стандартам Министерства здравоохранения, хотя они должны были очищать воду для ее непосредственного употребления из-под крана.

Второй наиболее распространенной жалобой на PDAM была неудовлетворенность качеством обслуживания. Многие домохозяйства, которые могли позволить себе резервуар для воды, установили его для хранения воды во время отключений электроэнергии, что позволяет предположить, что стоимость не является решающим фактором, и многие заплатили бы более высокую стоимость, если бы это гарантировало лучшее обслуживание. Ежемесячный тариф на воду в 2005–2006 годах составлял примерно 30 000–42 000 рупий, но жители часто жаловались, что повышение тарифов не связано с улучшением обслуживания.

В целом компания PDAM в Гресике была государственным поставщиком водопроводной воды для небольшого процента домохозяйств в городе. Однако по мере продолжения периурбанизации коммунальное предприятие оказалось перегружено, и не только не могло обеспечить водой домохозяйства, но и в целом не реагировало на местные потребности. В этом хрупком балансе роста и обеспечения инфраструктуры крылась огромная потребность в поиске решений проблем водоснабжения.

Нововведения и конфликты в водоснабжении района Маньяр

В этом контексте на первый план вышел широкий спектр инноваций на уровне сообществ, которые не только отвечали на острую потребность в обеспечении чистой водой, но и были тесно связаны с финансовыми вкладами жителей *кампонгов*, чувством гражданского доверия и надежным финансовым управлением на основе рыночных механизмов. Оглядываясь назад, можно сказать, что эти инновационные и практические усилия также иллюстрируют способы, с помощью которых реакция стран на потребности в местных услугах воплощает развитие процесса широкого участия в новом городском контексте.

Деревня Йосовилангун
Из трех деревень (Йосовилангун, Сучи и Банджарсари) в Йосовилангуне наименьший процент домохозяйств, расположенных в *кампонге*, который окружает *перумахан*, подключенный к компании водоснабжения и наиболее урбанизированный. До 1980-х

годов бо́льшая часть жителей Йосо работали в сельском хозяйстве, а воду брали из ручья, протекавшего через деревню. Когда в Гресике началась урбанизация, жители деревни продали свою землю застройщикам, рассматривая это как способ помочь своим семьям финансово. К 1985 году в деревне был построен первый жилой комплекс. По мере продолжения строительства общественный ручей, обеспечивавший бо́льшую часть воды в деревне, начал пересыхать, и к 1997 году это была просто небольшая канава, протекавшая через деревню. В результате некоторые жители вырыли собственные колодцы, хотя большинство колодцев страдали от низкого водного потенциала[6] и высокого содержания извести.

В начале 1990-х годов деревенские власти оплатили бурение глубокой скважины, помогли проложить общественный водопровод и передали контроль над ним лидеру местной районной ассоциации[7] (*rukun tetangga*) для обеспечения жителей водой. Впоследствии деревенская мечеть также вырыла колодец глубиной 25 метров для забора воды для собственных нужд, а также начала раздачу воды общине. В конце 1990-х годов 10–20 жителей вырыли колодцы глубиной около 25 метров и начали продавать воду в цистернах, а затем перепродавать ее предприятиям в Гресике и Сурабая. Эти мелкие поставщики назывались *Air Bawah Tanah* (АВТ), что означало «под грунтовыми водами». Каждая скважина откачивала воду, и в итоге возник водный дефицит, в результате чего все эти компании, кроме четырех, закрылись. Забор воды, наряду с растущим спросом, оказал огромную нагрузку на грунтовые воды Йосо и вызвал конфликт в деревне. Четверо оставшихся владельцев скважин смогли вырыть более глубокие скважины, до 100 метров, и установить дорогие погружные насосы, чтобы добывать воду с такой глубины. В 2000 году мечеть больше не смогла подавать воду из колодца, поэтому пришлось копать глубже и установить насос. В 2003 году районная ассоциация RT 3 RW 1 (*rukun tetangga 3 / rukun warga 1*) по-

---

[6] В этом случае восходящее давление со стороны источника-аккумулятора привело к проблемам с надежностью обслуживания. — *Прим. авт.*

[7] Local neighborhood association (*rukun tetangga* (RT)). — *Прим. пер.*

строила третий глубокий колодец с насосом, а в 2004 году деревенские власти вырыли собственный глубокий колодец с насосом для обеспечения жителей деревни водой.

Эти четыре общественных колодца и колодца при мечетях обеспечивали водой все домохозяйства *кампонга*, кроме 25. Остальные 25 имели договоренности с одним из четырех мелких поставщиков воды о подведении воды к их дому. Несмотря на свою работоспособность, эта система имела свои проблемы. В первую очередь обслуживались те, кто находится ближе к колодцу, удаленным же потребителям предлагались более высокие тарифы. Более того, каждая скважина работала по схеме ротации для распределения воды, поскольку система самостоятельно подпитывалась без достаточного давления для снабжения всех домохозяйств одновременно. В трех колодцах в день вода была среднем было от одного до двух часов, а колодец RT 3 обеспечивал шесть часов в день для каждого дома. Семья, обычно жена, ждала, пока вода начнет поступать, а затем использовала это время для стирки одежды и выполнения других домашних дел, требующих большого количества воды. После того как повседневные дела были выполнены, семья наполняла контейнер для хранения воды в ванной (*bak mandi*) и другие емкости для воды.

Некоторые домохозяйства использовали небольшие насосы «Sanyo» (наиболее распространенная марка), чтобы нагнетать воду выше и/или увеличивать давление. Однако эти насосы снижали давление в водопроводе соседних домохозяйств во время использования. В то же время те, кто пользовался насосами, утверждали, что они, что было несколько удивительно, могут быстрее выполнять свою работу по дому и наполнять контейнеры с водой без насоса, оставляя другим домам больше времени для выполнения своих задач.

Цена на воду из всех скважин была одинаково доступна. С домов взималась ежемесячная фиксированная плата в размере от 2000 до 4000 рупий на человека, при этом дети, посещающие начальную школу, и пожилые люди не включались в их число.

Наконец, большинство жителей, похоже, были удовлетворены этим источником воды и предпочли бы иметь его, чем воду, поставляемую компанией PDAM, поскольку они знали о перебоях с водой, с которыми их соседи сталкивались бо́льшую часть времени. И хотя их вода могла содержать известь, они также знали, что качество воды от компании PDAM вряд ли будет намного лучше. Большинство домохозяйств пили колодезную воду после кипячения, а также иногда разбавляли ее водой из больших 19-литровых бутылок, называемых *isi ulang*, или другой бутилированной водой. Несмотря на свою функциональность, эта альтернатива компании PDAM, которую использовали жильцы, явно оставляла значительные возможности для улучшения.

Финансирование и управление тремя скважинами на уровне сообщества

В 2004 году правительство деревни Йосо вырыло систему глубоких колодцев и стало крупнейшим поставщиком воды в деревне, охватив около 120 домохозяйств, что, как упоминалось выше, означало, что жители могли получать воду из этой системы только в течение одного-двух часов в день. Деревенская управа оплатила стоимость колодца, насоса и магистрального трубопровода, а потребителям приходилось платить только за то, чтобы проложить трубы в свои дома. Инвестиционный капитал на финансирование скважины состоял из деревенских фондов, а также побочных доходов, полученных от бюрократических процедур, таких как выдача удостоверений личности и других документов. Правительство деревни обсуждало с правительством подрайона Маньяр вопрос финансирования работ, но в итоге они решили сделать все самостоятельно, заявив, что здесь слишком много бюрократических аспектов и они смогут завершить работу быстрее. Тем не менее в 2006 году муниципальное правительство предоставило финансирование на строительство башни для распределения воды, но башня оставалась неиспользованной, поскольку не было предусмотрено дополнительное финансирование для насоса, подающего в нее воду. Башня также была построена на более низкой высоте, так что в случае ее использования пришлось бы поднимать воду в дома, что было очень сложной задачей без мощного и надежного насоса.

В рамках вызовов, с которыми столкнулись высшие уровни власти, деревенская власть выступила в роли настоящего универсального поставщика услуг. Если их колодец не мог обеспечить людей водой по причине технического обслуживания или ремонта, они использовали деревенские средства для покупки воды у мелких поставщиков для жителей. Кроме того, помимо рытья собственного колодца и колодца районной ассоциации RT 1 RW 2, сельская управа предоставила ассоциации RT 3 финансирование на строительство водонапорной башни. Сельские власти также обсудили со своими потребителями предложение по счетчикам, чтобы регулировать водопользование и получать доходы для улучшения системы, например для ввода в эксплуатацию неиспользуемой башни. Счетчики стоили около 15 долларов каждый и оплачивались жильцами в рассрочку по мере необходимости. По словам деревенского лидера, счетчики принесли пользу всем, поскольку они позволили местному правительству поднять тарифы до того, как возникли проблемы, тем самым значительно облегчив текущее обслуживание.

Местная мечеть была вторым учреждением, обеспечивающим водой общину, снабжая водой еще 39 домохозяйств. Скважина глубиной 80 метров, которую они выкопали, подавала воду с глубины 36 метров и оплачивалась за счет пожертвований общины. Первоначально скважина предназначалась только для нужд мечети; однако вскоре после ее строительства жители близлежащих районов начали просить мечеть обеспечить их водой, и была построена сеть, хотя управляющий колодцем очень ясно дал понять новым пользователям, что потребности мечети были превыше всего. После этого первого этапа расширения использования мечеть начала ограничивать новых пользователей, взимая очень высокую плату за подключение, которая могла достигать одного миллиона рупий только за прокладку новой трубы.

Потребители водоснабжения мечети были разделены на три-четыре группы, каждая из которых получала воду по два часа в день. Цена составляла 4000 рупий на человека (за исключением детей и пожилых людей) и была определена по договоренности среди домохозяйств. В то же время доходов было достаточно, чтобы покрыть расходы на электроэнергию и обеспечить сбережения на ремонт и другую деятельность мечети. Эта прибыльная модель стала неожиданностью для местных жителей, поскольку более широкая роль мечети в обеспечении водой деревни была крайне неожиданной тогда, когда скважина была выкопана. Но к мечети, как к центру религии и культуры, жители относились с большим доверием и уважением и были готовы вносить финансовый вклад для реализации этого инфраструктурного проекта.

Местная районная ассоциация управляла оставшимися двумя скважинами, одна из которых дает особое представление о самоорганизации на уровне сообществ и государственных финансах. Вместе с новым лидером, избранным в 2003 году, ассоциация организовала жителей для того, чтобы вырыть собственный колодец, поскольку существующих поставщиков услуг было недостаточно. Была проведена встреча с избирателями, и первоначально 39 человек согласились присоединиться проекту. Поскольку общая стоимость строительства составила 20,5 миллиона рупий, лидер ассоциации взял кредит у местной компании, занимающейся бурением скважин. Каждое домохозяйство согласилось заплатить по 700 000 рупий за скважину глубиной 107 метров — почти на 30 метров глубже, чем остальные; насос и коммунальные трубопроводы (бытовые трубопроводы) были выделены дополнительно. Чтобы помочь жителям оплатить подключение, домохозяйствам разрешили платить в рассрочку в течение года. Чтобы стимулировать жителей погасить кредит, с них взималась плата в размере 4000 рупий за человека до тех пор, пока кредит не будет погашен. Для тех, кто полностью оплатил подключение на первом этапе, ежемесячная ставка составляла 2000 рупий на человека (за исключением детей и пожилых людей). Этот первый этап инвестиций в сообщество со стороны возможных домохозяйств-пользователей оказался сильным стимулом для более широкого участия.

Как только другие жители увидели, что колодец работает, они быстро заплатили по 700–750 тысяч рупий за подключение к системе водоснабжения, а кредит компании по бурению скважин был погашен всего за один год. Признавая дополнительный риск, который взяли на себя первые инвесторы сообщества, после подключения второй группы группа подняла цену подключения до 1 миллиона рупий, а затем до 1,2 миллиона в 2007 году для новых домов, строящихся в районе.

Этот механизм предоставления услуг водоснабжения на местном уровне оказался настолько успешным и финансово жизнеспособным, что местная районная ассоциация начала расширять услуги на близлежащие ассоциации. Ее лидер — ставший фактически директором кооператива водоснабжения — не взимал с новых потребителей плату за подключение, а вместо этого взимал с них только плату за дополнительные трубы, необходимые для подключения, и обязывал оплачивать тариф в размере 4000 рупий на человека в месяц. К 2008 году к системе подключились еще 59 домохозяйств. Услуги предоставлялись по шесть часов в день, утренние и дневные подачи были с 6 утра до полудня и с полудня до 6 часов вечера. Два часа из этого дневного времени подачи вода поступала прямо из скважины; до конца дня обеспечение водой шло через башню, потому что уровень воды в скважине упал, и насос был уже неэффективен. К вечеру уровень воды обычно снова поднимался, и башня снова наполнялась.

К 2008 году компания RT 3, как и другие поставщики, также продавала воду, чтобы получить дополнительные доходы, и планировала купить собственный водовоз для облегчения распределения. Однако через несколько месяцев жители пожаловались, что дополнительный забор воды из системы влияет на качество водоснабжения, что побудило лидера местную районную ассоциацию прекратить обеспечение этой услугой. Он также выдвинул идею установки счетчиков, но жители не смогли договориться по этому поводу. Противники этой идеи считали, что, поскольку скважина принадлежала сообществу и, что важно, оплачивалась сообществом, они не должны использовать счетчик и нести дополнительные расходы.

Помимо участия в обеспечении водой, лидер ассоциации и его жена взяли на себя обязательства по сбору средств и помощи жителям. Кроме участия в установке счетчиков и продажи воды в цистерны жена лидера стала помогать в оплате счетов, за оплату каждого счета в размере 1100 рупий она собирала плату за электроэнергию с каждого заинтересованного домохозяйства и доставляла деньги в местный расчетный офис. Этот сбор, в свою очередь, принес районной ассоциации 1 миллион рупий, которые затем были использованы для выдачи кредитов резидентам и прочей деятельности.

Конфликт из-за колодцев на уровне сообщества
Хотя три общинных колодца демонстрируют инновационные элементы государственного финансирования водной инфраструктуры через «инвесторов» на уровне сообществ, отсутствие базового надзора за гидрологическим управлением подорвало их перспективы устойчивости.

В Йосовилангуне четыре мелких поставщика водоснабжения. Водовозы вмещают 5000 литров и обеспечивают водой многие малые и средние предприятия, поскольку услуг компании PDAM зачастую бывало недостаточно. Водовозы обслуживали не только Гресик, но и продавали воду по всей Сурабая по цене от 7000 до 70 000 рупий за цистерну и служили поставщиками воды для бо́льшего числа местных жителей во время отключений компании PDAM. Другие продавцы воды, которые живут в *кампонге* и имеют резервуары меньшего размера, около 1000 литров, продают воду в *перумахане* по 25 000 рупий за резервуар. Неудивительно, что во время засушливого сезона спрос со стороны домохозяйств на мелких поставщиков увеличился, и соседи часто делили между собой контейнеры бо́льшего размера, потому что одних только домашних резервуаров было недостаточно для хранения того количества воды, которое требовалось семьям.

Как можно видеть по сложности и гибкости этих взаимосвязанных систем, водоснабжение было гораздо бо́льшим, чем муниципальное обеспечение, и фактически деревенские власти облагали водовозы налогом в размере 1000 рупий за цистерну в качестве компенсации за забор воды из деревни, что, в свою очередь, помогало мелким поставщикам платить налоги правительству Маньяра.

К концу 1990-х годов проблемы с водой, казалось, достигли пика, и жители начали винить мелких поставщиков в потере грунтовых вод. Деревенские власти ввели ограничения на количество часов в день, в течение которых может работать мелкий поставщик, однако в отдельных скважинах в Йосовилангуне и прилегающих районах серьезным образом стало не хватать воды. Из-за 70 мелких поставщиков в деревне уровень грунтовых вод опускался ниже глубины скважин вследствие слабого районного и субрайонного координирования и управления. Поскольку разрешения, выдаваемые поставщикам районами и подрайонами, облагались налогом, сложилась ироничная ситуация, когда районные чиновники выиграли от распространения этих мелких компаний, а местные жители районной ассоциации не увидели никакой выгоды, что в итоге привело к конфликтам. К концу 2006 года правительство округа Маньяр выдало лицензию на открытие новой компании в Йосо, но жители протестовали, утверждая, что правительство Маньяра усугубит проблемы с водой, и скважину было решено не бурить. Жители деревни продолжали требовать закрытия всех мелких поставщиков. Зная, что они являются важным источником дохода для деревни, глава отклонил эту просьбу и вместо этого обложил компанию новым налогом, аналогичным тому, который платили владельцы водовозов. Каждый платил по 1000 рупий за заправленный грузовик, и этот доход распределялся между *кампонгами* районной ассоциации. Жители деревни нашли это приемлемым решением, и в течение первых шести месяцев каждая районная ассоциация получила от 400 000 до 600 000 рупий. Эти деньги были использованы на укрепление дорог и другие проекты, а также на помощь сельским жителям, которые заболели и не могли позволить себе обратиться в больницу.

В целом управление и правоприменение государственных водных ресурсов в Йосовилангуне в то время очень плохо исполнялось. В частности, распределение водных ресурсов округов осуществлялось без учета возможности их пополнения, и единственным механизмом учета интересов сообщества был протест.

Деревни Сучи и Банджасари

В отличие от Йосовилангуна, в *кампонгах* Сучи и Банджарсари применялись разные подходы к обеспечению водой ввиду сокращения отдельных источников. Это объясняется тем фактом, что в Сучи многие домашние колодцы все еще использовались, в результате чего проблемы нехватки воды были сосредоточены на домашнем хозяйстве, а не на общей деревенской инфраструктуре. При наличии 800–900 домохозяйств *кампонг* считался очень большим, и поэтому водный потенциал сильно варьировался в зависимости от каждой районной ассоциации. Частично из-за более крупного местного рынка компания PDAM стала предлагать подключения прямо в *кампонге*, и в отличие от Йосовилангуна деревенское правительство не участвовало в обеспечении деревни водой.

История развития Сучи несколько отличалась от Йосо. По сравнению с Йосовилангуном освоение земель в Сучи произошло сравнительно недавно, но к середине 1990-х годов вследствие урбанизации Сучи многие домашние колодцы начали пересыхать. В ответ на новую потребность в воде один из лидеров районной ассоциации выкопал скважину глубиной 15–20 метров и начал продавать воду. Если жители обитали поблизости, они могли заказать подачу воды из садового шланга за 3500 рупий в час. Те, кто жил дальше, могли заказать тележку с восемью 20-литровыми канистрами за 1000 рупий.

Бизнес в сфере водоснабжения быстро рос, и лидер районной ассоциации дошел даже до того, что ему приходилось переключаться между двумя насосами, чтобы один не сгорел из-за чрезмерного использования. Поскольку его бизнес процветал, и добыча воды увеличилась, ему также пришлось увеличить глубину скважины до 60 метров, чтобы поддерживать достаточное давление воды. Конечно, ни один успешный бизнес не остается незамеченным, и вскоре после того, как он его запустил, другие, кто мог себе позволить рыть такие скважины, также сделали это, создав конкурентоспособный местный рынок, состоящий примерно из 15 скважин в *кампонге* Сучи, принадлежащих мелким поставщикам. Эти мелкие компании были важными поставщиками воды в Сучи на протяжении более чем десяти лет, поскольку они обслуживали 41 из 90 домохозяйств *кампонга*, о чем свидетельствует опрос, проведенный в 2007 году. Стоимость использования таких скважин составляла от 2500 до 6000 рупий в час, а средняя стоимость в месяц для опрошенных домохозяйств составляла 56 456 рупий в месяц, или 45 000 рупий в среднем. Эта стоимость была значительно выше, чем платили домохозяйства в Йосовилангуне, но в целом лишь немного превышала средний счет компании PDAM.

Помимо этих многочисленных местных мелких поставщиков, в 2008 году в *кампонге* было около 100 домохозяйств, которые обслуживались компанией PDAM. Видя динамичный местный рынок перепродажи воды, многие из этих новых клиентов начали продавать свою воду по счетчикам соседям, при этом некоторые домохозяйства соорудили постоянные трубы для своих клиентов и всех прочих, используя простые садовые шланги. Технически это было незаконно, чтобы несколько домохозяйств покупали воду по одному и тому же счетчику, но из-за прочных связей на уровне сообщества и прагматичного подхода к этим отношениям, только немногие отказывались от этого. В одной районной ассоциации, в качестве особенно показательного примера, пользователь компании PDAM подключил к своему водопроводу шесть других домохозяйств.

Между этими поставщиками существовала активная конкуренция: некоторые семьи переключали источник воды с местного мелкого поставщика на компанию PDAM, которая перепродавала воду, и наоборот. В одном случае мелкий поставщик взимал с пользователя 4500 рупий в час, и платил за два часа каждые три дня, что обходилось семье в 90 000 рупий в месяц. Затем она обращалась к своему соседу, который был подключен к компании PDAM, с просьбой купить у него воду. Установив трубу, идущую от этого подключения, к своему дому, семья впоследствии платила 30 000 рупий в месяц за такое количество воды, которое было нужно, хотя сосед говорил, что, если его счет станет слишком высоким, они снова обсудят оплату. Как показывает этот случай, местными жителями двигали финансовые решения. Несмотря на то что эта семья смогла оплатить подключение компании PDAM, они жили в районной ассоциации, где предыдущий конфликт, связанный с ремонтом дороги, сделал обеспечение линий доступа для подключения к системе чрезвычайно трудным. Такая неформальная договоренность решила проблему.

Другой реселлер компании PDAM является примером конкурентоспособности и осторожного инвестирования ресурсов домохозяйств в водоснабжение. По словам одного из информаторов, жители районной ассоциации пользовались частными колодцами, пока они не начали пересыхать. В ответ компания PDAM установила для жителей общественные емкости с водой, но владельцам домохозяйствам не нравилось пользоваться общим краном или необходимостью транспортировки воды. Не стесняясь получить то, что им было нужно, домовладельцы подошли к фабрике, которая граничила с их домами, и спросили, может ли она обеспечить их хозяйство водой от заводской скважины. Этот бизнес состоялся, и компания поставляла им воду до 2005 года, пока обслуживание стало нестабильным. В ответ жители, которые могли себе это позволить, перешли на пользование водой от компании PDAM, которая в то время предлагала подключение за 475 000 рупий, подлежащую уплате тремя частями (плата за подключение в 2007 году составила примерно 1,2 миллиона рупий). Домохозяйства ждали проведения подключения девять месяцев, а районная ассоциация за собственные деньги отремонтировала развороченную во время монтажа дорогу. В настоящее время информатор, о котором я говорил, обеспечивает водой два домохозяйства. Одному дому вода предоставляется бесплатно, поскольку там проживает семья, а со второго домохозяйства взимается плата в размере 4000 рупий в час примерно за 15 часов подачи воды из шланга в течение месяца. В ответ на вопрос о том, как они пришли к тому, чтобы начать продавать воду, собеседник рассказал, что к нему подошел сосед, недовольный своим бывшим поставщиком, который ограничивал ему возможность брать воду.

Еще одна серия событий, произошедших между районной ассоциацией RT 19 в *кампонге* и соседним *перумаханом*, представляет собой хороший пример того, как жители вели переговоры по поводу использования воды. В 2000 году на границе *кампонга* был построен новый *перумахан*. Поначалу в *перумахане* не было подключения к компании PDAM, и пока они ждали его, частные водовозы снабжали район водой. Наконец, спустя год жители потеряли терпение в ожидании подключения, и правление *перумахана* вырыло скважину, построило водонапорные башни и создало бытовую сеть для жителей. По словам главы района, примерно в это же время в районной ассоциации пересохли колодцы, и главы ассоциаций обсудили потерю воды с *перумаханом*. Три месяца спустя были установлены две общественные колонки, питаемые из глубокой скважины. Но жители были недовольны ожиданием, а также необходимостью таскать воду домой, и главы ассоциаций снова вернулись в *перумахан*, где было достигнуто новое соглашение. За 500 000 рупий с каждого домохозяйства, плюс тариф, который был ниже, чем предлагала компания PDAM, была построена водопроводная система со счетчиками, и кран был установлен в каждом доме, который хотел присоединиться к ней. Была введена тарифная система, которая была намного дешевле, чем та, которую предлагала компания PDAM, и жители RT 19, похоже, были вполне удовлетворены, во что нетрудно поверить, учитывая, что теперь в их дома была проведена водопроводная вода, которая была более проверенной и стоила значительно дешевле, чем у компании PDAM.

В 2008 году многочисленные *кампонги* в Банджарсари были очень похожи на те, какие существовали в Сучи и Йосовилангуне до того, как они были окружены *перумаханами*. В Банджасари все еще был доступ к мелким колодцам и другим естественным водоемам, и атмосфера в целом была очень сельской. Хотя это была самая «сельская» из трех деревень, быстрая урбанизация Гресика отрицательно повлияла на источники воды и средства к существованию. Во-первых, в Банджасари удвоилось население в течение пяти лет после того, как застройщик построил в деревне *перумахан*. Во-вторых, загрязнение от прибрежных заводов начало снижать урожайность креветочных ферм в деревне, снижая доходы и ставя под угрозу средства к существованию *кампонга*, добытые аграрным путем; и в-третьих, многие жители продали свои *тамбак (tambak)*[8] неместным, чтобы справиться с текущими потерями. По мере того как Гресик продвигался в своем промышленном развитии, урожайность *тамбака* продолжала снижаться, а все большее количество земли продавалось и использовалось для дальнейшего промышленного и/или жилищного строительства, что еще больше усилило нагрузку на местные водные источники, во многом подобно тому, что произошло в Йосовилангуне и Сучи.

Всего в двух километрах, в *перумахане*, проблемы с водой были более острыми. Большинство его жителей были мигрантами, работавшими в несельскохозяйственном секторе. Застройщик не смог обеспечить безопасность соединений от компании PDAM и вместо этого вырыл неглубокие колодцы длиной от четырех до семи метров для каждого домохозяйства — плохое решение, которое быстро привело к загрязнению. Содержание соли и водный потенциал в каждом домохозяйстве различались, и жители с нетерпением ждали подключения воды от компании PDAM, заявку на которое они подали еще в начале 2007 года. Хотя они были оптимистичны в отношении того, что эти подключения появятся в деревне, на самом деле у компании не было планов относительно их обеспечения, поскольку поблизости не проходила водопроводная магистраль. Тем временем жители покупали воду для питья и приготовления пищи у двух поставщиков воды и на станции *isi ulang*. Один продавец наполнял канистры от своего подключения в Сучи и просил перепродать их в Банджарсари, поскольку *перумахан* Сучи граничит с *перумаханом* Банджарсари. Другой продавец поручил частным водовозам наполнять резервуары на принадлежащей ему земле рядом с деревней, а затем также доставлять воду в канистрах.

---

[8] Земли на дамбах и набережных. — *Прим. авт.*

Одна группа домохозяйств *перумахана*, недовольных своими частными колодцами, создала систему общественных колодцев, и вода по трубам подавалась в каждое домохозяйство. Каждое домохозяйство использовало этот колодец, если у него возникали проблемы со своим колодцем, особенно в засушливый сезон. Насос питался от индивидуальных подключений и нес воду к каждому дому. Если домохозяйству требовалась вода, они щелкали выключателем в доме, и местное электрическое соединение обеспечивало напор. Выключение света сигнализировало другим жителям, что колодец используется, чтобы они не пытались набирать воду. По этому соглашению ежемесячная плата не взималась, поскольку каждая семья вносила плату за подключение, а каждый дом платил за использованное электричество. Плата за подключение использовалась для покупки насосов и технического обслуживания. Четыре насоса обслуживали 40 домохозяйств, и у каждого насоса был управляющий.

В *перумахане* Банджасари все клиенты, не использующие подключения компании PDAM, в итоге предпочли эту услугу. Они могли себе это позволить, но их природных источников и усилий сообщества было недостаточно. Из-за проблем с доступом и инвестициями компания очень неохотно обслуживала их и в итоге оставила полагаться на неформальные договоренности.

Опыт и знания на уровне сообщества в финансировании пригородного водоснабжения

Описанные выше сообщества, впечатляющие своим предпринимательским духом, не только творчески решили проблемы снабжения чистой водой, но и выдвинули на первый план основную проблему городского управления. Самоорганизовываясь, они выявили разнообразные факторы окружающей среды, такие как низкий водный потенциал во многих деревнях, высокий уровень проникновения соленой воды и далеко расположенные системы водоснабжения, что указывает на ограниченность чисто местной реакции на урбанизацию.

Периурбанизация в Гресике дала толчок ряду вызовов и ответных решений для быстро меняющихся условий перехода к городскому образу жизни в Индонезии. Во всех трех деревнях произошли изменения как в самих источниках воды, так и в средствах к существованию; те, кто когда-то были фермерами, теперь работают на фабриках, а те, кто не изменил этому, ощущают внешние угрозы традиционному образу жизни. Однако с переменами появляется шанс улучшить условия жизни и возникает задача найти решения для адаптации к меняющейся среде. Деревенское правительство и община разделили управление водоснабжением в *кампонге* в Йосовилангуне при очень незначительной помощи со стороны *кекаматана* или *кабупатена*, более высоких подрайонных и районных уровней власти. С тех пор как деревня уже предприняла подобные инициативы до децентрализации, широкая национальная программа по передаче полномочий по принятию решений на местные уровни только способствовала усилению и ускорению распространения сельских инициатив по решению растущих проблем загрязнения источников воды и доступа домохозяйств к чистой воде.

В Йосовилангуне были очень одаренные местные лидеры, способные направить частный сектор в русло творческих подходов в деле обеспечения водой, получения доходов для деревни и разрешения конфликтов. Деревни согласились позволить мелким поставщикам брать воду, которую они раньше считали своей собственностью, и взамен создать бизнес-модель, которая генерировала бы капитал для ремонта дорог, оплаты больничных счетов и предоставления других услуг. В большей степени чем корпоративные гиганты, которыми часто считают частный сектор, мелкие поставщики являются не безликими и отстраненными партнерами, а соседями и родственниками самих сельских жителей. Они продают воду фабрикам, на которых работают жители, и *перумаханам* в случае, когда компания PDAM не может обеспечить водоснабжение. Эти мелкие поставщики предоставляют незаменимую услугу, распространяющуюся на быстрорастущие пригородные районы Сурабая вплоть до окраин города.

Однако не все недавние мероприятия, связанные с водоснабжением, прошли без проблем. В случае с компаниями — мелкими поставщиками провалы в управлении государственной и частной собственностью вызвали конфликт относительно того, кто имел доступ к земле, где можно добыть воду. К счастью, деревенская власть смогла отреагировать на этот конфликт и найти решение социальных разногласий. Однако обеспечение чистой водой требует не только хороших навыков и свободы управления политикой и социальными отношениями, но и хорошего понимания и знания управления физической и природной средой. Местное правление в Гресике не слишком соответствовало этим требованиям.

Хотя деревенские власти и сообщество добились больших успехов в поддержке местных инициатив, связанных с водоснабжением, и разрешении местных конфликтов, Йосовилангун является показательным примером того, как местное снабжение без понимания региональной гидрологии и отсутствия принудительного регулирования может поставить под угрозу ресурсы окружающей среды, от которых зависит получение чистой воды. В лучшие времена в *перумахане* у людей круглосуточно была вода, хотя ее почти никогда не использовали для питья и редко — для приготовления пищи. Некоторые жильцы оставались довольны обслуживанием, смирившись с перебоями в работе, водой черного цвета, а некоторые — и с раздражением кожи. В засушливый сезон система работала хуже всего, поскольку течение реки уменьшалось, и отключения длились до месяца.

В Сучи *кампонг* не испытал такой потери воды, как в Йосо, но признаки снижения уровня грунтовых вод к 2008 году начали беспокоить местных лидеров. Согласно долгосрочным прогнозам, казалось, что в Сучи необходимы серьезные меры по сохранению подземных вод. Хотя сеть компании PDAM будет продолжать расширяться, на это потребуется время, и, безусловно, поскольку домохозяйства не захотят платить за подключение, в этом сыграют роль некоторые поставщики, так как в *перумахане* продолжают происходить перебои с водой. Те, кому посчастливилось быть подключенным к сети PDAM, начали продавать воду своим соседям, предоставляя незаменимую вторичную услугу, равно как и желанный источник дохода. Даже *перумаханы*, будучи не застрахованными от недостатков местной системы водоснабжения, занялись разработкой собственных систем глубоких скважин, как, например, в Банджарсари. Между тем мелкие поставщики в Сучи также обеспечивают водой все прилегающие районы без какого бы то ни было конфликта, но который возник в Йосовилангуне.

В Банджасари половина деревни в 2008 году все еще вела сельский образ жизни, имея возможность купаться в общественных прудах и брать воду из частных и общественных источников. Системы сообществ были очень простыми и практически не получали поддержки извне. Тем временем рыбные фермы умирали из-за беспрепятственного промышленного загрязнения. Конечно, *кампонг* Банджасари может стать неузнаваемым через 20 лет, поскольку его развитие продолжается. В *перумахане* жители терпеливо ждали, пока подключение к системе PDAM оградит их от соленых колодцев. Тем временем они покупали воду у торговцев, а некоторые строили коммунальные системы, когда их собственные колодцы не давали достаточно воды. В то же время предприятия *isi ulang* поставляли во все деревни бо́льшую часть питьевой воды, а также достаточное ее количество для приготовления пищи. Что касается водоканала, то он медленно строил свою сеть, пытаясь поддерживать негерметичную систему с насосами, неспособными перекачивать воду из загрязненной реки на расстояния более 60 километров. 55 % доходов от водоснабжения терялись каждый день, в то время как отсутствие доступа к финансированию, плохое управление и, возможно, низкие тарифы препятствовали осуществлению изменений.

Эти случаи иллюстрируют, как местные лидеры играли стратегическую инвестиционную, управленческую и финансовую роль там, где местные органы управления водными ресурсами были неэффективны. Поскольку они были близки к жителям и были уверены в своей способности оценить приверженность своих соседей созданию общей инфраструктуры, эти местные лидеры успешно восполнили пробелы в услугах, несмотря на то что вся их деятельность оставалась в значительной степени невидимой для официальных властей, так что иногда казалось, что они без необходимости конкурируют друг с другом.

В главе 1 я описал гипотезу о естественной монополии, присущую изучению таких коммунальных услуг, как водоснабжение. Хотя теоретически это предположение способствует оптимальной по Парето[9] эффективности в сдерживании цен на низком уровне и повышении качества для потребителей, ситуация на местах может быть совершенно иной, поскольку беспорядочная реальность, связанная с постепенным ростом пригородов в Гресике, усложняет задачу достижения доминирования для отдельного учреждения, государственного или частного. В отличие от того, как районы переживают рост без развития инфраструктуры, сложная система взаимодействующих мелких поставщиков в период перехода к городскому развитию отражает реальность гораздо точнее, чем идеал естественной монополии.

Такое расхождение между неофициальными и взаимодействующими механизмами обслуживания и официальными государственными естественными монополиями показывает, что общественные организаторы часто являются своего рода планировщиками. Однако даже несмотря на то, что лидеры на уровне сообществ превращают жителей в успешных поставщиков услуг, им часто не хватает технических способностей и более широкой легитимности, необходимых для долгосрочных решений. В частности, руководство на местном уровне, безусловно, может урегулировать конфликт вокруг водоснабжения внутри деревни, но технологии и быстро растущее потребление ясно показали, что будет расти напряженность в отношениях с соседними общинами, потребляющими воду из одного и того же уровня грунтовых

---

[9] Парето-оптимальное состояние рынка — ситуация, когда нельзя улучшить положение любого участника экономического процесса, одновременно не снижая благосостояния как минимум одного из остальных. Согласно критерию Парето (критерию роста общественного благосостояния), движение в сторону оптимума возможно лишь при таком распределении ресурсов, которое увеличивает благосостояние по крайней мере одного человека, не нанося ущерба никому другому. — *Прим. пер.*

вод, создавая конфликты, требующие более высокого уровня власти по управлению водными ресурсами. Второе важное ограничение этих подходов на уровне сообществ связано с необходимыми и высококачественными услугами по тестированию качества воды, связанными с водоснабжением. Местные лидеры в каждой деревне столкнулись с ограничениями для здоровья и последствиями решений, связанных с этим, и запросили поддержку от департамента здравоохранения округа в проведении анализов воды. Однако, поскольку они являются неофициальными организациями, проверка этих источников на наличие опасных загрязняющих веществ не была приоритетом для окружного правительства.

Проблемы установления связи с органами власти более высокого уровня, способными лучше регулировать конфликты, связанные с природными ресурсами, на региональном уровне, а также важная потребность в техническом медико-санитарном регулировании показывают, что вклад и возможности местных неофициальных институтов не обязательно должны быть идеальными, если рассматривать их в административном вакууме. На практическом уровне предоставления услуг вместо того, чтобы отстаивать достижения лидеров на уровне сообщества, задача состоит в том, чтобы лучше организовать мышление о структурах управления, которые соответствуют сложным материальным условиям и конкурирующей институциональной лояльности жителей местного сообщества в быстро развивающихся пригородных районах с упрощенной формальной структурой управления и техническим опытом, присущим дебатам, связанным с политикой развития.

Первым шагом в установлении такой связи является признание основных возможностей местных неофициальных институтов в финансировании и управлении водоснабжением. Второй шаг заключается в объединении их потенциала с необходимыми финансовыми, техническими и другими структурами поддержки, которые могут помочь осуществить эти основные возможности и обеспечить их устойчивость в долгосрочной перспективе. Эти структуры включают как минимум две насущные потребности.

Первая заключается в предоставлении кредитов для достижения масштабов, выходящих за рамки отдельных историй успеха. В частности, водоснабжение в Йосо зависело от способности местного лидера получить кредит для поддержки своих инвестиций в общественную инфраструктуру как за счет его собственных сбережений, так и через личные связи. Несмотря на то что в целом этот случай является успешным, нельзя предполагать, что все лидеры будут располагать такими связями, и предоставление определенного количества кредитов общественным проектам на уровне сообщества, подобно микрофинансовому займу *Grameen*, имело бы большое значение для достижения успеха в случае более широкого использования опыта на уровне общин.

Вторая поддерживающая структура зависит от способности официального правительства повторить такой потенциал сообщества. В частности, одна из причин, по которой чиновники здравоохранения неохотно проводят высококлассные испытания на этих неофициальных системах, заключается в том, что они не верят, что стоит тратить время на тестирование неофициальной скважины. С другой стороны, увеличение масштабов таких моделей на уровне сообществ и их узнаваемость в формальной правительственной структуре могло бы создать значительно больший спрос на технические возможности государства. При таком большом спросе чиновники в сфере здравоохранения, вероятно, будут гораздо охотнее тратить время на проверку местных источников воды на наличие опасных загрязнителей.

Помимо этих практических последствий для развития сеть мелких поставщиков Гресика имеет более широкую научную значимость, которая говорит о росте участия населения в развитии в городском контексте. В коллективных действиях и успехах разрешения конфликтов трех деревень Гресика заложены зерна глубокого понимания того, как развивается демократический процесс в современной Индонезии. Помимо циклического голосования и политических партий, коллективные действия, проявляемые в случаях обеспечения чистой водой, являются одной из основ, на которых формируется гражданское общество с общими интересами. Коллективные и творческие решения посредством развития инфраструктуры фактически создали тот общий опыт гражданской ответственности и индивидуальных интересов, который лежит в основе любого функционирующего демократического процесса. В данном случае мы увидели, как зерна таких процессов проросли независимо от формальной деятельности правительства. В следующей главе мы рассмотрим, как муниципальные власти использовали эту базовую динамику на уровне сообщества, чтобы найти функциональную роль для официальных лиц, имеющих право на участие.

Примеры скважин, финансируемых районной ассоциацией в Йосовилангуне, и скважин, вырытых усилиями *перумахана* — там, где муниципальные службы потерпели неудачу — позволяют предположить, что общины, возглавляемые местными субъектами, могут стать прибыльными учреждениями. Социальный капитал в бедных сообществах является не только временной поддержкой, он также может быть движущей силой развития. Сообщества Гресика оказались сильными, ориентированными на бизнес финансовыми управленцами, хотя исследования по государственному финансированию в основном умалчивают о роли неформальных сообществ.

Какими бы творческими ни были эти местные решения проблем, возникших в результате перехода к городскому образу жизни в Индонезии, их будущее в быстро модернизирующейся и урбанизирующейся стране находится под вопросом. По состоянию на 2017 год Гресик был одним из нескольких муниципалитетов, которые должны были стать частью нового флагманского водного «мегапроекта», обслуживающего Восточную Яву. Несмотря на энергичные протесты на уровне сообществ и противодействие гражданского общества, проект был запущен в 2019 году и, как ожидается, будет обслуживать более 1,3 миллиона жителей там, где компания PDAM и частные поставщики не смогли справиться с этой задачей. С одной стороны, улучшение услуг, соответствующих постоянно растущему спросу, является важным успехом планирования, и это заслуживает похвалы. С другой стороны, такие успехи, безусловно, влекут за собой издержки; одним из потенциальных расходов является распад тех партнерств на уровне сообществ, которые были созданы поставщиками воды и застройщиками в Гресике. Как было описано здесь, очевидно, что сообщества развили значительный потенциал для коллективных действий, связанных с их общими потребностями в чистой воде, и неясно, будет ли развитие Гресика в будущем основываться на этом потенциале, или же он будет подорван из-за государственных предприятий, которые — независимо от того, чем они руководствуются — могут лишить самих пользователей участия в совещательном процессе планирования.

Глава 4
Периурбанизация Кантхо и рост числа предпринимателей — поставщиков воды в дельте Меконга

Как и многие страны Глобального Юга, Вьетнам в настоящее время переживает серьезный социально-экономический переход, который состоит из трех основных компонентов: рыночные реформы, урбанизация и растущий спрос на государственные услуги. Эти три компонента в совокупности создали парадокс развития, из-за которого многие государственные институты пытаются создать и переориентировать традиционные структуры управления для удовлетворения этих потребностей в быстро урбанизирующихся регионах. Однако литература, посвященная организациям и предоставлению городских услуг дает скудные данные, позволяющие предположить, как такая урбанизация может проявляться в контексте быстрого роста населения, когда инфраструктура фактически не существует — что является определяющей характеристикой пригородных территорий. Многие исследования сосредоточены на приватизации государственных услуг и последствиях этих институциональных изменений для бедных слоев населения, предполагая, что эти услуги являются естественными монополиями. Однако в этих исследованиях упускается из виду, что в быстро меняющихся городских районах наличие нескольких источников воды может способствовать конкуренции *внутри* рынка — а не за рынок — и сохранять жизнеспособные варианты экономии для бедных слоев населения.

В этой связи усилия города Кантхо по обеспечению чистой водой своих новых жителей путем партнерства с местными предпринимателями на уровне сообществ иллюстрирует некоторые возможные способы участия государства в тех сетевых видах предоставления услуг, которые описаны в главе 3, касающейся Гресика. В социально-политическом смысле государство становится организованным коллективом, надеющимся помогать решать проблемы жителей, но без особой монополии на доверие. Будучи одним из нескольких поставщиков услуг на этом рынке, государство — как относительно новый игрок на этом рынке — должно оправдывать себя как поставщик услуг первого ряда.

В этих условиях, где не существует явной монополии и где у жителей есть много вариантов услуг широкого спектра качества и различной ценовой категории, государство является скорее новатором и педагогом, пытающимся заставить людей платить за новый продукт как монополистическому поставщику. Эта характеристика множественных локальных «кривых спроса» [Spencer 2008b] указывает на центральную проблему строительства инфраструктуры, которая заложена в понимании выбора и альтернатив водоснабжения, доступных для местных жителей. Поскольку в пригородной среде существует несколько альтернатив местного водоснабжения, городская обстановка сильно отличается от сельской. Таким образом, альтернатива, при которой государство наиболее активно добивается и убедительно оправдывает «лояльность к продукту», может в итоге привести к большей лояльности к государству, чем к другим местным учреждениям, предоставляющим воду. Обратное утверждение также может быть правдой.

Усилия по приватизации во Вьетнаме имеют уникальные характеристики, поскольку они реализуются в социалистическом государстве, которое исторически было скорее либеральной, нежели консервативной силой. С 1986 года Вьетнам следует стратегии сокращения государственного управления экономикой при сохранении контроля над основными потоками информации и политики. Эта стратегия, получившая название *Дой Мой*, была разработана с целью помочь стране осуществить постепенный переход к рыночной экономике без политических потрясений и неопределенности, связанных со свободным рынком. Земельная реформа и установление надежных прав собственности были первыми шагами в стратегии *Дой Мой*, которые были связаны со значительным увеличением сельскохозяйственного и промышленного производства, а также бумом в строительстве, сфере услуг и других предприятиях частного сектора. Вторым сдвигом, ставшим возможным благодаря *Дой Мой*, стало открытие государственных предприятий для конкуренции и возможная их ликвидация, если они не смогут конкурировать. Этот процесс привел к значительным беспорядкам, коррупции и изменениям в управлении во многих отраслях промышленности Вьетнама [Gainsborough 2003]. На сегодняшний день управление водными ресурсами не рассматривается как полностью частное предприятие, и многие вьетнамские водные компании, хотя и открыты для рыночных схем управления, по-прежнему защищены государством, чего нельзя сказать о промышленной продукции и производстве [Fontenelle 2003].

Дельта Меконга во Вьетнаме претерпела очень быстрый процесс урбанизации, примером которого является рост городского населения. За четырехлетний период на ранних этапах его развития городское население региона увеличилось примерно на 20 %. Несмотря на то что в регионе наблюдался очень незначительный абсолютный прирост населения, в таблице 4.1 показана резкая демографическая урбанизация региона, вызванная миграцией в города и последующим расширением городских границ с включением значительного числа жителей.

Эта интенсификация и урбанизация региональной экономики привели к серьезным изменениям в землепользовании. Выгоды, связанные с эксплуатацией природных ресурсов, описанные выше, могут быть достигнуты либо за счет расширения земель, предназначенных для производственной деятельности, либо за счет интенсификации этой деятельности на уже возделываемых площадях. Таблица 4.1 показывает, что последнее

Таблица 4.1. Население провинций дельты Меконга и социально-экономические условия в период роста экспорта *Дой Мой*

	2000	2001	2002	2003	2004
Общее население	16 364 046	16 543 507	16 754 929	16 919 818	17 108 850
Мужчины, в %	8 024 063	8 108 133	8 216 148	8 298 455	8 378 559
Городское население, в %	2 899 586	2 941 581	3 036 478	3 363 999	3 463 427
ВНП, долл. США[i]	5052	5436	6025	6654	7412
ВВП на душу населения, долл. США[ii]	308	329	360	393	433

[i] Цифры рассчитаны в миллионах долларов США и основаны на ценах 1994 года.
[ii] Цифры рассчитаны на основе цен 1994 года.
Источник: Статистическое управление города Кантхо (2005)

объясняется движущей силой быстрого роста ВВП в провинциях дельты Меконга. Из всех различных форм землепользования, предназначенных для сельского хозяйства, лесное хозяйство и аквакультура были на сегодняшний день наиболее распространены. Менее 10 % всех земель в регионе были неосвоенными (т. е. пустыми) как в начале, так и в конце периода. Таким образом, этот период быстрого роста производства был отмечен удивительно низкой экстенсификацией обрабатываемых или плодоносных земель. Скорее, интенсификация землепользования за счет увеличения использования высокодоходных сельскохозяйственных ресурсов в сельском хозяйстве и перевода малоценных культур, таких как рис, в более ценные культуры, а также в более ценные виды лесного хозяйства

Таблица 4.2. Землепользование провинций дельты Меконга в период роста экспорта *Дой Мой*

	2000	2001	2002	2003	2004
Валовый выпуск продукции в строительстве, долл. США[i]	679,65	895,76	1012,53	1236,00	1471,67
Сельское, лесное хозяйство и аквакультура	3 272 655	3 591 828	3 327 159	3 325 882	3 209 522
Земля специального пользования	216 335	219 524	234 921	241 001	245 247
Приусадебные участки	105 807	105 308	101 175	99 996	101 156
Пустоши	327 607	353 181	281 546	303 016	300 527

[i] Рассчитано в миллионах долларов США и основано на ценах 1994 года.
Источник: Статистическое управление города Кантхо (2005)

и аквакультуры, стала основным источником увеличения производства.

В таблице 4.2 также представлена общая картина того, насколько важна быстрая региональная урбанизация для землепользования. С 2000 по 2004 год строительная отрасль региона дельты Меконга выросла на 116 %. Этот рост был связан как с ростом городского населения, повышением спроса на городские удобства (например, инфраструктуру водоснабжения, бетонное жилье и другие услуги), так и с изменениями в политике планирования, в результате которых были выделены или преобразованы сельскохозяйственные земли и пустоши для целей городского развития. Таким образом, несмотря на то что в регионе, казалось, произошла резкая интенсификация эксплуатации природных ресурсов, также произошло очень быстрое осваивание земли под городское строительство. Такая интенсификация землепользования была особенно актуальной в сфере аквакультуры.

Предприниматели на уровне сообществ, связанные с водными ресурсами, в условиях переходного периода: совместное производство в деле обеспечения общественных благ

Решение Национальной ассамблеи Вьетнама 2004 года о превращении города Кантхо в более сильный муниципалитет и региональный полюс роста для всей дельты Меконга отделило город от провинции Кантхо и значительно увеличило его правительственную автономию. Это решение имело несколько важных материальных последствий. Во-первых, это означало, что национальное правительство будет уделять приоритетное внимание строительству основной инфраструктуры города Кантхо, которая напрямую свяжет его с внешними рынками. Например, в последующие годы в Кантхо был построен международный аэропорт, а в 2010 году открылся мост Кантхо — последний участок крупной автомагистрали, связывающей Кантхо с самым динамичным экономическим центром страны — Хошимином, и это сигнализировало о начале нового всплеска роста. На местном уровне эти планы означали, что с 2004 года в каждом районе Кантхо должен был быть современный рынок, чтобы облегчить местную торговлю, ведь население города должно было вырасти с примерно 1,3 миллиона в 2004 году до 3 миллионов к 2010 году. То, что город увеличился в два раза за шесть лет, принесло серьезные изменения жителям Кантхо. Одним из таких изменений стали способы обеспечения жителей чистой водой и канализацией.

На момент расширения в Кантхо не было централизованной системы водоснабжения, которая бы обслуживала весь город, за исключением небольшого района в центральной части города. До 2000 года бо́льшая часть воды для бытовых нужд, как это до сих пор является общепринятой практикой в дельте Меконга, забиралась из обширных рек и каналов, а также из водосборников с крыш [Le 2003]. У некоторых жителей были колодцы, которые они выкапывали сами, но эти колодцы обычно недолго существовали, до тех пор, пока не стали загрязняться грунтовыми водами, сельскохозяйственными стоками и человеческими отходами. В 1989–1990 годах ЮНИСЕФ софинансировал строительство нескольких более глубоких скважин, вырытых на глубине 80 метров, но жители говорят, что, когда оборудование сломалось, никто не смог их починить, и они вышли из строя. Таким образом, в начале 2000-х годов Кантхо столкнулся с серьезным вызовом в обеспечении соответствующих услуг водоснабжения и канализации, так как нужно было выполнить план по расширению и стать городом национального уровня недолго — план, основанный на удвоении населения и прогнозе перехода от сельской системы водоснабжения к городской всего за шесть лет.

Стратегия, которую принял Кантхо, была основана на своего рода схеме локализованной приватизации, которая не вписывалась ни в нынешнюю модель корпоративного участия в сфере водоснабжения [Simonson 2003; Barlow & Clarke 2004], ни в государственные монополии системы водоснабжения (см., например, [Gutierrez 2003]). Это также не вполне вписывалось в категорию, определяемую местным общественным контролем и управлением водными ресурсами [Yeung & McGee 1986]. То, что начало развиваться в 2000 году, было основано на сложной системе, включающей местных предпринимателей, которые работали совместно с государственным предприятием над ними и предпринимателями-домохозяйствами под ними. Квазичастная модель управления водными ресурсами, которую они разработали, очевидно, не была лучше или хуже для местных жителей и, в частности, для бедных слоев, но само существование и структура системы предполагали, что расширение городов в дельте Меконга совпадало с индустриализацией и рыночными реформами периода *Дой Мой*, которые создавали новые институциональные формы взаимоотношений государства и общества, которые обозначили один из способов, когда жители «учились» быть горожанами[1]; это был творческий пример того, что [Ostrom 1996]

---

[1] Во многом мое предположение о том, что во Вьетнаме местные жители участвуют в процессе «обучения быть горожанами», отражает то, что Аннетт Ким [Kim 2008] называет процессом «обучения быть капиталистами» в ответ на создание во время периода *Дой Мой* рынка недвижимости в Хошимине. — *Прим. авт.*

и [Tendler 1997] соответственно определили как «совместное производство» и «стирание границ между государственным и частным» в рамках городских услуг. Я бы также сказал, что совместное производство городских услуг водоснабжения в пригородных районах Кантхо уникально для перехода к городскому образу жизни, который представляет собой в большей степени переход от неофициального управления сообществом к официальному государственному контролю, так как является физической и экономической трансформацией.

Центр водоснабжения и санитарии Кантхо (CTCWSS)[2] был создан в 1989 году при существенной поддержке ЮНИСЕФ[3]. Эта организация оказывала поддержку ряду провинций, окружающих город Кантхо, координируя и помогая внешним спонсорам проектов, связанных с водоснабжением и санитарной очисткой для всех общин, большинство из которых тогда были сельскими. ЮНИСЕФ предоставил средства на бурение домашних колодцев и установку ручных насосов для домохозяйств, в то время как местные общины предоставили рабочую силу, а Центр водоснабжения и санитарии координировал частные проекты, связанные с водоснабжением. Помимо координации этих технических аспектов, Центр предоставлял информацию, повысил осведомленность местных жителей о важности защиты водных источников и об опасности загрязнения, а также определил, какие источники воды являются чистыми.

---

[2] The Can Tho Center for Water Supply and Sanitation (CTCWSS). — *Прим. пер.*

[3] Эмпирические данные, описанные в этой главе, являются результатом обширного качественного и количественного исследования этой системы и ее функционирования. Более подробную информацию можно найти у [Spencer 2007, 2008a, 2008b]. Первый этап исследования включал три посещения различных объектов и дискуссии с местными чиновниками, научными сотрудниками местного университета и жителями двух недавно урбанизированных районов в Кантхо. Эти встречи проходили в июне 2003, январе 2004 и июле 2005 года. Частично на основе этих встреч автор разработал опрос для 200 домохозяйств, а также работал с местными партнерами над проведением дальнейших углубленных качественных интервью с руководством компаний водоснабжения, чиновниками местного уровня и жителями, представляющими различные группы водопользователей. — *Прим. авт.*

Центр водоснабжения и санитарии значительно расширил сферу своей деятельности в 1998 году, когда он начал официально сотрудничать с некоторыми другими провинциями в регионе дельты Меконга для создания небольшой сети водоснабжения. Обоснованием такого подхода было то, что вместо того, чтобы обеспечивать каждое домохозяйство небольшим колодцем и индивидуальным насосом, ЮНИСЕФ поддержит строительство станций с гораздо более глубокой скважиной, электрическим насосом и системой фильтров очистки воды. Это решение, по мнению сотрудников Центра, решит некоторые проблемы, с которыми сталкиваются отдельные домохозяйства, использующие только небольшой колодец: как правильно очищать воду перед использованием и как проверять ее качество. Таким образом, новые станции водоснабжения были построены в координации с ЮНИСЕФ и подключены к новой сети труб, которая сможет соединить каждое домохозяйство с центральной районной станцией, отслеживающей и контролирующей качество воды. Каждая станция обеспечивала достаточным количеством воды для ежедневных нужд 100–150 домохозяйств — всего 5–6 м^3 воды в час — в радиусе 1500–3000 метров от станции. Тогда стоимость строительства составляла около 100 миллионов (6452 доллара США) вьетнамских донгов за станцию, а к 2005 году она увеличилась до 180 миллионов донгов (11 613 долларов США), что в среднем составило 1,2 миллиона донгов (77,42 доллара США) на одно обслуживаемое домохозяйство.

Однако в 2000 году из-за переориентации приоритетного финансирования ЮНИСЕФ Центр потерял поддержку и стал зависеть от бюджета провинции Кантхо. Обоснованием этого решения было то, что финансирование будет снято в тех областях, которые, вероятно, смогут мобилизовать внутренние финансовые ресурсы. Однако эта надежда оправдалась лишь частично, и, хотя Центр получил некоторую поддержку со стороны Всемирного банка в рамках более крупной региональной инициативы поддержки дельты Меконга, было ясно, что Кантхо потребуется разработать более совершенный финансовый механизм для обеспечения чистой городской водой и удовлетворения потребностей населения, связанных с национальным планом развития.

В целом Кантхо принял схему локальной приватизации, которая представляет собой уникальное пригородное развитие, возможное только в материальных условиях чрезмерной урбанизации, которая вытесняет городскую бедноту к периметру города и препятствует въезду сельской бедноты в город; последние, таким образом, попадают в ловушку движения жителей (и беженцев) в двух направлениях. Пригородное пространство по счастливой случайности было создано именно новоприбывшими из обоих районов, и которое от них теперь отказывается. В условиях плотного населения спрос на воду быстро растет, причем в условиях, которые практически не допускают планирования. В качестве ответа на этот запрос была создана новая договоренность между корпорациями и домашними хозяйствами: посредством соглашения, описанного в трудах [Spencer 2008a; Spencer 2008b], муниципальная компания водоснабжения финансировала частные домохозяйства для строительства глубоких скважин, способных обслуживать любые домохозяйства в радиусе примерно 2000 метров от водопроводной станции, и позволяла этим предприимчивым домохозяйствам получать выгоду от управления водоснабжением. Эта квазичастная модель управления водными ресурсами требует лучшего понимания и оценки многочисленных местных форм, которые может принять приватизация в развивающихся странах.

Государственно-частное партнерство на уровне сообщества
В 2004 году в провинции Кантхо было 358 станций, большинство из которых имело производительность 4–6 м^3/ч, а некоторые — 19 м^3/ч. Центр водоснабжения планировал построить в 2005 году еще 60 станций: 50 с производительностью 4–6 м^3/ч и 10 с производительностью 10 м^3/ч. Процесс выбора районов, которые должны были получить финансирование на строительство станции, был конкурсным. Центр попросил представителей Народного комитета местного округа составить ряд предложений по строительству скважин в их районе в соответствии с потреб-

ностями местных сообществ. Затем Центр проконсультировался с городским Департаментом планирования и инвестиций по поводу выделения финансирования. Поскольку одной из их главных проблем было загрязнение природных источников, они отдавали приоритет тем районам, которые подвержены наводнениям.

Директор Центра водоснабжения охарактеризовал эту систему как систему сотрудничества государства и сообщества, при которой государственный сектор инвестирует в основной капитал, станции и основные трубы, а домохозяйствам нужно инвестировать только в подключение системы к сети, которое включает покупку небольшого количества труб и счетчика. Эта модель отражает то, что некоторые предприниматели делали в прошлом: рыли небольшие станции, прокладывали сеть труб и продавали воду потребителям. Такие предприятия в дельте Меконга, по мнению директора, были финансово устойчивыми только в густонаселенных районах, где у жителей не было альтернативных природных источников, которые они могли бы использовать. С другой стороны, районы, которые обслуживал Центр, находились в той местности, которые недавно изменили статус; они больше не были сельскими коммунами, а стали городскими районами. Хотя они были частью нового муниципалитета Кантхо, они сохранили бóльшую часть сельских черт, и им было трудно добиться такой экономии за счет масштаба, чтобы оказаться прибыльными для поставщиков станций водоснабжения. Сельский характер заставил директора рассматривать компанию прежде всего как «бизнес, который приносит много социальных выгод: улучшение ситуации со здоровьем и снижение уровня заболеваемости». Он подчеркивал социальные преимущества, «а не экономическую прибыль». Хотя в целом это утверждение верно лишь в теории, ключевые элементы экономических стимулов, которые в первую очередь сделали систему жизнеспособной, остаются недооцененными.

На уровне округов активное участие приняли чиновники и местные жители. Пригородное развитие предложило новое решение проблемы распределения воды, но потребовало перераспределения установок и ролей. Хотя, по словам директора Центра, государственные ведомства и местное сообщество сотрудничали в эксплуатации, обслуживании и управлении станцией, это сотрудничество требовало расплывчатого, но концептуально и пространственно значимого определения как сообщества, так и участия. На самом деле существовало сотрудничество между Центром водоснабжения, окружными народными комитетами и местным землевладельцем. Общая площадь земли, необходимой для установки станции объемом 4–6 м^3, составляла 48 м^2, и Центр не стал бы предпринимать никаких действий, если бы не было желающих пожертвовать землю, которая должна была быть расположена в центре населенного пункта, чтобы обеспечить достаточный рынок сбыта. Кроме того, человек, пожертвовавший землю, должен быть активным и иметь желание научиться управлять и обслуживать станцию водоснабжения. После того как станция будет построена, землевладелец должен будет отвечать за управление, мониторинг и ремонт станции, хотя и при технической помощи Центра. По этой причине, хотя многие описывают это соглашение как партнерство сообщества и государства, точнее его можно описать как государственно-частное партнерство на уровне сообщества. Землевладелец инвестировал землю в качестве капитала и управлял производством и распределением воды в качестве субподрядчика водопроводной компании, стремясь окупить затраты.

Это государственно-частно-общественное партнерство стало примером стратегии сотрудничества в сфере производства, которое опирается не только на организационное участие партнеров (ЮНИСЕФ и Центра водоснабжения), и не только на местный бизнес, но и на индивидуальных потребителей.

Благодаря активным инвестициям со стороны обслуживаемых частных лиц управление водными ресурсами в Кантхо соответствовало требованиям клиентов. Частью успеха совместного производства является определенная изменчивость ролей и участия. По словам одного из руководителей станции, «мой контракт подписывается каждый год […] Я не считаю себя постоянным сотрудником компании». Другая часть успешного совместного производства включала поддержку клиентов — пользователей нужно было мобилизовать для поддержки системы. Совместное производство начинается с инициатив Центра водоснабжения, который по контракту предоставлял руководящую роль менеджеру станции. Первым стимулом была базовая стипендия руководству для сбора счетов и оплаты Центра. Хотя эта плата за управление была важна для первоначального интереса жителей общины, основным стимулом для землевладельца была помощь Центру в возмещении стоимости его инвестиций. Когда он впервые начал инвестировать и предоставлять услуги водоснабжения, то, как правило, терял деньги, во-первых, из-за относительно низкой плотности населения и наличия альтернативных источников воды; и, во-вторых, из-за тенденции пользователей экономно расходовать водопроводную воду, особенно потому, что они были не знакомы с ежедневным использованием счетчиков воды. Таким образом, первоначальную прибыль получали только те станции, где существовала естественная монополия — не очень большое количество городков, где реки и каналы можно найти повсюду.

Однако стало очевидно, что для получения прибыли станциям необходимо продавать не менее 500 м^3/мес., или 4–5 м^3 на каждое домохозяйство ежемесячно. Хотя первоначально Всемирный банк и другие международные доноры покрывали любую нехватку средств, эта поддержка носила временный характер. Центр водоснабжения не смог бы поддерживать программу без какой-либо жизнеспособной финансовой модели; жизнеспособность возникла благодаря активной поддержке потребителей. Центр начал предлагать землевладельцам второй вид стимулирования посредством контрактов, которые побуждали их мобилизовать соседей также подключиться к системе. Это стимулирование предусматривало денежный эквивалент кубического метра воды (примерно 2500 донгов, или 0,16 доллара США на тот момент) за каждые три кубических метра воды, проведенных через установленные счетчики. Таким образом, они будут получать тем более высокие доходы, чем больше будет число подключений к системе, которой они управляют.

Однако наряду с этим стимулированием возникли типичные риски, связанные с частным субподрядчиком; важно отметить, что распространение этих рисков на домохозяйства посредством операций на черном рынке непреднамеренно предоставило средства для увеличения участия потребителей в системе управления водными ресурсами и увеличения совместного производства. Менеджерам было трудно взимать плату со многих подключенных домохозяйств, поскольку они также выполняли функции второстепенных управляющих станциями водоснабжения. По словам одного из руководителей станции,

> ...да, я взимаю с пользователей плату за воду. Я должен оплатить счет компании на основании количества кубических метров, отображенного на главном счетчике воды на станции. Если пользователи по какой-то причине не заплатили комиссию, мне приходится перечислить компании свои деньги. Пользователи [на данный момент] должны мне около 1,7–1,8 миллиона донгов (109–116 долларов США).

Хотя этот менеджер признал, что у некоторых из этих домохозяйств были объяснения, такие как инвалидность или временная потеря дохода, когда он представил список неплательщиков и их объяснения, Центр отказался принять на себя задолженность.

Жители района, подключавшиеся к системе путем установки полулегальных счетчиков на подключения своих соседей, создали вторичный теневой рынок потребления воды. Легальный счетчик, подключающий домохозяйство к системе, стоит около 340 000 донгов (21,94 доллара США). Однако эта цена была довольно высокой для беднейших членов. Неофициальное подключение стоило всего 22 000 донгов (1,42 доллара США), поэтому в некоторых случаях к одному основному законному счетчику подключались три или четыре счетчика. Вторичный рынок функционировал параллельно с первичным. Как и управляющие станциями, домохозяйства, где были установлены нелегальные счетчики, взяли на себя роль управления в отношении бытового водопользования своих соседей, собирая платежи за их использование и выплачивая их менеджеру станции, который, в свою очередь, платил городской водопроводной компании. Эти домохозяйства управляли использованием воды, которые потребляли их семьи и друзья, через эту систему, и иногда предоставляли кредит, когда платежи становились слишком обременительными для более бедных членов. Иногда, если они не могли получать регулярные платежи от всех членов этой системы, они перекладывали расходы на менеджера станции путем неуплаты или недоплаты.

Эти параллельные рынки функционировали не только для предоставления услуг местным жителям, хотя и на весьма дискриминационной основе, но и для увеличения количества участников в системе. Хотя показатели использования этого нового, спонсируемого государством водоснабжения, на местном рынке сильно различались, один менеджер заявил, что 64 из 100 возможных домохозяйств подписались на использование системы, а другой говорил о подключении 90 домохозяйств из возможных 200. Хотя интервью с несколькими менеджерами выявили некоторые различия в суммах, выплачиваемых одним подключенным домохозяйством, и в подходе компании к тому, кто взял на себя ответственность за неплатежи. Государственно-частно-общественное партнерство в основном работало над предоставлением услуг водоснабжения по схемам, которые можно было бы понимать как совместное производство: менеджер станции брал на себя общую финансовую ответственность за выставление счетов и сбор платежей, а также за подключение большего числа пользователей; местный землевладелец брал на себя риски, связанные с неуплатой, и необходимость расширения сети для включения новых пользователей и клиентов, а клиенты, в свою очередь, принимали в этом участие активными, хотя и в основном неофициальными, способами. На рис. 4.1 представлена схематическая карта пространственного расположения этих сообществ и различных источников воды.

Эта ситуация, связанная с водоснабжением в условиях слаборазвитого частного сектора и слабых общественных структур, говорит о том, что роль общественного планирования может принять форму частной социальной ответственности на местном уровне.

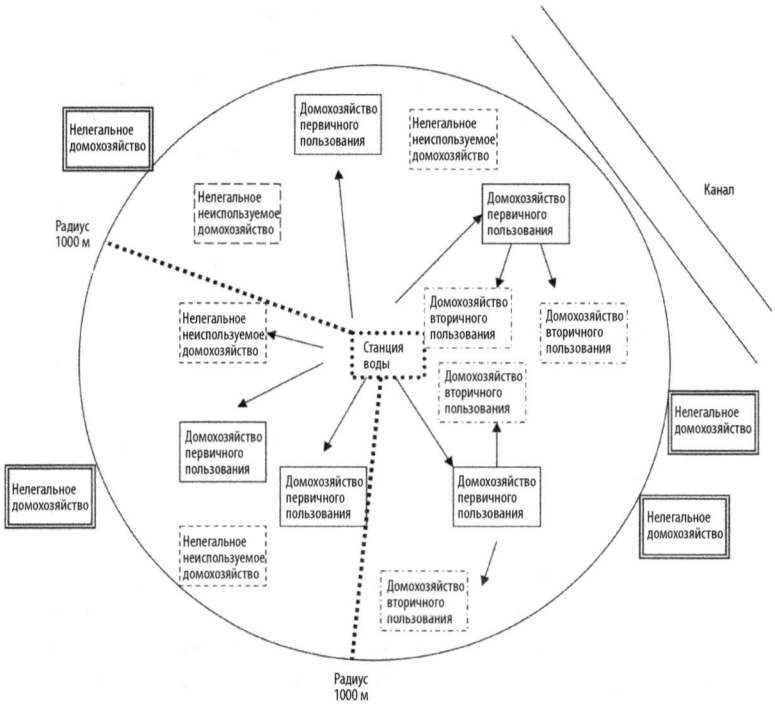

Рис. 4.1. Административные уровни водопроводной системы Кантхо, 2004 год
Источник: составлено автором

Конкурентоспособный рынок для удовлетворения местного спроса

Несмотря на то что Кантхо является крупнейшим городским районом дельты Меконга, о нем мало общедоступных публикаций. Более того, поскольку система водоснабжения была разработана на основе экспериментов на местном уровне, о ней и подобных попытках включить местный частный капитал в обеспечение общественной инфраструктуры мало что было написано. При внимательном рассмотрении этой новой системы стало ясно, что ей приходится жестко конкурировать с другими источниками воды, чтобы завоевать лояльность местных потребителей.

В новых пригородных районах, где было обеспечено это водоснабжение, жители обычно использовали воду из небольшой водопроводной системы, вырытых домохозяйствами скважин глубиной около 80 метров, естественных источников рек и каналов, бутилированную и/или дождевую воду. Из всех этих источников только вода в бутылках считалась готовой к употреблению, в то время как водопроводная вода и вода из бытовых колодцев требовали минимального кипячения, хотя эксперты утверждали, что ее можно пить из-под крана[4]. Как и ожидалось, домохозяйства зависели от природных источников, более бедные вообще не подключались к новой системе, хотя они имели право сделать это за очень скромную плату. Хотя проектировщики предусмотрели финансовые соображения, стало неожиданностью, что спонсируемая государством система — какой бы качественной она ни была — не была выбором первого порядка для некоторых жителей. Кроме того, расстояние от распределительного центра также было значимым фактором для тех, кто не подключался, возможно, из-за стоимости трубопроводов и ограниченных технических возможностей для перекачки воды на очень большие расстояния, что также предполагает некоторые ограничения в разработке проекта.

В целом менее 12 % жителей, приведенных в качестве примера районов фактически использовали эту систему, а из тех, кто находился в диапазоне производительности существующих станций, только 17 % фактически выбрали подключение к ней. В общей сложности 83 % опрошенных предпочли продолжать использовать воду из частных колодцев и воду, взятую непосредственно из рек и каналов, обработанную небольшим объемом квасцов. Домохозяйства, подключенные к новой системе, были более состоятельными, и те 46 % жителей, которые в основном

---

[4] В этом регионе жители обычно кипятят воду из природных источников, а также обрабатывают ее квасцами (сульфатом алюминия), чтобы уменьшить содержание твердых частиц. — *Прим. авт.*

зависели от воды из рек и каналов, были значительно беднее других. Многие более состоятельные семьи, те, которые полагались на частные колодцы, также продолжали делать это и предпочли не подключаться к системе. Тот факт, что почти 85 % лиц все еще пользовались традиционными системами, даже несмотря на то, что у них был доступ к новой водопроводной системе домашнего водоснабжения и что они происходили как из высших, так и низших слоев общества, отражает тот факт, что система вышла на конкурентный рынок, а не просто предоставила необходимую услугу в качестве естественной монополии. Анализ новой системы показал, что изначально не было четко доказанного спроса на водопроводную воду, о чем свидетельствует уровень ее использования в размере менее 20 % как среди бедных, так и состоятельных жителей даже при очень низких первоначальных затратах.

Понимание водопроводной воды не как базовой потребности, а как чрезвычайно важной необходимости, как и прочие бытовые нужды, такие как образование, мотоциклы и сельскохозяйственные ресурсы, может помочь объяснить низкий уровень ее использования. В этот переходный период роста Кантхо существовало достаточное количество приемлемых источников поверхностных и подземных вод, что позволяло как минимум 80 % жителей чувствовать себя достаточно комфортно, чтобы продолжать использовать их на том или ином уровне. Такое конкурентное давление означало, что мелким поставщикам, управляющим местными станциями водоснабжения, было трудно окупить свои затраты.

Среди тех, кто решил подключиться, система понравилась небольшому меньшинству жителей, которые не были ни особенно богатыми, ни особенно бедными, которые были мигрантами и которые находились ближе к станциям водоснабжения. Те, кто находился дальше от станций водоснабжения, хотели подключаться меньше. Вопреки тому, что могло показаться логичным, финансово обеспеченные люди не были первыми, кто подключился к системе водоснабжения. Очевидно, что нам необходимо лучше понять различия того, как домохозяйства используют различные виды водоснабжения и как эти различия могут влиять на управленческие решения, направленные на улучшение альтернатив, доступных жителям Кантхо и связанных с водой различного качества, а не на продвижение какого-то одного источника или же воды одного качества.

Этот пример демонстрирует, как использование новых водопроводных систем может отличаться от использования воды, полученной из других источников и как эти различия могут повлиять на подключение домохозяйств к новой инфраструктуре водоснабжения — в частности, как они различаются по используемым объемам, стоимости и типам использования, и что нравится и не нравится пользователям в различных видах используемой воды. Лучшее понимание этих различий и динамики разработки стратегий на уровне домохозяйств, смешивания альтернативных источников воды и восприятия домохозяйствами источников воды будет способствовать тому, чтобы планировщики смогли выйти за рамки простых мер «доступа к чистой воде», определенных в глобальных декларациях о доступе к воде, к более уточненному набору руководящих принципов в отношении потребностей бедных сообществ в водоснабжении.

Пригородные районы и многочисленные «требования»: потребность в воде плохого качества

Переходный период, связанный с водоснабжением пригородных районов, характеризующийся многочисленными жизнеспособными источниками различного качества и ценовой категории, включает в себя полный спектр воды высокого и низкого качества, из которой жители могут выбирать. Это сочетание позволяет жителям использовать различные источники в одновременно друг с другом — оплачивая высокую стоимость за очень небольшое количество питьевой воды, и в то же время тратя небольшие суммы за большие объемы воды более низкого качества. Эта ситуация являет собой предмет для изучения и столь необходимого внимания к потребностям бедных слоев населения в воде. Учитывая, что анализ их потребностей в водоснабжении практически не проводился, наиболее распространенное мнение среди банков развития и других финансовых учреждений гласит, что бедные слои населения могли бы иметь больший спрос на воду более высокого качества, чем в настоящее время, если бы она была доступна. за счет улучшения инфраструктуры. Поэтому, имея самые благие намерения, банки развития и другие организации активизировали усилия по включению городской бедноты в такие сети высококачественного водоснабжения, чтобы уменьшить их зависимость от дорогой бутилированной воды[5]. Однако ситуация в Кантхо, связанная с выбором источника воды в пригородной среде в дельте Меконга говорит о том, что спрос на такую высококачественную воду среди бедных может быть ограничен небольшими количествами и не оправдывает плату за круглосуточное обслуживание.

История водоснабжения в Кантхо иллюстрирует высокую степень свободы воли, которую продемонстрировали отдельные домохозяйства в пригородных условиях переходного периода. Обсуждение многообразного использования, стоимости и различного качества бытовой воды, а также их привлекательности для отдельных пользователей, как это обсуждается ниже, обеспечивает более детальное понимание стратегических расчетов, присущих ситуациям, когда власть государства по обеспечению коллективных действий ограничена. Эти детали помогают объяснить, почему простое навязывание моделей развития государственных услуг и инфраструктуры часто терпит неудачу из-за слабого спроса и отсутствия приверженности со стороны пользователей. Это не означает, что в итоге традиционные модели естественной монополии не возьмут верх, а просто указывает на

---

[5] Ссылаясь на исследование городов на микроуровне в Пакистане, Индии и Турции, проведенное в 1991 году, Всемирный банк установил, что бедные домохозяйства платили в пять раз больше за чистую бутилированную воду, чем те, кто имел доступ к высококачественной водопроводной бытовой воде [World Bank 1994]. Позже [Whittington, Pattanayak, Yang & Kumar 2002] обнаружили, что жители Катманду и Непала были готовы платить гораздо более цену за улучшенное бытовое водоснабжение. — *Прим. авт.*

то, что переходный период может занять время, и за это время жители пригородов смогут предложить инновационные решения для водоснабжения и развития.

Что еще важнее для моей аргументации в целом, так это то, что именно в этих условиях можно увидеть основы законной государственной власти, связанные с материальными потребностями и требованиями избирателей — другими словами, основы процессов участия. Репрезентативная выборка опросов и качественных интервью 2007 года подтверждает изложенный аргумент о том, что переходная среда вынуждает развивающееся государство завоевывать лояльность своих избирателей[6].

Перекрестное использование, потребление и стоимость

В этой главе описывается степень, в которой домохозяйства одновременно полагаются на *несколько* источников воды для бытового использования. В таблице 4.3 показано использование воды в двух новых урбанизированных районах Кантхо. В первой строке таблицы показаны доли домохозяйств, которые зависят от каждого источника воды в качестве основного источника водоснабжения в засушливый сезон. Однако, как и в случае со стратегиями занятости в официальном и неофициальном секторах [Owusu 2007], пригородные домохозяйства объединяют ресурсы для удовлетворения ежедневных потребностей в воде. Вторая строка таблицы 4.3 показывает, в какой степени это соответствует действительности и расширяет базовую информацию о первичном источнике воды до понимания стратегий домохозяйств по обеспечению водоснабжением. Разница в процентах между первой и второй строками дает информацию о количестве дополнительных домохозяйств, которые используют каждый источник для ежедневного использования, хотя этот источник может быть и не самым используемым. В частности, очевидно, что дождевая вода, природные источники и другие — почти исключительно бутилированные — источники воды играют очень важную роль в дополнении водопроводных

---

[6] Методику см. в [Spencer 2007; Spencer 2008b]. — *Прим. авт.*

и колодезных источников. В частности, 20,5 % всех домохозяйств в выборке использовали дождевую воду в качестве вторичного источника воды в засушливый сезон, и эта цифра возрастает до 40,5 % в сезон дождей. 11 % домохозяйств, не зависящих от природных источников в качестве основного, зависели от воды из рек или каналов в дополнение к другим, и эта цифра не меняется в зависимости от сезона. Бутилированная вода (здесь обозначаемая как «другие источники») полностью использовалась как дополнительная, которую задействовали около 27 % всех домохозяйств.

Помимо определения нескольких использованных источников, в таблице 4.3 представлено среднемесячное потребление каждого источника в течение каждого из основных сезонов. Таким образом, три наиболее распространенных первичных источника воды — водопроводная вода, частные колодцы и природные источники — потреблялись в среднем в объеме 8,60, 7,83 и 6,84 м^3 в месяц соответственно. Эти цифры показывают, что водопроводная вода наиболее интенсивно использовалась в домохозяйствах, которым нужно много воды, далее следовали частные колодцы и природные источники. Этот вывод не является чем-то удивительным, учитывая относительное удобство подачи воды со станции в каждое домохозяйство по сравнению с водой из частного колодца, которую необходимо перекачивать и транспортировать на короткие расстояния, а также водой из реки/канала, которую необходимо перекачивать или переносить из канала. Таким образом, более высокая стоимость водопроводной воды, похоже, перевешивает для некоторых домохозяйств дополнительные работы, связанные с добычей воды из колодцев и природными источниками.

Эти дополнительные затраты не были незначительными. В нижнем ряду представлена средняя стоимость кубометра воды из каждого источника. Водопроводная вода со станции стоила 2510 донгов в месяц (в сезон дождей), и, как правило, была самой дорогой, примерно в шесть раз дороже, чем вода из частных колодцев (413 донгов). Вода в реках и каналах якобы была бесплатной, за исключением стоимости очистки и любых других дополнительных расходов, связанных с доступом к ней и транспорти-

Таблица 4.3. Бытовые источники воды, потребление и стоимость (n = 200)[i]

	Станция водоснабжения	Водоснабжение через другие водопроводные станции домохозяйств	Частный колодец	Общий колодец	Дождевая вода	Природные источники (река, пруд и канал)	Прочие источники
Процент домохозяйств, использующих этот источник в качестве основного	11,5	0	38,0	4,0	0,5	46,0	0,0
Процент домохозяйств, использующих этот тип воды (сухой сезон)	12,0	0	37,5	5,5	21,0	57,0	27,0
Процент домохозяйств, использующих этот тип воды (сезон дождей)	12,0	0	38,0	4,5	50	57,0	26,5
Среднемесячное потребление воды из разных источников (м³) (сезон дождей)	8,60 (3,38)	0	7,83 (5,80)	5,25 (2,33)	2,38 (2,89)	6,84 (5,59)	0,055 (0,062)
Среднемесячное потребление воды из разных источников (м³) (сухой сезон)	10,20 (4,09)	0	9,33 (7,60)	6,00 (1,62)	0,190 (0,585)	9,17 (7,65)	0,059 (0,025)

	Станция водоснабжения	Водоснабжение через другие водопроводные станции домохозяйств	Частный колодец	Общий колодец	Дождевая вода	Природные источники (река, пруд и канал)	Прочие источники
Среднемесячная стоимость воды из источника в сезон дождей (тыс. донгов)	21,60 (8,40)	0	3,23 (5,13)	1,75 (3,10)	---	Стоимость квасцов: 2,48 (1,63) Дополнительная стоимость: 9,60 (4,95)	22,71 (10,53)
Среднемесячная стоимость воды из источника в сухой сезон (тыс. донгов)	25,40 (10,30)	0	3,62 (5,58)	1,75 (3,10)	---	Стоимость квасцов: 2,48 (1,63) Дополнительная стоимость: 9,60 (4,95)	30,46 (13,68)
Стоимость (1000 донгов за м³)	2,51		0,413	0,333	---	3,34 (без квасцов)	412,91

[i] Хотя интервью показали, что домохозяйства действительно использовали эту форму водоснабжения, в ходе опросов не были сформулированы ответы на этот вопрос. Это может быть связано с отсутствием использования данного источника воды или с дискомфортом респондентов, которые не хотели бы отвечать на вопрос, поскольку ответ может быть не одобрен местными властями. — *Прим. авт.*

ровкой. Ответы на опрос показали, что с этим источником связаны два основных расхода: квасцы на очистку и вторая всеобъемлющая категория «дополнительных расходов», включающая стоимость насоса и электроэнергии для подачи воды в дом. Таким образом, расчет стоимости природной воды может производиться четырьмя способами: с учетом стоимости квасцов, с учетом «дополнительных затрат», с учетом обеих затрат или без учета дополнительных затрат.

Таким образом, вода из рек и каналов, с одной стороны, была бы очень недорогой в использовании, если бы ее транспортировали вручную, по сравнению с 2500 донгами, необходимыми каждый месяц для оплаты воды на станциях. С другой стороны, ее использование может стоить 3334 донга, что *немного* дороже, чем использование водопроводной воды, которую перекачивает насос. Наконец, в таблице 4.3 также представлена разбивка общих расходов домохозяйств на различные источники воды. Домохозяйства, использующие водопроводную воду, тратят в среднем 21 600 донгов в месяц на водопроводную воду и лишь немногим больше, 22 710 донгов, на бутилированную («другую») воду. Хотя эти домохозяйства потребляли крайне небольшое количество бутилированной воды, около 0,059 м^3, их готовность потратить столь значительную сумму на получение такого небольшого количества воды более высокого качества позволяет предположить, что существуют некоторые бытовые цели, для которых даже не просто новая — и превосходного качества — водопроводная вода не может быть использована. Изучение того, как использовался каждый источник воды, может дать немного больше информации о потребностях в воде различного уровня качества.

Качество, обработка и потребление

Воду, используемую для бытовых целей, нелегко объединить в одну категорию услуг потребления, имеющую равную ценность во всех сферах использования. По этой причине даже бедные жители могут оказаться готовы платить относительно высокие цены за питьевую воду, но не за воду, используемую, например, для стирки одежды. Этот вид сортировки бытовой воды усложняет масштаб и возможности рынка, за который в Кантхо шла конкурентная борьба между станцией подачи воды и прочими источниками. В таблицах 4.4–4.6 три основных источника воды разбиты по категориям использования и степени очистки каждого из них перед использованием. Каждая группа пользователей состоит из всех домохозяйств, использующих этот источник, независимо от того, является ли он основным.

В таблице 4.4 показано, как использовалась вода из водопроводной станции и как она обрабатывалась при подготовке к каждому из этих видов использования. Первый ряд показывает, что она широко использовалась для всего, кроме второстепенных нужд по уборке дома и для предприятий. Уровень использования воды для питья, приготовления пищи, мытья посуды, купания и стирки составил 85 % или выше, при этом некоторые виды использования, такие как приготовление пищи и купание, являются общими для этого источника воды для всех домохозяйств. Важно отметить, что большинство домохозяйств всегда кипятили этот тип воды перед тем, как пить или готовить на ней пищу, хотя некоторые предпочитали использовать квасцы. Частично эта реальная или предполагаемая необходимость очистки даже водопроводной воды объясняет, почему многие семьи были готовы тратить на небольшое количество бутилированной воды в месяц столько же, сколько на большое количество водопроводной воды. Аналогичным образом, почти ни одно домохозяйство не удосужилось очищать станционную воду для мытья посуды, купания или стирки. Таким образом, очевидно, что водопроводная вода в целом считалась достаточно хорошего качества для любого вида использования, не влияющего на здоровье человека в результате непосредственного потребления. В целом водопроводная вода из станции служила широкому спектру применения в домашнем хозяйстве, где приоритет отдавался аспектам здоровья и гигиены человека.

Использование воды из частных колодцев, как показано в таблице 4.5, демонстрирует аналогичные, лишь немногим более низкие показатели уровня ее использования в связанных со здоровьем аспектах ведения домашнего хозяйства. Однако этот источник мог бы быть немного более универсальным из-за его относительно низкой стоимости, включая более высокий процент домохозяйств, использующих его для других форм уборки дома. Чуть более 80 % домохозяйств используют колодезную воду для питья, и почти все использовали ее для мытья посуды, купания и стирки (96, 97,3 и 97,4 % соответственно). Хотя эти показатели были аналогичны показателям на водопроводную воду, жители, похоже, ощущали бо́льшую потребность в очистке воды из этого источника, чем водопроводной воды для всех целей. Все домохозяйства кипятили ее перед употреблением, тогда как это делали 75 % тех, кто пьет водопроводную воду, и почти все (85 %) перед употреблением дополнительно обрабатывали ее квасцами. Ни одно домохозяйство, потребляющее водопроводную воду, не сообщило об обработке ее квасцами. Единственное другое существенное различие между водопроводной и колодезной водой заключалось в том, что жители использовали колодезную воду для других бытовых целей чаще, чем воду со станции (68 % по сравнению с 41,7 %).

Третьим основным источником воды, используемым в Кантхо, были естественные источники: реки, каналы и пруды. Из таблицы 4.6 видно, что значительно меньшая доля домохозяйств использовала для питья речную воду или воду из каналов, и что большинство из них (около 93 %) всегда кипятили ее, в то время как около 94,3 % обрабатывали ее квасцами. Таким образом, бо́льшую часть воды из рек и каналов необходимо было очищать как путем кипячения, так и путем обработки квасцами. Точно так же несколько меньше домохозяйств использовали этот источник для приготовления пищи, и, если они это делали, всегда обрабатывали воду квасцами.

Наконец, дождевая и бутилированная вода служили дополнением к другим источникам питьевой воды. В общей сложности 76,2 % опрошенных использовали дождевую воду для питья, а 30,9 % использовали ее для приготовления пищи, и в обоих случаях они только кипятили ее перед употреблением. Бутилированная вода (в опросе относится к категории «прочие») использовалась исключительно для питья и никогда не обрабатывалась квасцами и не кипятилась.

Таблица 4.4. Использование воды с водопроводной станции (n = 24)[i]

	Питье	Приготовление пищи	Мытье посуды	Купание	Стирка	Прочая уборка	Использование предприятиями	Другое
Процент домохозяйств, использующих воду для	87,5 % (21)	100 % (24)	95,8 % (23)	100 % (24)	91,7 % (22)	41,7 % (10)	20,8 % (5)	20,0% (4)
# Всегда кипятят	(18)	(19)	(1)	(1)	(1)			
# Часто кипятят	(1)	0	0	0	0	0	0	0
# Кипятят от случая к случаю	0	0	0	0	0	0	0	0
# Обрабатывают квасцами	0	(1)	0	(1)	0	0	0	(1)
# Никогда не обрабатывают	(2)	(5)	(22)	(22)	(21)	(10)	(5)	(3)
Процент тех, кто не использует воду из этого источника	12,5 % (3)	0	4,2 % (1)	0	8,3 % (2)	58,3 % (14)	79,2 % (19)	83,3 % (20)

Источник: [Spencer 2008b]

[i] Количество случаев, подпадающих под каждую категорию, указано в скобках. — *Прим. авт.*

Таблица 4.5. Использование воды из частных колодцев (n = 75)[i]

	Питье	Приго-товление пищи	Мытье посуды	Купание	Стирка	Прочая уборка	Использова-ние пред-приятиями	Другое
Процент домохозяйств, использующих воду для	81,3 % (61)	93,3 % (70)	96,0 % (72)	97,3 % (73)	97,4 % (74)	68,0 % (51)	21,3 % (16)	9,3 % (7)
# Всегда кипятят	(61)	(57)	0	0	0	0	(1)	0
# Часто кипятят	0	0	0	0	0	0	0	0
# Кипятят от случая к случаю	0	0	0	(1)	0	0	0	0
# Обрабатывают квасцами	(52)	(62)	(33)	(30)	(29)	(15)	(3)	0
# Никогда не обрабаты-вают	0	(1)	(40)	(44)	(47)	(37)	(14)	(8)
Процент тех, кто не использует воду из этого источника	18,7 % (14)	6,7 % (5)	4,0 % (3)	2,7 % (2)	1,3 % (1)	32,0 % (24)	78,7 % (59)	90,7 % (68)

Источник: [Spencer 2008b]
[i] Количество случаев, подпадающих под каждую категорию, указано в скобках. — *Прим. авт.*

Таблица 4.6. Использование природной воды (n=114)[i]

	Питье	Приготовление пищи	Мытье посуды	Купание	Стирка	Прочая уборка	Использование предприятиями	Другое
Процент домохозяйств, использующих воду для	61,4 % (70)	82,5 % (94)	90,4 % (103)	95,6 % (109)	98,2 % (112)	49,1 % (56)	15,8 % (18)	6,1 % (7)
# Всегда кипятят	(65)	(72)	0	0	0	0	(1)	(1)
# Часто кипятят	0	0	0	0	0	0	0	0
# Кипятят от случая к случаю	0	0	0	0	0	0	0	0
# Обрабатывают квасцами	(66)	(94)	(80)	(64)	(53)	(24)	(1)	0
# Никогда не обрабатывают	(4)	(4)	(24)	(46)	(60)	(33)	(17)	(7)
Процент тех, кто не использует воду из этого источника	38,6 % (44)	17,5 % (20)	9,6 % (11)	4,4 % (5)	1,8 % (2)	50,9 % (58)	84,2 % (96)	93,9 % (107)

Источник: [Spencer 2008b]
[i] Количество случаев, подпадающих под каждую категорию, указано в скобках. — *Прим. авт.*

Оценка источников воды домохозяйствами

На данный момент в исследованиях изучались потребление, стоимость и использование, указывая на то, каким образом различия между источниками воды по этим характеристикам могут помочь объяснить, почему новая система имела относительно низкие показатели использования. В частности, это указывает на возможное отсутствие преимуществ системы по сравнению с частными колодцами и природными источниками. Хотя такое исследование поведения полезно в качестве прямой оценки сравнительных преимуществ и недостатков каждого источника, оно не может дать оценку восприятию пользователей, которое дали они сами, но которое может в той же или иной степени указывать на то, перейдут ли домохозяйства на новую систему, как только им будет представлена такая альтернатива. Таким образом, в таблице 4.7 представлены предполагаемые преимущества и недостатки каждого источника воды, что помогает объяснить низкий уровень использования системы и характер конкуренции на местном рынке воды.

В целом есть два основных рекламируемых преимущества водопроводной воды: удобство и постоянство подачи воды непосредственно в дом, а также высокое качество и гигиеничность. Восприятие пользователями этих предполагаемых преимуществ демонстрирует ту двойственность, которая объясняет низкие темпы подключения. Во-первых, среди потребителей водопроводной воды наблюдался высокий уровень беспокойства по поводу непостоянства и качества воды. Примерно половина (48,15 %) из трех основных проблем, связанных с системой, заключалась в том, что обслуживание было прерывистым. Частично такой высокий уровень обусловлен тем, что скважины работают с перебоями лишь в отдельных случаях, а перебоев с природными источниками в этом регионе не случается практически никогда. Кроме того, и это самый важный результат, 49,62 % населения сомневались в качестве природных источников воды. Столь высокая степень совпадения интересов позволяет предположить, что менеджеры по водоснабжению могли бы охватить больше пользователей природных источников, если бы они были в состоянии обеспечить стабильное предоставление качественной воды. Однако этот потенциальный рынок ограничен представлениями об удобстве: из всех систем удобство реже всего упоминалось среди пользователей водопроводной воды (29,51 %) по сравнению со всеми остальными группами. Это открытие было особенно проблематично для руководства станций водоснабжения, поскольку 60,12 % пользователей природных источников воды назвали удобство главным преимуществом.

Вторым рекламируемым преимуществом трубопроводной системы было улучшение качества воды. Как и в случае с преимуществом, связанным с удобством, в водопроводной системе имелись некоторые трудности, которые нужно было преодолеть. Во-первых, пользователи частных колодцев были более удовлетворены качеством воды, связанным с гигиеной, — примерно на 50 % — чем пользователи водопроводной и дождевой воды. С одной стороны, для этих двух групп пользователей только около трети упомянутых преимуществ было связано с гигиеной. С другой стороны, качество воды определяется не только гигиеной; вкус, запах и цвет — все это составляющие того, как жители оценивают качество воды. По этим эстетическим показателям водопроводная вода заметно лучше. Лишь 11,11 % пользователей водопроводной воды назвали качество основной проблемой водоснабжения, в то время как это обозначили 26,19 % пользователей скважин и 49,62 % пользователей природных источников. Эти результаты убедительно свидетельствуют о том, что главное преимущество трубопроводной системы заключается в обеспечении водой, которая имеет приятный вкус, запах и внешний вид. Этот вывод предполагает, что аргументы в пользу новой водопроводной системы, основанной на здоровье и гигиене, возможно, были не самыми эффективными, но то, что апеллирует ко вкусу, должно было бы иметь более важное значение.

Через четыре года после своего создания новая система обеспечения чистой водой не захватила рынок, а создала небольшое, но растущее присутствие. Примерно 12 % жителей Кантхо были подключены к станциям водоснабжения, и почти для всех этих домохозяйств они служили основным источником воды. Однако

Таблица 4.7. Предполагаемые преимущества и недостатки каждого источника воды

	Станция водоснабжения	Частный колодец	Общий колодец	Дождевая вода	Природные источники (река, пруд и канал)	Прочие источники
	(n = 61)	(n = 213)	(n = 20)	(n = 189)	(n = 168)	(n = 124)
Главные преимущества	%	%	%	%	%	%
Гигиена	37,70	50,23	50,00	38,62	2,98	43,55
Удобство	29,51	30,05	40,00	38,62	60,12	33,87
Доступность	11,48	11,74	10,00	13,23	25,00	12,10
Надежность	21,31	6,10	0,00	7,94	1,19	8,06
Социальный статус	0,00	1,41	0,00	0,00	1,19	0,81
Khong Uu Diem	0,00	0,47	0,00	0,00	7,14	0,00
Прочие	0,00	0,00	0,00	1,59	2,38	1,61
	100,00	100,00	100,00	100,00	100,00	100,00
Главные проблемы	(n = 27)	(n = 84)	(n = 10)	(n = 103)	(n = 133)	(n = 55)
	%	%	%	%	%	%
Первоначальная стоимость	18,52	27,38	0,00	9,71	0,75	5,45
Ежемесячные расходы	0,00	0,00	0,00	0,00	1,50	27,27
Качество	11,11	26,19	10,00	7,77	49,62	1,82
Нерегулярность	48,15	8,33	0,00	21,36	5,26	0,00
Phu Thuoc	0,00	1,19	20,00	0,97	2,26	0,00

		Водоснабжение через водопроводную станцию других домохозяйств				
	Станция водоснабжения	Частный колодец	Общий колодец	Дождевая вода	Природные источники (река, пруд и канал)	Прочие источники
MDT Cay	0,00	1,19	0,00	0,97	12,03	0,00
Прочее	3,70	4,76	10,00	6,80	4,51	3,64
Отсутствие трудностей	18,52	30,95	60,00	52,43	24,06	61,82
	100,00 %	100,00 %	100,00 %	100,00 %	100,00 %	100,00 %
Ответственное лицо	(n = 24)	(n = 76)	(n = 10)	(n = 99)	(n = 111)	(n = 55)
1 = Глава семьи	50,00	43,42	60,00	48,48	44,14	52,73
2 = муж/жена	45,83	39,47	30,00	42,42	35,14	34,55
3 = ребенок	4,17	11,84	0,00	7,07	6,31	10,91
4 = Own Child	0,00	2,63	10,00	1,01	9,91	0,00
5 = "dau/re	0,00	0,00	0,00	1,01	1,80	0,00
6 = отец/мать	0,00	2,63	0,00	0,00	1,80	0,00
7 = ong/ba	0,00	0,00	0,00	0,00	0,90	1,82
8 = anh/chi	0,00	0,00	0,00	0,00	0,00	0,00
9 = chau	0,00	0,00	0,00	0,00	0,00	0,00
10 = ho hang	0,00	0,00	0,00	0,00	0,00	0,00
11 = прочие	0,00	0,00	0,00	0,00	0,00	0,00
	100,00	100,00	100	100,00	100	100

Источник: [Spencer 2008b]

целых 37,5 % продолжали использовать частные колодцы, а около 57 % продолжали использовать природные источники, такие как вода рек и каналов, хотя и не всегда в качестве основного источника. Более того, значительное число домохозяйств дополняли свои водопроводные или частные колодезные источники осадками — особенно в сезон дождей — и водой из каналов. Домохозяйства используют от 9 до 10 м³ в месяц водопроводной, колодезной или же воды из каналов — трех основных источников, используемых в Кантхо, причем водопровод используется наиболее интенсивно из всех трех как во влажный, так и в сухой сезон.

Помимо качества, высокая относительная стоимость закачивания воды, возможно, в итоге также подтолкнула жителей к использованию новой системы, по крайней мере тех, кто находится далеко от природных источников. Различия в стоимости воды из этих источников — водопровода, частных скважин и природных — были значительными. Стоимость водопроводной воды составляет около 2510 донгов за кубический метр, что более чем в пять раз превышает стоимость воды из частного колодца, и это позволяет предположить, что текущие расходы на новую систему были довольно высокими. Однако по сравнению с водой из рек и каналов эти новые колодцы оказались удивительно доступной альтернативой. Хотя доступ к природным источникам, таким как вода из рек и каналов, был якобы бесплатным, жители сообщали об очень высоких дополнительных ежемесячных расходах, связанных с откачкой воды из природных источников. Когда эти затраты были включены в исследование, вода из природных источников фактически оказалась дороже на 3340 донгов, чем водопроводная вода. И качество, и стоимость повлияли на выбор источника воды жителями.

Даже если не считать эстетические свойства и сравнительную стоимость, водопроводная вода со станции практически не нуждалась в очистке. Хотя большинство пользователей станций считали, что такую воду для питья и приготовления пищи нужно кипятить, а не обрабатывать дополнительно квасцами для очистки. Это не относится к воде из частного колодца, которую пользователи обычно кипятят *и* обрабатывают квасцами, хотя вода из колодцев использовалась для несколько более широкого круга домашних задач. Наконец, несмотря на то что вода из рек и каналов в основном была бесплатной, ее добыча требовала больших усилий: ее кипятили и обрабатывали квасцами для питья и приготовления пищи, а также обрабатывали только квасцами почти для всех бытовых нужд.

В целом новая система действительно обеспечила чистоту и удобство небольшой, но значимой части населения Кантхо. Чем же тогда объясняются относительно низкие темпы ее внедрения на начальном этапе? Во-первых, система была относительно новой и имела ограниченный технический охват. Однако благодаря данным оценок пользователей дополнительно выдвигается общее мнение о том, что колодцы были наиболее гигиеничными, а естественные источники — наиболее удобными, в то время как водопроводная вода подавалась в дома с перебоями. Эти оценки групп водопользователей также показали, что этой новой системе будет трудно вытеснить среди нынешних жителей две основные альтернативы — частные колодцы и воду из рек/каналов по другим причинам. В частности, респонденты считают, что вода из частных колодцев почти такого же высокого качества, как и водопроводная, предлагаемая в качестве альтернативы, и используется для тех же основных целей. Единственное существенное отличие заключалось в том, что колодезную воду нужно было обрабатывать квасцами, и даже если эту стоимость включить в среднюю стоимость кубического метра колодезной воды, она все равно составляла менее половины стоимости водопроводной. Как это ни удивительно, но трубопроводная система легче вытеснила с рынка воду из каналов и рек, поскольку представления водопользователей действительно основывались на том, что главное сравнительное преимущество системы может заключаться в аспектах качества, связанных с вкусом, запахом и внешним видом.

Рассказ о том, как новая водопроводная система Кантхо вступила в конкурентный местный рынок воды, безусловно, является неполным. Тем не менее действительно были продемонстрированы сложные способы, которыми домохозяйства вырабатывают стратегию потребления того, что попадает в их поле зрения в качестве спонсируемого государством бизнеса, конкурирующего за их лояльность в качестве клиентов. Хотя эти детали альтернативных решений домохозяйств трудно описать полностью, они делают традиционные представления о естественных монополиях и усилиях по предоставлению базовых услуг водоснабжения гораздо более сложными целями, чем может показаться на первый взгляд. Практические аспекты предоставления услуг в итоге решаются сами собой; однако именно социальные и политические отношения, возникающие в результате этих практических решений — то, *как* они реализуются сами собой — остаются и являются упущенной выгодой.

Какими бы ни были успехи в обеспечении населения новым источником чистой воды по доступной цене, новая система в Кантхо появилась в условиях растущего признания того, что традиционные практики становятся все более несостоятельными, особенно когда возникают новые вызовы, связанные со здравоохранением, в условиях быстрой индустриализации и урбанизации.

Местное восприятие системы водоснабжения: загрязнение природных источников воды

Чтобы понять местные представления, которые повлияли на решения по водоснабжению, интервьюеры обсудили восприятие водопользования с домохозяйствами, которые использовали один или несколько из четырех основных типов источников воды в Кантхо: водопроводная вода из домашнего водопровода, проходящая через легальный счетчик, водопроводная вода и полулегальный счетчик, вода, закачанная из бытового колодца и вода из рек/каналов[7]. Анализ всех упоминаний, сделанных в ходе этих интервью о связи между здоровьем человека и качеством воды, предполагает не только общую озабоченность тем, как качество воды влияет на здоровье, но также и некоторую двусмысленность относительно того, почему они придержива-

---

[7] См. полное описание всех источников водоснабжения в Кантхо в [Spencer 2007a]. — *Прим. авт.*

ются таких представлений. В частности, личный опыт болезней и недугов, просвещение со стороны средств массовой информации о связи между загрязнением и здоровьем, а также осведомленность об общих изменениях качества воды, таких как уровень отложений и запах — все это было предложено в качестве обоснования подключения или желания подключения к новой системе. Следующие доказательства были подобраны из стенограмм всех интервью и каждый раз суммирует обсуждение информантом взаимосвязи между здоровьем человека и домашними источниками воды.

Жители, которые подключились к новой системе, инвестировав в легальный счетчик, проявили серьезную озабоченность по поводу всех других источников воды из-за промышленного и сельскохозяйственного/аквакультурного загрязнения, но были неоднозначными в своих представлениях о том, как это влияет на их здоровье. Г-н Нам, например, перестал использовать речную воду в 1997 году и выкопал домашний колодец, потому что вода из канала и реки «стала плохо пахнуть». Он перешел на трубопроводную систему в 2004 году, через два года после того, как она стала доступна в его районе. Он сказал, что «воду из реки определенно нельзя использовать [из-за] загрязнения производственными сточными водами и выхлопами, а не отходами сельского хозяйства или аквакультуры». Он утверждал, что раньше заболевал от речной воды, но теперь это прекратилось. Точно так же г-н Трам сказал, что раньше у него были судороги и чесотка из-за употребления речной воды, но он думал, что эти проблемы также могли быть вызваны плохими пищей или другими социально-экономическими условиями, а не водой. Однако в целом он больше не использовал речную воду, потому что боялся пестицидов и отходов животноводства.

Вторая группа пользователей, включавшая тех, кто пользовался водопроводной водой, но не инвестировал полностью в систему (купил счетчик у водопроводной компании и заплатил за трубы, подведенные к дому), использовала свой собственный счетчик для неофициального подключения к трубам соседа, а затем платила ему (часто он был членом семьи) в зависимости от частоты использования. В целом эта группа разделяла чувства группы пользователей легальных счетчиков, о чем свидетельствует заявление г-на Ба о том, что он «подключился к счетчику [своего] соседа (родственника) в 2004 году, потому что река была слишком загрязнена».

В целом природные источники кажутся пользователям менее чем удовлетворительными. Даже в конце 1990-х годов многие домохозяйства использовали свои собственные колодцы, поскольку еще тогда они начали беспокоиться о загрязнении источников рек и каналов. Г-н Хоанг, например, утверждал, что вода из его колодца была не очень хорошей: требовалось не менее 15 минут, чтобы все отложения осели, прежде чем ее можно было использовать. Он чувствовал, что плохая вода влияет на здоровье его семьи: «В прошлом году мои внуки приехали из Кьензянга [провинция] и заболели, выпив мою воду. Еще у меня появляется сыпь от купания в канале». Он также боялся использовать дождевую воду для питья, поскольку слышал из средств массовой информации, что она стала слишком загрязненной, как и речная вода, в результате производственной деятельности за предыдущие четыре-пять лет. Точно так же г-жа Май была обеспокоена загрязнением воды из своего колодца. Она оставляла откачиваемую воду на 10–15 дней, прежде чем использовать ее, чтобы дать осадку отстояться, но утверждала, что у нее никогда не было диареи или спазмов от воды, только иногда головные боли и лихорадка.

Пользователи природных источников считали, что произошло загрязнение каналов и рек, но испытывали смешанные чувства по поводу того, как это загрязнение влияет на их здоровье. Г-жа Нхат, которая планировала подключиться к водопроводной системе, если сможет накопить достаточно денег, утверждала, что у нее никогда не было проблем с желудком или других заболеваний из-за использования речной воды, хотя у некоторых членов ее семьи была сыпь и чесотка. Она считала, что за последние пять — семь лет речная вода стала гораздо более загрязненной, хотя ее семья по-прежнему сбрасывала все отходы прямо в канал возле своего дома. Г-н Эм также считает, что вода в реках и каналах стала более загрязненной в предыдущие годы, и говорит, что она очень плохо пахнет. Он использовал этот источник для ежедневного мытья и купания, но считал, что иногда заболевал чесоткой из-за промышленных сбросов сточных вод в реку. Наконец, г-н Ксем в основном использовал речную воду, но перестал ее пить, когда у него начались судороги даже после того, как ее вскипятили. Он считал, что эти судороги и многие другие болезни являются результатом отходов аквакультуры и промышленного загрязнения природных источников.

Возможно, это неудивительно, но управляющие новой инфраструктурой водопровода выразили серьезную обеспокоенность качеством воды в реках/каналах и ее влиянием на здоровье человека. Г-н Сон, например, заявил, что

> воду из [реки и каналов] нельзя использовать, [поскольку] они серьезно загрязнены промышленными отходами. [Промышленное] загрязнение воздуха также может быть связано с [промышленным] загрязнением воды, но оба [вида промышленных отходов] более серьезны, чем отходы сельского хозяйства или аквакультуры.

Аналогичным образом, г-н Труонг добавил, что члены сообщества не чувствовали себя в безопасности, используя воду, и что это было результатом медиа-просвещения, связанного с вопросами водоснабжения. Оба чувствовали, что наличие водопроводной воды в доме также способствовало улучшению их собственного психологического состояния, поскольку они чувствовали себя в большей безопасности, используя ее. В частности, они считали, что эта безопасность обеспечивает важную защиту от серьезных угроз, связанных с употреблением и приготовлением пищи с использованием загрязненной воды. Г-н Сон подозревал, что существует связь между промышленным загрязнением и ростом заболеваемости раком в больничном отделении, а также считал, что водопроводная вода привела к значительному снижению заболеваемости чесоткой и желудочными спазмами, которыми он и его семья страдали до того, как перешли на водопроводную воду. Однако он признал, что было трудно однозначно доказать, что причиной такого улучшения является водопроводная вода.

Интервью с директором компании, предоставляющей капитал и управляющей менеджерами станций водоснабжения, показало, что здоровье человека было основным результатом этой новой системы водопровода. Г-н Лок отметил, что компания работала как бизнес, но считал, что очень сложно зарабатывать деньги, обеспечивая водой жителей Кантхо. Он утверждал, что его компания принесла больше социальных выгод, чем экономических, за счет улучшения общей ситуации со здоровьем, что привело к снижению заболеваемости.

У каждой из заинтересованных сторон на уровне сообщества в Кантхо были разные обоснования по использованию различных источников воды, имеющихся в сообществе. Что становится ясно, если выслушать каждую из этих точек зрения, так это то, что переход к городскому образу жизни создает новую среду, в которой можно принимать стратегические решения относительно своего частного и семейного будущего. Члены сообщества творчески отреагировали на вызов, что позволило построить систему, способную решать новые задачи. Жители не только принимали решения, связанные с водопользованием, но также явно учитывали более широкие изменения в условиях, к которым сообщество должно адаптироваться. Их мнения иллюстрируют то, что во время переходного периода развития базовые услуги также могут рассматриваться как относительная роскошь, которая в итоге становится незаменимой, когда экономика значительно развивается. Однако политические и социальные отношения, сложившиеся в ходе этих совместных усилий на уровне общин по созданию новых систем водоснабжения в этот переходный период, часто сохраняются даже после того, как срочность и неотложное материальное давление, необходимое для улучшения, уходят в историческую память. Эти политические и социальные отношения сформировали идентичность сообщества в результате борьбы за создание общих благ; я полагаю, что эти коллективные достижения представляют собой своего рода «демократические» усилия, уникальные для переходных сообществ.

Создание инфраструктуры, привлечение клиентов, построение устойчивой городской системы

Эта глава начинается с того, как местные власти в Кантхо во Вьетнаме творчески отреагировали на рыночные реформы, создав квазичастную систему распределения, которая конкурировала с частными колодцами и природными источниками. Они сталкивались с ситуациями, когда колодцы и природные источники, которые давно использовались, сохранялись отчасти потому, что сохранялся достаточный спрос на воду более низкого качества. В частности, те, кто пользуется частными колодцами, и домохозяйства, которые получают воду из обильных рек и каналов, в основном предпочли не подключаться к новой системе, вероятно, потому что они предпочли бы покупать ограниченное количество бутилированной воды, когда это необходимо, и инвестировать в альтернативные механизмы улучшения ведения домашнего хозяйства, такие как транспорт или образование. Из-за существования этих альтернативных источников мелким поставщикам новой службы пришлось действовать не просто как естественная монополия, а в качестве предпринимателей. Этот случай показывает, что спрос на высококачественные услуги водоснабжения изначально может оказаться недостаточным для поддержки крупномасштабных систем в пригородных районах, поскольку несколько источников различного качества могут лучшим образом обслуживать беднейших жителей. В действительности домохозяйства объединяют использование различных источников высокого, среднего и низкого качества в целях экономии.

Однако со временем все домохозяйства вынуждены были переходить на использование водопроводной воды. Поскольку река Меконг все больше загрязнялась сельскохозяйственными стоками, промышленными отходами и сточными водами аквакультуры, стоимость обработки и очистки природных источников и воды из частных колодцев увеличивалась, оставляя жителям единственный вариант. Таким образом, текущий политический вопрос заключается в том, как менеджеры новых систем смогут обеспечить справедливый финансовый и технический доступ к новой системе, чтобы у каждого была возможность подключиться к ней по разумной цене, прежде чем альтернативы сузятся до нуля. По большей части это требует постепенного расширения и строительства системы, пока другие источники не будут безвозвратно загрязнены. Кроме того, однако, планировщики должны разработать механизм замены источников воды более низкого качества и с более низкой стоимостью, чтобы жители могли эффективно покупать воду в зависимости от конечного использования и потребностей, а не просто использовать более дорогую альтернативу.

По состоянию на 2012 год местные и общественные источники подземных вод оставались нормой для этих районов [Cities Alliance 2012]. В период проведения этого исследования явно существовали возможности для увеличения клиентской базы по сравнению с ее первоначальной небольшой численностью в начале 2000-х годов. Как показали недавние отчеты, основные проблемы города с водоснабжением возникают в еще более удаленных от центра районах [Ibid.]; очевидно, что системы, описанные в этой главе, служили чем-то бóльшим, чем просто временное решение. Более того, Отчет об урбанизации во Вьетнаме за 2011 год рекомендует уделять пристальное внимание соответствующему экономическому масштабу систем водоснабжения — особенно в небольших городах — чтобы не создавать системы, в которых эксплуатация и техническое обслуживание превышают разумные тарифные ставки, которые жители способны и готовы оплачивать. Таким образом, опыт, полученный в пригородных поселениях Кантхо, рассматривается как масштабируемый и широко применимый к уровню и темпам роста городов Вьетнама.

Такое значительное внимание к связи между техническим потенциалом и соответствующим финансовым масштабом имеет важное значение для широкой аргументации, приведенной в этой книге. В этой связи литература могла бы только выиграть от комплексного понимания природы спроса на воду в условиях быстрой урбанизации и, в частности, спроса на «плохую» воду, которая оценивается соответствующим образом. Вывод, к которому все больше приходят в промышленно развитых странах — нет смысла использовать питьевую воду для смыва в туалетах.

Индустриализация, урбанизация и децентрализация: трансформация отношений между государством и обществом

Учитывая тесные социальные отношения, существующие в округах Кантхо, отношения между Центром водоснабжения и санитарии, местными чиновниками и управляющими скважинами являются одним комплексом. С одной стороны, чиновники обращаются к частным жителям, располагающим связями, и влиятельным лицам, чтобы они предоставили землю и управляли местными колодцами. С другой стороны, эти частные менеджеры, вероятно, оказывают услуги местным чиновникам в сфере водоснабжения и других сферах, как это традиционно практикуется на юге Вьетнама в отношении местных государственных чиновников. Подобно критике усилий по корпоративной приватизации, которые описывают слишком тесные отношения между частными поставщиками и государственными регулирующими органами в сфере водоснабжения, эти местные и децентрализованные политико-экономические отношения отражают тесные отношения между государственными чиновниками и государственными предприятиями [Gainsborough 2003], а также между государственными чиновниками и неправительственными организациями [Salemink 2003] во Вьетнаме. Однако, вопреки выводам корпоративной приватизации водного сектора в других развивающихся странах, эти тесные отношения между частными инвесторами и чиновниками еще не привели к завышению цен на воду. Частично это связано с тем, что водоснабжение для бытовых нужд в Кантхо еще не является естественной монополией, что исключает значительный соблазн завышенных тарифов на воду. Фактически Центр водоснабжения с трудом окупал свои инвестиционные затраты, перекладывая часть этих затрат и рисков на плечи руководителей станций. Однако, так как естественные источники и частные колодцы становятся все более загрязненными в результате индустриализации, интенсификации сельского хозяйства и развития аквакультуры в Кантхо, эти государственно-частные партнерства могут постепенно стать естественной монополией, особенно если соглашение между ними имеет тенденцию к совместному производству. Если такое изменение окружающей среды действительно произойдет, то этот случай представляет собой переходную модель общинно-предпринимательской деятельности с частной социальной ответственностью в масштабе сообщества и представляет собой триумф государства в усилиях по обеспечению лояльности жителей.

Это переходное институциональное соглашение обеспечения инфраструктуры водоснабжения в Кантхо стало результатом большей автономии муниципальных органов власти и предпринимателей. Несмотря на определенный успех в увеличении охвата домохозяйств в городских округах, эти изменения привели к созданию трехуровневой полуприватизированной структуры, которая использует местных предпринимателей для управления доставкой, оплатой и ремонтом, и открыли множество возможностей для увеличения охвата, одновременно создавая многочисленные возможности для коррупции и взвинчивания цен в отсутствие строгого и принудительного регулирования со стороны городских властей, поскольку конкурентное давление внутри и на районных рынках воды снижается.

Независимо от того, станет ли эта переходная модель более стабильной или нет, попытки Кантхо обеспечить растущее население чистой водопроводной водой указывают на важный аспект экономического переходного периода и перехода к городскому образу жизни. Остается вопрос: в какой степени управление растущими городами в дельте Меконга требует столь же сложной местной сети «сопроизводителей» общественного блага и общественных товаров?

Глава 5
Ханой

*Оптовая продажа воды
в периурбанизированных районах*

Кантхо — быстрорастущий город в аграрном регионе, больше напоминающий провинциальный город, нежели городской мегарегион. Ханой, однако, рос такими же быстрыми темпами, но будучи гораздо больше в своей основе, демонстрирует другой тип адаптации к высоким потребностям в городском водоснабжении.

Город Ханой быстро рос с момента начала рыночных реформ во Вьетнаме в конце 1980-х годов, и стал поглощать новые пригородные районы, не предоставляющие основные городские услуги. В районе Ко Нхуэ округа Ту Лием, расположенном в пригородной зоне Ханоя, люди платили более высокий тариф на воду, чем стандартный общегородской, который регулировался Народным комитетом Ханоя. Хотя компания *Ha Noi Water Business Company* (HWBC) поставляла водопроводную воду жителям коммуны Ко Нхуэ с 1997 года, она не управляла напрямую сетью водопровода, которая была построена Департаментом общественных работ и транспорта Ханоя. Вместо этого компания заключила договор аренды с Народным комитетом Ко Нхуэ (CPC)[1] и поставляла воду оптом в водопроводную сеть коммуны через главный счетчик. Затем местный Народный комитет создал местное подразделение по управлению водоснабжением (WMU)[2] для продажи воды бытовым домашним

---

[1] Co Nhue People's Committee (CPC). — *Прим. пер.*
[2] A local water supply management unit (WMU). — *Прим. пер.*

потребителям. Поначалу местный продавец воды был перегружен растущими потребностями, которые в итоге пришлось делегировать более крупной компании HWBC. Эта ситуация демонстрирует, что местное правительство на уровне района играет предпринимательскую, однако «временно полезную» посредническую роль между более крупным муниципальным предприятием и местными жителями.

Коммуна Ко Нхуэ в периурбанизированном Ханое

Коммуна Ко Нхуэ, расположенная на площади около 615 гектаров в 10 милях от центра столицы Ханой, в 1961 году стала административной единицей района Ту Лием, западного сельского округа Ханоя [Pham et al. 1994]. Согласно историческим архивам и документам, хранящимся в местном храме, других святилищах и Общинном доме, деревня Ко Нхуэ[3], поселение земледельцев, выращивающих рис, была основана более 1000 лет назад. Как и другие традиционные деревни в дельте Красной реки, Ко Нхуэ была построена на возвышенности возле реки Нху, чтобы жители могли легко получить доступ к воде для повседневной жизни и ирригационных целей, что было необходимо для выращивания влажного риса.

Как видно на рис. 5.1, в коммуне Ко Нхуэ есть три жилые зоны. Зона А включает семьи и кланы, которые жили в коммуне на протяжении поколений. Жители этой зоны продолжают традиции деревни, которым более тысячи лет, например, ежегодные фестивали, чествующие основателей деревни и их вклад в ее строительство и защиту. Ощутить материальное наследие дерев-

---

[3] Согласно антропологическим исследованиям вьетнамцев Северного Вьетнама, деревня представляет собой объединенное поселение крестьян. Она состоит из жилого района, окруженного сельскохозяйственными угодьями, озерами и прудами. Одна деревня отделена от других огромными воротами, стенами, сельскохозяйственными угодьями и открытыми пространствами [Nguyen 1993]. — *Прим. пер.*

Рис. 5.1. 14 деревень и жилых объединений коммуны Ко Нхуэ
(*Источник*: Карты Google)

ни можно, посетив общинные храмы, пагоды, святилища и старые общественные колодцы, возраст которых варьируется от 100 до 1000 лет. Старые колодцы, которые когда-то были основным источником водоснабжения жителей деревни, въездные ворота в жилые кварталы деревень и старинные дома, построенные в начале XX века, сохранились до наших дней. Поскольку жители проживают в этом районе на протяжении нескольких поколений, социальные и повседневные отношения между семьями строятся на основе родственных связей и/или общих характеристик, связанных с местом их происхождения. Жители этой зоны имеют более значимое право голоса в местной политике и социальных организациях коммуны по сравнению с двумя другими зонами, поскольку все лидеры коммуны (с тех пор как Ко Нхуэ был провозглашен административной единицей района Ту Лием в 1971 году) проживают в этом районе.

Два других поселения в зонах B и C были созданы в результате политики расширения Ханоя в 1960–1970-х и 1990–2000-х годах. Размещение больницы и Национальной академии политики и государственного управления Хо Ши Мина в конце 1960-х годов сформировало новый жилой район зоны B, а появление Академии полиции, Ханойского университета горного дела и геологии и Финансового колледжа в зоне C ознаменовало начало очередного расширения жилых районов коммуны. Первоначально жителями этих двух зон были сотрудники вышеперечисленных государственных учреждений и ведомств. Наряду с расширением Ханоя, особенно с начала 1990-х годов, в этих двух зонах также строилось больше жилых кварталов и развивалось многоквартирное жилье. В то время как повседневные отношения между людьми в зоне A находились под влиянием традиционных социальных норм и правил, как и в других деревнях в дельте Красной реки, социальные отношения между домохозяйствами двух расширенных жилых районов являются более ориентированными на индивидуальное существование.

Все три жилых района находятся под управлением Народного комитета Ко Нхуэ. Правительство коммуны проводит ежемесячные встречи с главой каждого населенного кластера (*Trưởng thôn*) для распространения актуальных нормативных актов, издаваемых городом и центральным правительством, особенно тех, которые касаются социально-экономического развития, культурного и политического аспектов коммуны, например политики компенсации за землю, налогообложения сделок с землей и появления новых проектов городского развития. Однако, по мнению некоторых респондентов, сплоченность и солидарность между тремя жилыми районами в коммуне не очень хорошо развиты из-за предубеждений в отношении жителей неместного происхождения. Жители неместного происхождения, те, кто купил землю, а также практикует совместное использование помещений в коммуне Ко Нхуэ, обвиняют местных жителей (тех, кто жил в коммуне на протяжении поколений) в дискриминации по отношению к ним. Они чувствуют себя лишними или нежелательными на общественных мероприятиях и ежегодных фестивалях. Те, кто участвует в качестве членов местных массовых организаций, таких как Ассоциация ветеранов или Союз женщин, также разделяют точно такое же ощущение изоляции в коллективной деятельности. Старожилы, напротив, описывали образ жизни приезжих как неприветливый, замкнутый и странный. Дети из неместных семей не ходили в школы коммуны и, как правило, оставались дома, а не играли с другими детьми. Неместные семьи предпочитали оставаться дома, чем посещать соседей или налаживать отношения в свободное время. Их участие в деревенских фестивалях и общественных мероприятиях было очень ограниченным. У этих неместных жителей, с точки зрения местных, как правило, были другие интересы, поскольку они, как правило, имели более высокий уровень образования, стабильную работу и источники дохода, и были более состоятельными, чем местные жители. Вновь прибывшие имели тенденцию отделяться от других и не проявляли интереса к своим соседям, запирая входную дверь/калитку своего дома, даже когда были дома.

По мнению руководителей Народного комитета Ко Нхуэ и в соответствии со статистическими отчетами, хранящимися в его штаб-квартире, коммуна больше не была однородной по населению и экономической структуре с момента появления там ряда университетов, централизованно управляемых офисов и больницы, как упоминалось ранее[4]. Изменения в местной демографии стали очевидными с конца 1980-х годов, когда Ханой начал подвергаться влиянию эпохи национальных экономических реформ, известных как *Дой Мой*. Результаты последних трех

---

[4] До этого Ко Нхуэ был известен как однородное сообщество, бóльшая часть населения которого полагалась на сельское хозяйство как на основной источник средств к существованию [Pham et al. 1994]. — *Прим. авт.*

переписей населения Вьетнама (1989, 1999 и 2009 годов) свидетельствуют об увеличении населения Ко Нхуэ в этот период времени. Рост населения был особенно примечательным, поскольку это было зафиксировано в период с 1999 по 2009 год, когда численность в 2009 году более чем в три раза превысила численность населения в 1999 году: 70 000 по сравнению с 21 628 жителями [The People's Committee of Tu Liem District 2011]. Этот рывок произошел не из-за чистого прироста населения, а вследствие миграции. Три колледжа, расположенные в Ко Нхуэ, ежегодно принимают тысячи студентов. Кроме того, расширение Ханоя на запад сделало эту и другие коммуны в западной части города привлекательными в качестве места проживания, особенно для жителей других провинций, ищущих лучшие возможности для жизни в Ханое.

Экономика Ко Нхуэ раньше опиралась на сельское хозяйство и текстильные отрасли. В годовых отчетах Народного комитета Ко Нхуэ до 2000 года подчеркивалось продвижение сельскохозяйственного производства и усилия, направленные на поддержку фермеров, повышение производительности местных сельскохозяйственных кооперативов и сохранение сельскохозяйственного производства как преобладающего сектора в местной экономической структуре. В стратегии местного экономического развития Ко Нхуэ приоритет сельскохозяйственного сектора снизился после 2000 года, когда городское правительство Ханоя одобрило проекты развития жилья и другой инфраструктуры в Ко Нхуэ в рамках стратегии расширения города. Значительная часть сельскохозяйственных земель были приобретены и преобразованы в земли для городского развития, чтобы удовлетворить потребности городской политики роста городов. В 2002 году правительство Ханоя приняло постановление о приобретении сельскохозяйственных земель в Ко Нхуэ для 12 новых проектов развития. В 2007 году Народный комитет реализовал расчистку земель еще для десяти проектов строительства жилья, парков, больницы и другой инфраструктуры [Co Nhue CPC 2007]. В 2008 году в коммуне было реализовано еще 18 градостроительных проектов. К концу 2009 года в Ко Нхуэ появилось еще

56 новых проектов городского развития, в общей сложности эти проекты привели к приобретению 218 113 гектаров сельскохозяйственных земель [Co Nhue CPC 2009b]. Эти проекты вызвали значительное падение производительности местного сельского хозяйства из-за сокращения доступных сельскохозяйственных земель.

В ответ на стратегию городского развития местные лидеры коммуны планировали сместить акцент в местной экономике с сельского хозяйства и текстильной промышленности на текстильную промышленность, строительство и услуги в сфере сельского хозяйства в период с 2000 по 2009 год в соответствии с годовыми отчетами Народного комитета [Co Nhue CPC 2000; Co Nhue CPC 2001; Co Nhue CPC 2002; Co Nhue CPC 2003; Co Nhue CPC 2004; Co Nhue CPC 2005; Co Nhue CPC 2009a]. Эта экономическая стратегия отражает появление и значительную долю строительной отрасли и сферы услуг в экономике коммуны и сигнализирует о влиянии продолжающейся быстрой урбанизации Ханоя на это периферийное урбанизирующееся сообщество.

Инициирование и развитие системы водопроводного снабжения в Ко Нхуэ[5]

Система водоснабжения Ко Нхуэ была построена в конце 1990-х годов. В то время большинство из примерно 12 000 человек, населявших коммуну, пользовалось тремя колодцами, расположенными в основных поселениях, а также дождевой водой и грунтовыми водами. После многовекового существования в качестве основного источника водоснабжения для местных

---

[5] Формирование системы водопроводного снабжения в Ко Нхуэ лучше всего описано бывшими и нынешними руководители Народного комитета, членами группы управления проектом и членами подразделения по управлению водоснабжением в силу их непосредственного участия в этом проекте. Кроме того, их годовые отчеты, хранящиеся в штаб-квартире коммуны, также были полезным источником информации для раскрытия процесса создания местной системы водоснабжения и степени участия в ней местных жителей и правительства Ко Нхуэ. — *Прим. авт.*

жителей эти коммунальные колодцы, как сообщили представители комитета, уже не удовлетворяли потребности местного населения в чистой воде, поскольку содержались в плохом состоянии. Для многих домохозяйств ежедневная доставка воды из общественных колодцев стала сложной задачей и отнимала много времени: количество воды было недостаточным, а качество плохим. Стремясь к большему удобству, домохозяйства — особенно зажиточные — платили за бурение частных колодцев (глубиной 17–20 метров) и использовали этот источник воды для различных бытовых целей, таких как питье, приготовление пищи, купание, полив, уборка и стирка. Менее зажиточные домохозяйства также обращались за помощью к более обеспеченным, чтобы получить доступ к источнику воды, и использование общественных колодцев стало менее популярным. В начале 1990-х годов коммунальные колодцы были закрыты, поскольку более 90 % местных домохозяйств владели хотя бы одной пробуренной скважиной.

Такая сильная зависимость от подземных вод начала беспокоить лидеров общин, которые считали своей обязанностью обеспечивать жителей чистой водой и избегать рисков для здоровья населения и окружающей среды, связанных с крупномасштабной эксплуатацией подземных вод. По этим причинам Народный комитет разработал план по обеспечению жителей водопроводной (чистой) питьевой водой.

Решительность и энтузиазм местного руководства

По состоянию на 1990-е годы в Ханое не было ни одного прецедента строительства общественного водопровода. Таким образом, когда председатель Народного комитета выдвинул идею строительства местной и самостоятельно управляемой системы водоснабжения перед местным секретарем (коммунистической) партии, последнему пришлось задуматься, является ли такая система панацеей от неуправляемой и неорганизованной добычи подземных вод в коммуне и, что более важно, каким образом комитету удастся найти дополнительные средства для покрытия стоимости проекта. Однако, когда председатель предложил запросить инвестиции у правительства района (Ту Лием)[6] и города (Ханой) в размере средств коммуны, секретарь партии коммуны принял решение о том, что идея проекта осуществима. В качестве лица, принимающего окончательное решение, бывший секретарь, оглядываясь на прошлый опыт, заявил:

> Должен сказать, что я разделял обеспокоенность бывшего председателя условиями водопользования в коммуне. Тогда [начало 1990-х годов] для местных семей было доступно сначала выкопать колодец вручную, а затем пробурить колодец, но при этом нас не инструктировали, каким образом регулировать использование подземных вод на местности. Идея создания местной системы водоснабжения, обеспечивающей местных жителей надежным источником воды, была бы отличной, если бы комитет [местное правительство] позаботился о проблемах финансового дефицита. Я сказал председателю, что она также должна поделиться своей идеей с председателем Подразделения отечественного фронта[7] коммуны, чтобы получить помощь от низовых организаций.

Другими словами, бывший секретарь активизировал демократические процессы, чтобы решить проблему перехода от коммунальных колодцев к частно-государственной системе водоснабжения.

Чтобы получить поддержку других политических и массовых организаций на уровне коммуны, Народный совет и Подразделение отечественного фронта, или два местных лидера, представляющие правящее государство и партию, представили идею председателю Объединения отечественного фронта, которому было поручено руководить деятельностью и программами для

---

[6] Коммуны во Вьетнаме представляют собой административные единицы округов, входящих в состав муниципалитетов. Со временем по мере урбанизации коммуны превращаются в районы, как, например, Кантхо. — *Прим. пер.*

[7] Отечественный фронт Вьетнама (Vietnamese Fatherland Front) — общественно-политическое движение в Социалистической Республике Вьетнам. — *Прим. пер.*

массовых организаций на уровне коммуны/района, и предложили создать группу управления проектом (PMU)[8]. И председатель Народного комитета, и секретарь партии активно искали способных и надежных сотрудников, членов Союза женщин, Союза молодежи, Союза фермеров и руководителей населенных кластеров на должности в группу управления проектами. Дело в том, что члены этой группы также были членами Коммунистической партии. Их участие в создании проекта водоснабжения отражало их согласие с руководством Коммунистической партии. Членам группы было поручено лоббировать правительство на районном (Народный комитет района Ту Лием) и муниципальном (Народный комитет Ханоя) уровнях в поисках дополнительного финансирования и, что более важно, одобрения проекта. Им пришлось мобилизовать свои связи и максимально эффективно использовать существующие местные ресурсы для выполнения своей миссии. Один из членов вспомнил, какой вклад наравне с прочими он внес в организацию проекта. Он сказал:

> Еще в то время [1990-е годы] председатель Народного комитета и секретарь партии использовали имя и должность местного военного генерала Ван Тьен Зунга (фамилия Ван), чтобы попросить об одолжении у муниципального правительства Ханоя. Партийный секретарь коммуны в то время был членом знаменитого клана Ван [в деревне Ко Нхуэ], и он знал, как использовать этот актив коммуны, используя имя генерала, чтобы получить одобрение городского правительства на огромный в финансовом отношении инфраструктурный девелоперский проект этой коммуны. Будучи членом партии, я был назначен председателем Народного комитета и секретарем партии, и включился в их деятельность. Нам пришлось лоббировать муниципальный Департамент общественных работ и транспорта и компанию Hanoi Water Business Company, поскольку эти два учреждения принимали непосредственное участие в строительстве и эксплуатации местной системы водоснабжения. Первый уполномочил и назначил компании для строительства во-

---

[8] Project management unit (PMU). — *Прим. пер.*

допроводной сети, а второй напрямую подписал контракт с Народным комитетом и руководил его заводским филиалом (предприятием *Cau Giay Water Supply factory*) для продажи воды оптом коммуне. Без влияния генерала Вана запустить этот проект было бы гораздо труднее.

Все бывшие члены группы управления проектом согласились, когда их попросили принять участие в запуске проекта, связанного с водоснабжением. Будучи членами партии, эти люди должны были подчиняться приказам своего лидера. Никто не оспаривал цель проекта, которая заключалась в повышении доступности воды для местных жителей, поскольку они сами также были местными жителями и хорошо знали о сложной ситуации с доступом к воде в коммуне. Однако у некоторых из них были сомнения по поводу возможности последующего отбора местного персонала для реализации проекта, а также по поводу того, как наладить сотрудничество с различными муниципальными учреждениями, чтобы проект осуществлялся наиболее эффективным образом. Один из них поделился своим личным опытом службы в группе управления:

> Меня выбрали в качестве члена партии [в качестве члена группы управления проектом], и я думаю, что руководители общин сделали этот выбор не просто так. Конечно, мне пришлось подчиниться приказу. Это принцип, которому должен следовать каждый член партии. Тем не менее мне было очень любопытно, как проект будет реализован и кто в коммуне сможет его реализовать. Дело в том, что ни одна другая коммуна в Ханое никогда не делала ничего подобного, что мы предлагали в то время. «Делаем ли мы что-то правильное? Будет ли у проекта шанс на успех?» Я задавал себе эти вопросы. Однако я не делился своими мыслями с другими, поскольку лидеры и все прочие с большим энтузиазмом восприняли идеи проекта и усердно работали, чтобы получить разрешение города.

Членов группы управления объединяло то, что они с энтузиазмом относились к идее о внесении своего вклада в улучшение местности. Хотя ни один из четырех бывших членов не имел ни малейшего представления о том, как проект будет реализован, они не были разочарованы или обескуражены этим процессом и не сомневались в осуществимости проекта. На самом деле они чувствовали мотивацию со стороны лидеров коммуны, которые всегда были уверены в потенциальных выгодах, которые проект принесет жителям общины. Далее этот же член группы управления сказал:

> Руководители наших общин были очень решительны. Как бы нам ни приходилось убеждать руководителей города (Ханой) одобрить наш проект, они всегда были в приподнятом настроении. Они верили, что их честность и демонстрируемая подотчетность перед местными жителями будут признаны руководством города. Их твердая решимость и энтузиазм вдохновили других членов, включая меня, продолжать работать во имя благого дела.

Еще одним определяющим фактором, связанным со строительством системы водоснабжения в Ко Нхуэ, были местные соответствующие фонды. Никто из бывших членов управляющей группы не мог вспомнить размер инвестиций муниципального правительства Ханоя в систему водоснабжения, однако местный бюджет выделил 4 миллиарда донгов в дополнение к этим городским фондам. По договоренности с правительством город инвестировал средства в расширение существующей системы водоснабжения *Cau Giay Water Supply factory* до новой водонасосной станции, которая была построена и эксплуатировалась в коммуне, а также инвестировал в установку 28 главных счетчиков воды городской трубопроводной сети. Народному комитету пришлось построить распределительную сеть внутри коммуны для местных бытовых подключений, и строительство этой внутренней распределительной сети обошлось в 4 миллиона донгов, как заявляли члены управляющей группы и бывшие руководители коммуны. По сути, эта сумма была предоставлена местному правительству в качестве компенсации за приобретение земли в рамках ряда проектов развития города в конце 1980-х — начале 1990-х годов. Представленный здесь отрывок из рассказа бывшего лидера Народного комитета демонстрирует решимость, проявленную местным руководством в процессе выделения 4 миллионов донгов на развитие первой в истории инфраструктуры водоснабжения.

> ...Строительство всей водопроводной сети для деревни длиной около 43 000 метров было дорогостоящим. Затраты на строительство составили около 4 миллиардов донгов, и нам пришлось покрыть эти расходы. Такова была сделка, заключенная между нашими лидерами и руководителями города. Наши лидеры (правительства и партии) решили использовать деньги, которые мы получили от нескольких государственных учреждений и компаний, на которые были открыты новая штаб-квартира и/или бизнес в Ко Нхуэ для покрытия стоимости строительства. Решение было принято Народным советом, Народным комитетом и Партией. Это были огромные инвестиции в один местный инфраструктурный проект. Я понятия не имею, сколько времени понадобилось, чтобы все стороны пришли к такому решению. Я считаю, что в отсутствие решимости лидеры коммун не смогли бы убедить другие партии одобрить их финансовый план, поскольку были и другие общественные проекты, которые также требовали финансовых вложений из местного бюджета.

Решение руководителей коммуны сделать огромные инвестиции в водопроводную сеть отражает их твердую решимость обеспечить местных жителей чистой водой по нескольким причинам. Комитет отвечал за ежегодное выделение местного бюджета своим деревням/населенным пунктам на модернизацию или строительство инфраструктуры. Решение потратить 4 миллиарда донгов на новую систему водоснабжения означало, что другие проекты инфраструктуры, такие как улучшение местных дорог, улучшение дренажной системы, развитие открытых пространств и проекты строительства новых общественных домов, были приостановлены. Инвестиционный приоритет в системе водоснабжения для улучшения доступности воды, доминировавший в сравнении с другими общественными проблемами, был представлен и получил одобрение представителей местной деревни, работающих в Народном совете:

> Нас всех попросили высказать свое мнение по поводу бюджетного предложения водного проекта. Сначала у нас не было информации о том, сколько будет стоить проект. Единственное, что мы заметили — это то, что для реализации такого проекта другим придется подождать. Мы доверились мнению руководителей коммуны, поскольку также чувствовали необходимость обеспечения жителей чистым и надежным источником воды. Для меня было справедливым то, что решение проблем с водой для всей коммуны заслуживает большего приоритета по сравнению с любыми другими проектами, которые приносят пользу группе жителей коммуны.

Еще одним свидетельством решимости лидеров Ко Нхуэ была их настойчивость (по словам респондентов) в переговорах и заключении контрактов с компанией HWBC, а также то, что они убедили руководителей муниципального правительства обеспечить местных жителей водопроводной водой. Член управляющей группы указал на проблему, стоящую перед командой во время переговорного процесса по заключению контракта на оказание услуг водоснабжения. Он раскритиковал HWBC за препятствование усилиям правительства Ко Нхуэ и задержку подписания договора, по которому компания продавала воду оптом своему подрядчику. Компания не решалась подписывать контракт из-за неуверенности в осуществимости проекта. Другими словами, у компании не было веры в потенциал успеха проекта и возможности коммуны. Чтобы проверить обвинения члена управляющей группы, во время интервью с представителем HWBC я спросил о мотивах компании при подписании контракта с Народным комитетом Ко Нхуэ и узнал, что муниципальные власти поручили им предоставлять услуги водоснабжения через договор аренды с Народным комитетом. Компания отложила подписание договора, поскольку ей требовались инструкции, каким образом подготовить контракт на оказание услуг с местным правительством для продажи воды оптом. Следующий отрывок взят из интервью с упомянутым выше членом управляющей группы:

> На нескольких встречах с другими членами [управляющей компании] мне сказали, что компания [Hanoi Water Business Company] сомневается в осуществимости проекта. Они не верили в нашу способность обеспечить водой наших жителей. Они нам не доверяли. Нам пришлось напомнить им о том, что проект был инициирован в интересах жителей Ко Нхуэ. Подписав с нами договор, компания косвенно способствовала улучшению условий жизни местных жителей. У них не должно было возникнуть никаких сомнений по поводу проекта, который был буквально одобрен правительством города. Будучи общественным предприятием, они должны были обслуживать граждан. Я не понимал, почему компания сурова к нам. Правительство города одобрило предложенный нами проект в 1996 году, но контракт с компанией мы смогли подписать только в мае 1998 года. Это было печально. В ходе переговорного процесса с компанией наши руководители настойчиво обращались за помощью к властям города. В конце концов контракт был подписан, и это было самое главное. Я должен сказать, что наши лидеры приложили немало усилий, чтобы получить этот контракт.

Решимость местных лидеров в реализации проекта водоснабжения и их вклад в получение одобрения городского правительства и проведение переговоров с компанией Hanoi Water Business Company были высоко оценены сотрудниками, которые были выбраны для работы в управляющей компании, главами местных деревень и чиновниками первого ранга, служащими в местном подразделении по управлению водоснабжением. Лидеров Народного комитета и партии хвалили за их отличное видение проблемы, инициативность и преданность делу улучшения жизни общества в целом. Рассказывая о роли местных органов власти в создании местной системы водоснабжения и в частности, в этом проекте, действующий представитель комитета заявил:

> Система [водоснабжения] была построена благодаря нашим бывшим руководителям Народного комитета и Партии Ко Нхуэ. Еще в 1990-е годы ни в одной из сельских коммун Ханоя не было доступа к водопроводу. Руководители комитета и Партии вместе с другими членами группы управления проектом упорно работали, чтобы убедить руководителя города [административно и финансово] поддержать нашу инициативу. В конце концов, их преданность делу продемонстрировала, что они заботятся о благополучии местных жителей, а не о своих собственных интересах или интересах какой-то конкретной группы.

6 мая 1996 года Народный комитет муниципалитета Ханоя одобрил предложение Народного комитета Ко Нхуэ о строительстве местного водопровода, а местное правительство коммуны создало подразделение по управлению водоснабжением. Через глав местных деревень и местный канал вещания правительство проинформировало своих жителей о создании проекта и объявило о решении, которое регулировало получение бесплатного подключения к счетчику, а также выделяло тех, кто должен будет платить за подключение к местной системе водоснабжения[9]. Местные домохозяйства зарегистрировались у главы своей деревни, который должен был представить список зарегистрированных домохозяйств вместе со своими рекомендациями местному правительству и местному подразделению по управлению водоснабжением. Это подразделение было создано Народным комитетом, и его члены также назначались лидерами комитета. Подразделение отвечало за монтаж бытовых коммуникаций, эксплуатацию, мониторинг системы водоснабжения и обслуживание пользователей. Члены подразделения напрямую сотрудничали с пользователями по вопросам выставления счетов, оплаты,

---

[9] Домохозяйство получало бесплатное подключение, если отвечало следующим критериям: (i) глава домохозяйства родился и вырос в Ко Нхуэ и (ii) все члены домохозяйства выполнили свои обязательства перед своим районом и народом в целом, в частности: служба в армии, уплата налогов за пользование землей, соблюдение законов. — *Прим. авт.*

ремонта, а также приема и рассмотрения претензий. Эти подготовительные шаги местного правительства Ко Нхуэ были полностью завершены до того, как председатель комитета подписал контракт на обслуживание с компанией HWBC в 1998 году.

Лидерам и жителям Ко Нхуэ потребовалось почти восемь лет, чтобы разработать план строительства распределительной водопроводной сети и подготовить необходимые ресурсы для создания системы водоснабжения на уровне общин.

Размышления местных жителей

Жители Ко Нхуэ приняли эту инвестицию и посчитали ее вкладом местного правительства в благосостояние общества. При строительстве местной водопроводной системы правительство взяло на себя ответственность за улучшение качества жизни местных жителей — как с точки зрения инициативы на получение разрешения муниципального правительства Ханоя, так и с точки зрения предоставления финансовой помощи для этого проекта. Стремясь содействовать использованию и поддержке, они распространили информацию о проекте среди широкой общественности коммуны через глав деревень и представителей массовых организаций, таких как Союз женщин, Союз фермеров и Ассоциация пожилых людей.

Представитель главы деревни рассказал о системе водоснабжения в Ко Нхуэ, а также о поддержке этого проекта среди местных жителей:

> Насколько мне известно, [система водопровода] была самой крупной инвестицией в инфраструктурные проекты коммуны. Еще до запуска проекта местные жители были очень воодушевлены им. Каждая семья хотела подключиться к системе. Они считали, что водопроводная вода является самым надежным и чистым источником воды. Доступ к водопроводной воде для них был равносилен пользованию удобствами, доступными только в городских районах. Жители моего села высоко оценили инициативу местных властей обеспечить им доступ к водопроводу. Они поддержали проект.

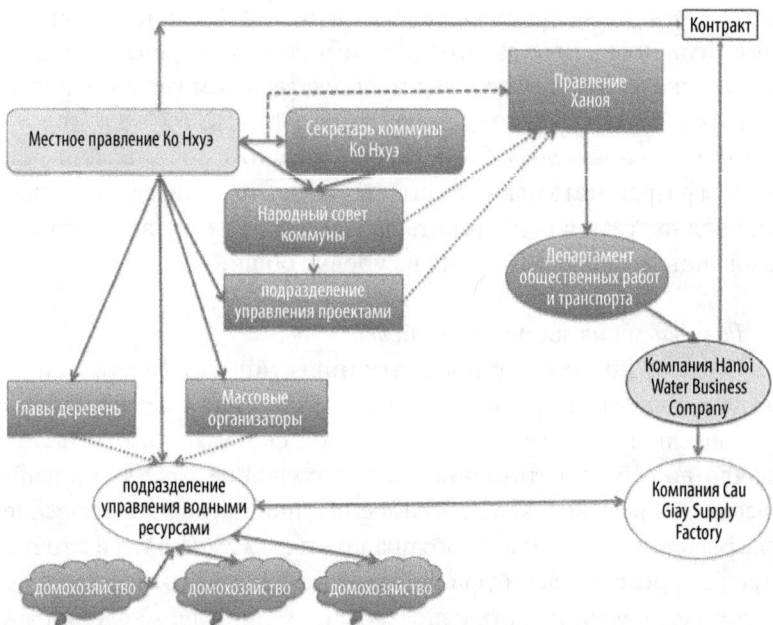

Рис. 5.2. Организационная структура системы водоснабжения Ко Нхуэ

Комментируя строительство местной системы водоснабжения, лидер компании HWBC высоко оценил усилия правительства Ко Нхуэ, назвав их смелостью, новой идеей и риском.

> В начале 1990-х годов такое коммунальное предприятие, как мы (*Hanoi Water Business Company*), столкнулось с серьезной нехваткой ресурсов и проблемами управления, и поэтому не смогли распространить услуги на периферию города. Вся городская система водоснабжения была только что модернизирована благодаря технической и финансовой поддержке финского Агентства международного развития и правительства Финляндии. Идея, план и строительство местной сети водоснабжения в коммуне Ко Нхуэ были блестящими.

> Я думаю, что местные лидеры проявили смелость, создав такой проект, поскольку инвестиции в водоснабжение, если говорить в общем, очень затратны. Эффективное управление этой системой еще сложнее, поскольку оно требует технических знаний и технологического применения. Дело в том, что они, должно быть, многое сделали, чтобы убедить городское правительство одобрить их план. Это была не шутка. По этой причине я отдал им должное за их усилия.

На вопрос об их мнении по поводу решения местного самоуправления построить систему водоснабжения, многие респонденты, будучи жителями коммуны, подчеркнули ощущение того, что местное самоуправление действительно их обслуживает:

> Народный комитет должен продемонстрировать свою подотчетность перед жителями. Полагаю, в этом нет никаких сомнений. Когда они объявили, что в коммуне будет построена система водоснабжения для обслуживания местного населения, мы все проявили любопытство и, конечно же, были взволнованы. Мы оценили их инициативу и приоритеты. Хотя Народный комитет так и не представил нам этот план и подробную информацию о том, как был разработан проект системы водоснабжения, мы все равно чувствовали, что нам повезло больше, чем другим людям в соседних коммунах. Вся система стоила немало, но за первичное подключение мы не заплатили ни копейки.

Среди опрошенных жителей бедняки больше всего оценили усилия своих лидеров. Из-за ограниченности экономических ресурсов эти семьи пытались контролировать повседневное использование водопроводной воды, используя ее только для питья и приготовления пищи. По этой причине их ежемесячное потребление воды было меньше среднего, рассчитанного для всех пользователей сообщества (4–6 м^3 против 10 м^3 соответственно). Для всех жителей наличие водопроводной воды, подаваемой комитетом, уменьшило обеспокоенность по поводу рисков для здоровья, вызванных ненадежными источниками, такими как поверхностные и подземные воды.

> Благодаря политике Народного комитета мы почти ничего не заплатили за подключение дома и установку водопроводной системы. Возможно, это не имело большого значения для других, но имело большое значение для нас, учитывая, что наши ресурсы ограничены, и мы считались экономически неблагополучными. Глава деревни помог с оформлением документов, а команда местного подразделения по управлению водоснабжением помогла с подключением дома к системе водоснабжения. Доступ к этому источнику чистой воды мы оплачиваем ежемесячно, но мы, по крайней мере, считаем, что его использование позволит нам меньше подвергаться рискам заболеваний, передающихся через воду (Интервью № 28).

Жители Ко Нхуэ также отметили, что местное правительство использовало непрозрачный, нисходящий процесс принятия решений при разработке проекта, и поэтому требовали улучшения подхода к работе с гражданами. Общественные консультации не были широко востребованы в деревне (на уровне жилого кластера). Многие даже не заметили появления проекта, пока глава деревни не попросил их зарегистрироваться для подключения. Процесс планирования этого проекта, по словам нескольких опрошенных, не предполагал участия граждан, хотя местное правительство стремилось к сотрудничеству с другими государственными учреждениями, такими как компания HWBC, предприятием *Cau Giay Water Supply* и муниципальным Департаментом. общественных работ и транспорта. Как сообщили члены группы управления проектом и представители Народного комитета, местное правительство приняло такое решение после консультации с членами Народного совета, который представлял все местное население, а затем проинформировало местных жителей о результатах.

Подразделение по управлению водоснабжением и текущее обслуживание системы

Хотя правительство коммуны вложило средства и приняло меры для развития местной системы водоснабжения, оно не осуществляло непосредственное управление и мониторинг.

Вместо этого за управление отвечала группа местных жителей под названием подразделение по управлению водоснабжением, назначаемая и выбранная руководителями местного правительства. Подразделение было сформировано (22 февраля 1997 года) до подписания Народным комитетом контракта на оказание услуг с компанией HWBC (26 мая 1998 года). Согласно документу № 2202/QLN-UB, подписанному бывшим председателем комитета, члены подразделения выбирались как Народным советом, так и Народным комитетом на основе рекомендаций деревенских глав, способностей кандидатов и желания участвовать в деятельности подразделения.

Главной миссией подразделения было управление системой распределения воды и повышение ее доступности для местных жителей. Повседневная работа членов подразделения предусматривала координацию, сотрудничество и взаимодействие с пользователями, которые также рассматривались как клиенты, соседи, родственники, друзья предприятия *Cau Giay Water Supply factory* — поставщика воды — и Народного комитета (глав общин). Члены подразделения отвечали перед местными водопользователями за установку новых подключений, своевременную подачу воды, решение проблем пользователей относительно качества и количества подаваемой воды, утечек, выставления счетов, оплаты и наказания за незаконные подключения.

В то время подразделение представляло собой новаторский ответ местных органов власти на основную проблему водоснабжения в пригородных районах, где доступ к ней местных жителей оказался под угрозой. Будучи новым институциональным игроком в местном самоуправлении, оно сломало некоторые существующие ограничения, пытаясь быть более творческим и активным, чем прошлое руководство. Изучая предыдущий опыт, оно усвоило набор демократических и коммуникативных принципов, в то же время осознавая некоторые ограничения, с которыми оно столкнулось.

В состав подразделения входило 11 членов: руководитель/директор, первый помощник директора, который выполнял функции секретаря и бухгалтера, второй помощник директора, который выполнял функции операционного директора, три технических специалиста и пять сотрудников по выставлению счетов. Позиция директора была важна, поскольку именно этот человек взял на себя руководящую роль в подразделении по работе с отделением компании HWBC — *Cau Giay Water Supply factory*. От имени подразделения директор должен был взять на себя ответственность за управление и техническое обслуживание системы водоснабжения. Два помощника помогали ему в управлении деятельностью других членов и финансовыми аспектами подразделения. По словам бывших лидеров Народного комитета и Народного совета Ко Нхуэ, сотрудники на эти три должности тщательно отбирались.

> Нам пришлось нелегко с выбором руководителя и двух помощников подразделения управления водоснабжением, поскольку кандидатом на эти должности должен был быть человек, имеющий опыт работы в Народном комитете и завоевавший доверие и уважение местных жителей. Поскольку управление такой огромной инфраструктурной системой, как система водоснабжения, было сложной задачей, кандидаты должны были быть готовы решать сложные проблемы. Они должны были соответствовать [позициям] от всего сердца. Мы просто не могли заставить их занять эти позиции. Мы нашли достойных кандидатов и провели индивидуальные беседы с каждым из них. Когда они согласились работать в подразделении, мы договорились с главами деревень о проведении собрания сообщества, чтобы учесть мнения местных жителей. Директор подразделения и его помощники были преданными своему делу людьми. Нам повезло (Интервью № 17).

Руководитель технической группы и еще пять сотрудников, связанных со счетами, также были выбраны этим же методом. Отобранные кандидаты на эти должности либо работали, либо в настоящее время работают в Народном комитете. Некоторые работали в качестве главы деревни. Они были выбраны из-за способности работать с местными жителями, что имело решающее значение для управления и успеха работы подразделения.

Считалось, что сельский глава имеет преимущество в организации регистрации домохозяйств для обслуживания подразделением, в надзоре за трубопроводной системой и установкой счетчиков воды для каждого домохозяйства, а также в выставлении счетов. Бывший лидер комитета заявил:

> Тот, кто занимал должность специалиста по выставлению счетов, должен был заслужить доверие и уважение жителей своей деревни, потому что этому человеку приходилось иметь дело с оплатой и сбором денег с пользователей. Этот человек должен был обладать хорошими качествами, гибкими навыками, а также быть честным и настойчивым в выполнении задач. Деревенский глава был лучшим выбором, потому что он/она знал/а каждое домохозяйство в этом районе. Из первых пяти выбранных сотрудников, связанных со счетами, двое работали в этом качестве (Интервью № 45).

Сотрудники бухгалтерии отвечали за сбор платежей от пользователей, а также вели журнал учета, который имел большое значение. Каждый клиент (бытовой пользователь) должен был быть аккуратно записан. Каждый клиент без исключения расписывался в книге учета при внесении ежемесячного платежа за оказанную услугу, а работники брали на себя ответственность за передачу платежа бухгалтеру подразделения на последующем коллективном собрании. Поскольку работа в подразделении была на добровольной основе, можно было уйти с должности, проинформировав об этом директора подразделения и комитета. Перед увольнением сотрудник должен был вернуть все документы и деньги, полученные от пользователей, руководителю подразделения.

Техническая группа состояла из трех человек. Правительство коммуны Ко Нхуэ выбрало руководителя технической группы и уполномочило его отобрать кандидатов на две другие должности технических специалистов. Эти три человека отвечали за подключение новых пользователей (домохозяйств) и устранение утечек, а также других технических проблем.

Члены подразделения координировали вопросы распределения воды два раза в день с сотрудником *Cau Giay Water Supply factory*. Сотрудники предприятия эксплуатировали насосную станцию, построенную и расположенную в коммуне Ко Нхуэ, один час утром и один час днем. В течение этих двух часов жители имели доступ к водопроводной воде, а члены подразделения должны были контролировать 42 000 метров трубопровода и 28 больших счетчиков воды (установленных вдоль трубопровода), чтобы выявить возможные утечки, неисправные счетчики воды и незаконные подключения, а также получать отзывы пользователей о количестве, качестве и напоре подаваемой воды. Подразделение также отвечало за своевременную оплату оказанных услуг предприятию *Cau Giay Water Supply factory* в конце каждого месяца[10]. Хотя подразделение сотрудничало с ним в обеспечении водой жителей Ко Нхуэ, сотрудники первого так и не получили возможности технического обучения от последнего. Как объяснил руководитель *Cau Giay Water Supply factory*, поскольку предприятие не участвовало в процессах проектирования и строительства системы водоснабжения, оно также не вмешивалось в ее управление и мониторинг со стороны подразделения.

Деятельность подразделения находилась под административной поддержкой и контролем Народного комитета. Однако комитет не субсидировал расходы на эксплуатацию и управление подразделения и не выплачивал ежемесячную зарплату его членам. Для обеспечения устойчивости системы водоснабжения директору подразделения и его членам пришлось самоорганизовываться и планировать свою деятельность, включая закупку канцелярских товаров и оборудования, разработку договора

---

[10] Хотя компания HWBC подписала контракт с Народным комитетом Ко Нхуэ, руководство *Cau Giay Water Supply factory* — филиала водораспределительной компании HWBC — отвечало за оказание услуг, предусмотренных контрактом. Поскольку подразделение управляло и контролировало местную систему водоснабжения Ко Нхуэ, оно напрямую работало с офисом, бухгалтерским отделом и отделом технической поддержки *Cau Giay Water Supply factory*. — *Прим. пер.*

между подразделением и водопользователями, разработку положений, которые регулировали задачи каждого сотрудника, систему выставления счетов, отчеты о работе подразделения Народному комитету и Народному совету Ко Нхуэ раз в полгода, а также наложение санкций на водопользователей и его членов за нарушения для снижения потенциальных угроз разрушения системы водоснабжения и потери доходов. Хотя подразделение управляло системой водоснабжения, Народный комитет устанавливал и контролировал тарифы на воду. Подразделение не имело полномочий для увеличения платы с пользователей без одобрения Народного комитета. В случае изменения численности персонала и тарифа на воду начальник подразделения должен был отчитаться перед руководителями Народного комитета и Народного совета коммуны и подать заявление на изменение.

Офис подразделения, а именно небольшая квартира, в которой раньше располагался штаб сельскохозяйственного кооператива сельского уровня, была выделена Народным комитетом Ко Нхуэ. Подразделению также был предоставлен шкаф (для хранения документов), большой стол для совещаний и несколько стульев, потолочный вентилятор и набор инструментов для бригады техников по эксплуатации системы водоснабжения (установка новых подключений, контроль трубопроводной сети и устранение протечек). В штаб-квартире сотрудники подразделения регулярно встречались (три раза в неделю) и принимали визитеров, заявления и жалобы пользователей. Таким образом, как минимум один член должен был ежедневно дежурить в штабе. Поскольку штаб-квартира была приписана Народному комитету Ко Нхуэ, подразделение ежемесячно экономило часть своих косвенных затрат.

Определенные задачи членов подразделения по управлению водоснабжением

Директор выполнял функции генерального менеджера и контролировал работу подразделения. Он отвечал за деятельность подразделения и отчитывался как комитету, так и местным жителям. Ежедневно он контролировал систему водоснабжения, посещая каждую деревню в часы работы насосной станции (один час утром и один час днем). Он выборочно посещал пользователей, чтобы узнать их отзывы о сервисе. Он также пользовался этой возможностью, чтобы держать пользователей в курсе ситуации с системой водоснабжения и проблем, с которыми сталкивается подразделение в процессе эксплуатации и управления. Кроме того, он просвещал пользователей относительно важности экономии водопроводной воды, поскольку (а) вода была дефицитом и (б) производство и распределение воды влекло за собой техническую и биологическую очистку, технологический мониторинг, и было дорогостоящим. Изредка целью его визитов к пользователям было просто обсуждение повседневных дел в коммуне. Таким образом, он выстраивал связи и устанавливал доверительные отношения со своими клиентами. Он воспользовался этой возможностью, чтобы рассказать пользователям о работе, которую выполняют сотрудники подразделения, и о важности управления водными ресурсами. Он также призвал своих сотрудников придерживаться того же подхода. Руководитель подразделения поделился своим способом ведения бизнеса и управления системой:

> Вы просто не сможете хорошо вести бизнес, не проявляя уважения и не завоевывая доверия клиентов, которых вы обслуживаете, потому что именно они определяют успех вашего бизнеса. Если вы доверяете им и уважаете их, они будут лояльны к вашим услугам и сделают ваш бизнес процветающим. Для меня это является взаимным уважением в рамках ведения бизнеса. Вы не согласны со мной? Например, мои клиенты время от времени помогали мне выявить утечку воды и сообщали мне о таких случаях после того, как я завоевал их доверие. Они не повредят трубопровод и не попытаются незаконно подключиться к нему, если будут осведомлены о том, насколько дорого обходится строительство и обслуживание системы водоснабжения, а также о последствиях совершения такого нарушения (Интервью № 1).

Руководитель подразделения также ежедневно общался со своими сотрудниками, которые занимались формированием счетов, чтобы быть в курсе повседневных проблем и давать указания по решению проблем пользователей. Хотя собрание персонала проводилось три раза в неделю и требовалось дополнительное собрание в конце месяца (с целью подведения итогов за месяц и обсуждения планов на последующий месяц), директор подразделения ежедневно посещал всех пятерых своих сотрудников для оказания поддержки. Он понимал, что персонал, с которым они разделяли одну цель, связанную с эксплуатацией и управлением системой водоснабжения, работал не только ради денег, поскольку ежемесячная компенсация заработной платы (180 000 донгов, примерно эквивалентные 14 долларам США) и комиссионные (10 % от общей суммы стоимости потребления воды пользователями) не компенсировали того, что им приходилось выполнять ежедневно в рамках надзора и мониторинга системы водоснабжения. Однако он иногда напоминал им об их обязательствах и ответственностях.

> Я не хотел контролировать своих сотрудников. Я хотел, чтобы они поняли, что мы коллективно трудимся ради добрых дел, хотя подразделение должно быть экономически самоокупаемым. Понимая, что мне и другим сотрудникам приходится тратить много времени и усилий на запуск и мониторинг системы комитета, получая скромное вознаграждение взамен, я просто хотел оказать им моральную поддержку. Я просто хотел напомнить им, что мы делаем это ради нашего сообщества и будущих поколений. Мы служили сообществу (Интервью № 1).

Взяв на себя обязательство перед Народным комитетом Ко Нхуэ, который должен был управлять построенной местной системой водоснабжения и убеждать местных жителей использовать водопроводную воду для улучшения качества жизни, руководитель подразделения хорошо осознавал свою ответственность. Будучи членом Коммунистической партии, он должен был продемонстрировать свою преданность служению местному правительству, а также вклад в процесс создания современного и процветающего Ко Нхуэ. То, что он и еще десять его сотрудников делали, так это тщательно документировали деятельность подразделения, балансируя между доходами и задолженностью пользователей, готовили и представляли финансовые отчеты в Народный комитет раз в полгода, совместно работали с подрядчиком (*Cau Giay Water Supply factory*), чтобы эффективно предоставлять услуги водоснабжения местным пользователям и своевременно оплачивать услуги подрядчика, а также обеспечить финансовую самоокупаемость бизнеса.

Установление правил
Члены подразделения участвовали в процессе институционального строительства, совместно создавая правила функционирования подразделения. Задача каждого члена подразделения была четко определена, его руководитель составил проект и опросил сотрудников во время собрания, и все подразделение достигло консенсуса о принятии правил до того, как документ будет представлен в Народный комитет общины. В правилах также упоминалось, что они могут быть изменены и дополнены с учетом изменений в сообществе. Местное самоуправление (Народный комитет Ко Нхуэ) минимально вмешивалось в деятельность подразделения. Именно начальник подразделения и его сотрудники разработали свод правил, регулирующих деятельность по поддержанию группы. Однако Народный комитет имел право голоса при принятии решений по вопросам компенсации (в виде ежемесячного оклада) для каждой должности и устанавливал тариф на воду для местных потребителей. Руководители общины намеревались предоставить руководителю подразделения и его членам полномочия для эксплуатации и контроля системы водоснабжения с ограниченным участием местного правительства. По словам представителя Народного комитета Ко Нхуэ, было важно, чтобы лидеры общин обеспечили подразделению чувство собственности над системой водоснабжения, что они и сделали по следующим параметрам, тем самым повысив свою отчетность как перед местным правительством, так и перед местными жителями.

Услуги
Подразделение установило список платы за услуги, который был доступен пользователям. Если потенциальный клиент не давал чаевых, персоналу не разрешалось запрашивать дополнительную плату за первичное подключение или ремонт сверх установленных цен. Затраты на техническое обслуживание и ремонт должны были быть спрогнозированы технической группой и утверждены руководителем подразделения до начала реализации.

Финансовые аспекты
Поскольку подразделение было на самоокупаемости, ко всем клиентам системы применялся принцип полного возмещения затрат, покрывающий прямые затраты и накладные расходы. Тарифы на воду были установлены и изменялись Народным комитетом Ко Нхуэ. Тариф был рассчитан после того, как все затраты на эксплуатацию, техническое обслуживание и управление были добавлены к тарифу, взимаемому компанией HWBC. По этой причине жителям Ко Нхуэ приходилось платить за водопроводную воду по более высокой цене, чем жителям Ханоя до этого времени. Перекрестного субсидирования при расчете тарифов на воду для малообеспеченных домохозяйств в коммуне не существовало. Местное правительство не субсидировало тарифы на воду для этого конкретного слоя населения. Каждый без исключения пользователь должен был платить на основании договора, заключенного между пользователем и представителем подразделения. Если подразделение хотело повысить тарифы на воду, директор сначала должен был направить предложение руководству Народного комитета. Затем это предложение обсуждалось на деревенском сходе с участием местных жителей. Народный комитет одобрял предложение только в том случае, если оно было принято на собрании сообщества. Счета за воду собирались к концу каждого месяца сотрудниками, которые их формировали и которые ежемесячно посещали каждое домохозяйство для регистрации потребления и получения оплаты (наличными).

Технические аспекты

Ни один из сотрудников подразделения по управлению водоснабжением не прошел обучение по гидрологическому и/или техническому проектированию. Единственным человеком, имевшим опыт в этой области, был руководитель технической группы, который раньше работал в компании HWBC. Он обучал других специалистов своей команды установке соединений и устранению утечек в системе трубопровода. В течение более чем восьми лет эксплуатации и управления системой водоснабжения, члены подразделения не получали технической подготовки ни из каких источников, а также не получали ни помощь, ни обучение от предприятия *Cau Giay Water Supply factory*. Таким образом, подразделение было по-настоящему самоокупаемым как в экономическом, так и в техническом плане. Технический потенциал членов подразделения был построен по принципу «обучения на практике». Члены технической команды помогали друг другу и учились друг у друга.

Отношения между подразделением и пользователями: отношения определялись договором, который в свою очередь регулировался местным правительством. Этот договор был подготовлен силами подразделения и подписан как пользователем, так и подразделением в лице директора или сотрудниками бухгалтерии по месту жительства. Подразделение, как поставщик, отвечал за поступление услуг водоснабжения от предприятия *Cau Giay Water Supply factory*, выставление счетов пользователю за объем ежемесячно потребляемых кубометров воды, сбор оплаты, обслуживание и ремонт трубопровода. Поставщик имел право прекратить оказание услуг и расторгнуть договор с пользователем, если последний либо не вносил ежемесячный платеж, либо незаконно подключался к системе, нанося ей тем самым ущерб. В частности, были предусмотрены различные уровни ответственности за попытку незаконного подключения или поломку сети водоснабжения. По условиям договора пользователь рассматривался и как клиент, и как гражданин. В качестве клиента пользователь нес ответственность за оплату оказанных услуг. Кроме того, пользователи имели право подать апелляцию или сообщить руководителю подразделения и в Народный комитет о любых противозаконных действиях со стороны сотрудников, связанных со счетами. Однако как гражданин пользователь должен был нести ответственность за защиту системы водопровода наравне с поставщиком (подразделением), поскольку система была собственностью коммуны. По этой причине руководитель подразделения направлял усилия на установление связей с пользователями.

Проблемы реализации, связанные с обслуживанием и эффективностью системы

Инфраструктура водоснабжения Ко Нхуэ начала оказание услуг в августе 1999 года и прекратила свое существование в конце 2008 года. В начале 1990-х годов правительство коммуны Ко Нхуэ потратило свой бюджет в размере 4 миллиардов донгов (приблизительно 300 000 долларов США), чтобы соответствовать финансовой поддержке муниципального правительства Ханоя, выделенной на строительство системы водоснабжения длиной 38 000 метров, которая была подключена к городской системе, управляемой коммунальным предприятием HWBC. Правительство коммуны намеревалось построить новую систему водоснабжения, чтобы удовлетворить потребности местных жителей в чистой и надежной воде. До ввода системы в эксплуатацию были определены три группы пользователей.

Во-первых, подключение и счетчик воды, которые были бесплатными, предоставлялись домохозяйствам, которые отвечали следующим критериям: (1) глава домохозяйства родился в коммуне; (2) ни один из членов семьи не имел судимостей; и (3) домохозяйство имело хорошую репутацию ответственного плательщика местного налога (платило налог на сельскохозяйственное производство, налог на предпринимательскую деятельность и/или налог на землепользование). Это было разовое предложение Народного комитета. Другим домохозяйствам, которые хотели подключиться к местной системе водоснабжения, пришлось платить за подключение. Размер этих сумм различался в зависимости от статуса регистрации заявителя.

Во-вторых, взнос в размере 500 000 донгов за подключение предоставлялся семье мигрантов, которая уже была зарегистрирована в Народном комитете Ко Нхуэ. В-третьих, взнос в размере 2 000 000 донгов за подключение требовалось внести мигрантам, которые не были зарегистрированы в комитете. Другие домохозяйства, которые не были отнесены ни к одной из этих категорий, пришлось ждать, если они хотели подключиться к местной системе водоснабжения.

Из-за этого последнего правила многие домохозяйства, имеющие право на бесплатное подключение, предпочли подключиться к системе независимо от их фактического предполагаемого использования; ни одно из домохозяйств, имеющих на это право, фактически не отказалось от права на бесплатную услугу подключения. Финансовые отчеты подразделения по управлению водоснабжением, а также мнения жителей подтвердили то, что многие домохозяйства, подключенные к системе, фактически не потребляли воду из нового источника. Это означает, что процент домохозяйств, подключенных к системе водоснабжения, не является точной оценкой потребления или спроса. Согласно отчету подразделения за 2002 год, из 2923 домохозяйств (что составляет 65 % сельских домохозяйств), которые были подключены к системе, только 900 (31 %) потребляли воду ежемесячно. Позже, когда подразделение приняло больше заявок от домохозяйств мигрантов, число клиентов увеличилось до 1257 домохозяйств, согласно данным бухгалтерского учета подразделения по управлению водоснабжением.

Еще один вызов, с которым столкнулась система водоснабжения Ко Нхуэ, была аналогична той, с которой столкнулись жители Кантхо, — конкуренция со стороны альтернативных источников. Высокий процент (более 25 %) подключенных домохозяйств предпочел не пользоваться водопроводом из-за существования в общине других альтернативных источников, таких как поверхностные и подземные воды. Члены этих домохозяйств пользовались этими источниками воды до появления водопроводной системы. Что еще более важно, такие источники были бесплатными, и пользователи доверяли их качеству. Кроме того, поскольку предприятие *Cau Giay Water Supply factory* подавало воду только два часа в день, домохозяйства, расположенные в самом конце водопроводной системы, едва ли получали достаточно воды для приготовления пищи и питья.

Однако, независимо от использования воды и социально-экономического статуса, жители высоко оценили появление системы водопровода, поскольку она продемонстрировала ответственность местного правительства за качество жизни местных жителей. Семьи мигрантов, обосновавшиеся в районе Ко Нхуэ, также высоко оценили инициативу местного правительства, поскольку в 1990–2000-е годы ни одна сельская община в Ханое не имела доступа к водопроводу.

Ограниченные запасы воды

В соответствии с контрактом, подписанным между Народным комитетом Ко Нхуэ и компанией HWBC, предприятие *Cau Giay Water Supply factory* закачивало воду в распределительную сеть коммуны протяженностью 38 000 метров дважды в день (один час утром и один час днем). Хотя многие оценили доступность воды, другие обнаружили, что этот договор означал, что большое количество семей не могли хранить воду в резервуарах в часы ее подачи, если дома никого не было. Кроме того, как уже упоминалось, семьи, дома которых располагались в конце трубопроводной системы, имели более ограниченный доступ к водоснабжению по сравнению с другими, которые располагались близко к системе. Из-за ограниченности и ненадежности поставок ряд домохозяйств отказался от использования этого источника.

Неконтролируемое качество воды

Из-за того, каким именно образом вода продавалась компанией *Cau Giay Water Supply factory* местным потребителям, подразделение по управлению водоснабжением Ко Нхуэ не могло контролировать качество воды. Таким образом, помимо ограниченных поставок, еще одной проблемой, беспокоившей подразделение, было качество воды. Сотрудники, которые занимались счетами, обычно получали образцы воды вместе с оценкой ее качества от местных пользователей. Сотрудники принимали жалобы и фиксировали их в своих бухгалтерских записях. Ниже приведена одна из многих жалоб на качество воды, взятая из учетных записей сотрудников:

> 29 октября 2005 года [...] Г-н Б., проживающий в деревне 6, прислал бутылку воды и попросил ее проверить. Он подозревал, что вода была загрязнена. Она действительно имела неприятный запах и темный оттенок. В тот же день о случившемся сообщили директору.

В целом существовала сильная связь между сообщениями о плохом качестве воды и утечками в системе. В тех случаях, когда протечек не было обнаружено, имело место попадание грязи, дренажных вод и другого мусора в трубопровод системы водоснабжения. В результате в часы подачи пользователи получали воду темного оттенка. Согласно документам, хранящимся в подразделении, утечки происходили каждый месяц, но со второй половины 2004 года и далее было зарегистрировано больше инцидентов. Судя по всему, произошло больше случаев утечек, что привело к увеличению объема воды, не приносящего дохода, от которого, в свою очередь, начиная с 2002 года страдало подразделение по управлению водоснабжением [CPC 2002], увеличивая расходы на техническое обслуживание системы, что в целом дискредитировало работу водохозяйственного подразделения.

Контроль утечек был одной из самых больших проблем для членов подразделения. Хотя утечки происходили по всей системе длиной 38 000 метров, и их частота увеличивалась с 2002 года (всего через четыре года после постройки системы), а в технической группе было только три человека, ответственных за устранение инцидентов с утечками. Руководитель технической группы признался, что иногда команде требовалась неделя, чтобы найти утечку, и это всех расстраивало. Когда были обнаружены новые утечки, происходящие за пределами трубопроводной системы коммуны, подразделение совместно с Народным комитетом были вынуждены созвать встречу с представителями компании HWBC и руководством *Cau Giay Water Supply factory*. В протоколе заседания, составленном 16 августа 2002 года, указано, что Народный комитет просил компанию HWBC и его филиал (*Cau Giay Water Supply factory*) быть ответственными за устранение инцидентов с утечками в своей распределительной сети длиной 2500 метров, чтобы улучшить качество обслуживания местных пользователей и сэкономить затраты подразделения на техническое обслуживание. *Cau Giay Water Supply factory* обязалась устранить любую утечку в своей распределительной сети в соответствии с этой просьбой. Однако, когда в 2005 и 2006 годах утечки стали происходить чаще, некоторые пользователи перестали пользоваться системой из-за ограниченного предоставления воды плохого качества, в то время как другие (около 200 домохозяйств) начали скептически относиться к обслуживанию из-за решения подразделения о прекращении подачи воды на отдельные участки сети, пока протечки не будут выявлены.

Высокий уровень неучтенной воды и стратегии компенсации потери доходов

Безусловно, самой большой проблемой, подрывающей систему, была потеря воды. Неучтенная вода (UfW)[11], воспринимаемая как разница между количеством воды, подаваемой в сеть, и количеством воды, использованной потребителями, включает в себя две составляющие: физические потери из-за утечек из водопроводной сети и потери в результате незаконных подключений пользователей и заниженных показателей счетчиков. Периодические и годовые отчеты подразделения по управлению водоснабжением показали, что уровень неучтенной воды составлял примерно 29 % в течение первых двух лет работы. Этот показатель постепенно увеличился с 29 % (2000 год) до 42 % (2005 год), а затем резко возрос в период с 2005 по 2008 год (с 42 до 75 %); см. рис. 5.3.

В интервью с сотрудниками подразделения и в годовых отчетах наблюдалось некое единодушие в объяснении причин высокого уровня неучтенной воды. Незаконные подключения и погреш-

---

[11] Unaccounted-for Water (UfW). — *Прим. пер.*

ности счетчиков воды были основными причинами роста неучтенной воды в течение первых четырех лет (1998–2002). За этот период в среднем было обнаружено 15–17 домохозяйств, осуществлявших незаконные подключения или повреждавших счетчики с целью кражи воды [WMU 2002]. Начиная с 2002 года и далее случаи протечек труб часто наблюдались как в трубопроводной сети *Cau Giay Water Supply factory*, так и в распределительной сети коммуны Ко Нхуэ. И это было действительно вызовом для технических специалистов и других членов подразделения.

Две причины особо подчеркивались в отчетах подразделения и еще раз были подчеркнуты в интервью с его членами и представителями Народного комитета. Ухудшение состояния трубопроводной сети было связано с постоянными утечками. Сеть трубопроводов была проложена под двумя магистралями, проходящими через коммуну с 1997 года. После пяти лет эксплуатации эти дороги несколько раз модернизировались. Другие инфраструктурные компании, такие как телекоммуникационные, электроэнергетические и канализационные, также проложили свои сети под землей. Процесс их строительства и ремонта мог привести к повреждению водопровода в Ко Нхуэ. Оба руководителя подразделения подчеркнули, что трубопроводная сеть должна была проходить на уровне двух–трех метров под землей, что делало невозможным проверку утечек без применения соответствующих технологий. Кроме того, использование некачественных водопроводных труб и арматуры при строительстве сети, вероятно, было связано с высоким уровнем неучтенной воды. Сообщалось, что выбранный руководством коммуны материал труб и фитингов оказался менее прочным по сравнению со стандартным. Бывший руководитель *Cau Giay Water Supply factory* упомянул об этой проблеме в своем интервью:

> По запросу подразделения мы направили наш технический персонал для помощи в поиске утечек в их трубопроводной сети. Наши специалисты сообщили мне, что трубопроводная сеть коммуны Ко Нхуэ построена из дешевого материала — высокопрочного чугуна и оцинкованных труб и фитингов. Материал, который они использовали, был гораздо

менее прочным по сравнению с трубами и фитингами из поливинилхлорида DN225, которые мы использовали для нашей распределительной сети (Интервью № 52).

Последствия высокого уровня неучтенной воды были задокументированы и привели к дефициту бюджета подразделения по управлению водоснабжением, неспособности своевременно оплачивать услуги *Cau Giay Water Supply factory* и подрыву доверия со стороны его экономических партнеров.

В каждом периодическом и годовом отчете, начиная с 2002 года, директор подразделения говорил о наличии подобных проблем лидерам Народного комитета и директору *Cau Giay Water Supply factory*. Членам подразделения казалось, что предотвратить административные потери из-за незаконных подключений проще, чем контролировать физические потери из-за утечек из труб. Благодаря двум руководителям подразделение сделало несколько предложений своему контролирующему органу — Народному комитету коммуны Ко Нхуэ — и своему деловому партнеру, *Cau Giay Water Supply factory*. Такие предложения, по сути, представляли собой стратегию решения проблем, направленную на снижение высокого уровня неучтенной воды и в итоге — на поддержание существования местной сети водоснабжения. Предложения включали повышение тарифов на воду, постоянный прием новых заявок, обращение за технической помощью к деловому партнеру и прекращение обслуживания клиентов.

С момента постройки сети водоснабжения в Ко Нхуэ тарифы на воду повышались четыре раза: в 2001, 2002, 2006 и 2008 годах. На рис. 5.4 показаны изменения тарифов на воду в сети водоснабжения Ко Нхуэ и в компании HWBC с 1998 по 2008 год. В целом изменения тарифов на воду в сети Ко Нхуэ происходили чаще по сравнению с городской водопроводной сетью. Кроме того, тариф на воду, взимаемый подразделением коммуны Ко Нхуэ с местных водопользователей, был намного выше в течение этого периода по сравнению с тарифом, взимаемым компанией HWBC с жителей Ханоя (в 1,3, 1,5, 2,1 и 3,2 раза в 1998, 2002, 2006 и 2008 годах соответственно). Кроме того, как видно на рис. 5.4, в то время

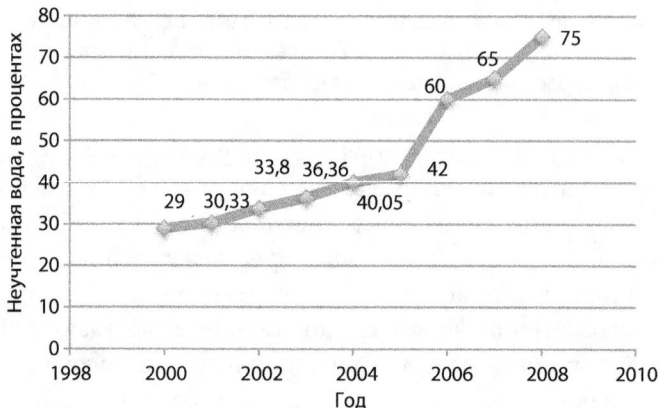

Рис. 5.3. Процент неучтенной воды в 2000–2008 годах (*Источник:* годовые отчеты подразделения по управлению водоснабжением)

как компания HWBC постепенно повышала тариф на воду в течение этого периода, подразделение по управлению водоснабжением существенно повышало тариф, особенно в 2002–2008 годах. Эта тенденция, по-видимому, коррелирует с резким увеличением уровня неучтенной воды за тот же период (2002–2008), как видно на рис. 5.3.

Последовательно подтверждаемое членами подразделения и представителями Народного комитета, повышение тарифа на воду было необходимо для компенсации высокого уровня неучтенной воды и воды, которая не приносила прибыль, при условии, что подразделение по управлению водоснабжением было финансово самоокупаемым. Ранее оно находило различные способы минимизации потерь воды, связанных с административными причинами. Например, был установлен поплавок для резервуара для воды на насосной станции и были проверены неисправные счетчики воды у клиентов. Кроме того, сотрудники, занимающиеся формированием счетов, при содействии главы села и представителей других массовых организаций попытались

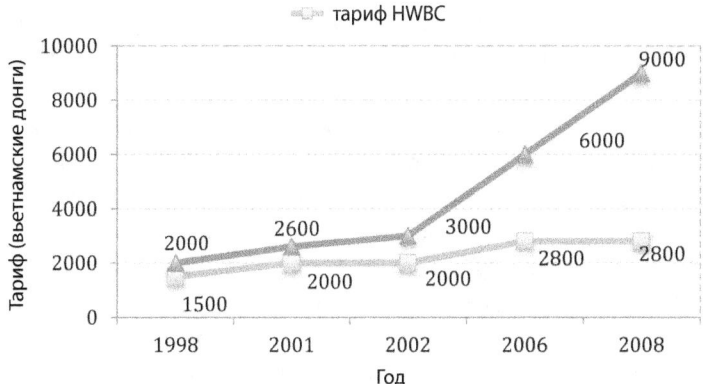

Рис. 5.4. Изменения тарифов на воду в сети водоснабжения Ко Нхуэ по сравнению с сетью водоснабжения Ханоя (*Источник:* [CPC 2000b; Hanoi PC 2001; HWBC 2001; CPC 2001b; WMU 2002b; Hanoi PC 2005; CPC 2006])

выявить незаконные подключения. Подразделение даже обратилось к компании HWBC с просьбой о пересмотре условий контракта от 26 мая 1998 года, требуя разделить расходы путем взимания платы только за 70 % воды, зарегистрированной главным счетчиком. Компания не пересмотрела условия контракта; таким образом, подразделению пришлось полагаться на другие стратегии действия.

Другая стратегия, использованная подразделением для увеличения своих доходов, заключалась в продолжении приема заявок на новые подключения. Согласно годовому отчету за 2002 год, хотя примерно одна треть потребителей фактически не пользовалась местным водопроводом, существовало множество других домохозяйств, которые продолжали подавать заявки на подключение к системе. Согласно заявкам, поданным в офис подразделения, новыми заявителями были либо уже существующие клиенты, которые хотели установить второе подключение, а также те, кто купил земельный участок и поселился в Ко Нхуэ, или же те, кто недавно женился и создал свое собственное хозяйство. Все они выразили потребность в водопроводной воде. Согласно бухгалтерским записям второго директора подразделения, в соответствии с требованиями Народного комитета и подразделения водоснабжения, домохозяйства мигрантов платили более высокую стоимость за подключение, чем местные, и эта стоимость варьировалась от 500 000 до 2 150 000 донгов.

На рис. 5.5 показаны значения новых подключений, зафиксированные в период с 2000 по 2008 год. Число домохозяйств, получивших новые подключения к водопроводной системе Ко Нхуэ, постепенно увеличивалось начиная с 2000 года и достигло пика в 2003 году (по стоимости 113 622 000 донгов). Этот источник дохода подразделения начал сокращаться в период с 2004 по апрель 2006 года. Последнее подключение было установлено 8 апреля 2006 года, всего за девять дней до того, как подразделение по управлению водоснабжением получило первое предупреждение от *Cau Giay Water Supply factory* на отключение услуги[12]. С тех пор подразделение более не одобряло и не устанавливало никаких новых подключений, хотя на рассмотрении было довольно много заявок.

В июне 2006 года подразделение по управлению водоснабжением решило закрыть клапаны, которые контролировали подачу воды для примерно одной пятой своих клиентов, в качестве стратегии выживания, направленной на сокращение высокого процента неучтенной воды (65 %). В результате более 200 домохозяйств были немедленно отключены от услуг подразделения. Площадь отключения географически располагалась в конце водопроводной сети, там, где потребители часто жаловались на плохое качество воды, перебои в подаче и недостаточное ее количество. После того, как сеть была поделена на участки сотрудниками подразделения для проверки потерь воды, предполагалось, что на этой территории самый высокий неучтенный расход

---

[12] 17 апреля 2006 года подразделение по управлению водоснабжением и Народный комитет коммуны Ко Нхуэ получили предупреждение от *Cau Giay Water Supply factory* на прекращение обслуживания, поскольку подразделение задолжало предприятию оплату за два месяца (февраль и март 2006 года) [Cau Giay WSf 2006]. — *Прим. авт.*

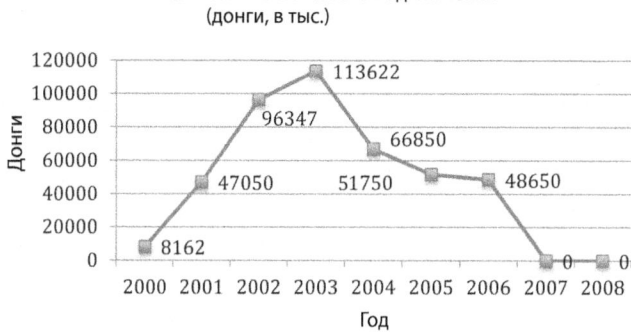

Рис. 5.5. Размер новых ежегодных подключений в период с 2000 по 2008 год (*Источник*: бухгалтерские записи подразделения по управлению водоснабжением и годовые отчеты за 2000–2008 годы)

воды. Из-за неспособности обнаружить и устранить утечку в этом районе было принято решение о снижении эксплуатационных расходов и затрат на техническое обслуживание, а также трудное коллективное решение о прекращении обслуживания. Об этом инциденте упомянутый выше директор рассказал в своем интервью:

> То время для подразделения это было очень напряженным. Мы отставали от графика платежей компании *Cau Giay Water Supply factory* на два месяца. Предприятие уже прислал нам три предупреждения об отключении услуг. Мы проверили счетчик воды, установленный в этом филиале, и выяснили, что физические потери воды здесь самые высокие. Утечки нигде не было обнаружено, хотя мы все ее искали. Таким образом [...] нам пришлось закрыть клапан, чтобы отсечь эту ветку от трубопроводной системы. Если бы мы этого не сделали, уровень неучтенной воды мог бы быть выше. Газеты уже раскритиковали нашу систему за повышение цен для клиентов. Мы просто не могли больше повышать тариф. Даже если бы мы это сделали, наше руководство в Народном комитете не одобрило бы это.

Это решение получило одобрение руководства Народного комитета, но потребителей о нем не уведомили. Многие клиенты были в ярости из-за этой непредвиденной остановки. Хотя водопроводная вода предоставлялась с интервалами, многие клиенты по-прежнему полагались на нее для приготовления пищи и питья. Как прокомментировали подразделения, это был первый случай, когда решение по водоснабжению для местных жителей было принято властями опрометчиво и без тщательного прогнозирования возможных последствий. Решение об отключении услуги не обсуждалось ни на одном собрании сообщества, и клиентам не была предоставлена возможность участвовать в процессе принятия этого решения. Решение отражало игнорирование подразделением своих клиентов, а также его техническую несостоятельность.

Подразделение приложило много усилий для минимизации физических и административных потерь, связанных с водоснабжением, которые наносили ущерб эксплуатации и управлению водопроводной сетью, путем усиления контроля и мониторинга системы водоснабжения. Технической группе, как описывалось выше, удалось устранить утечки, выявленные сотрудниками бухгалтерии и другими помощниками из деревни. Казалось, что техническая группа действительно контролировало трубопроводную сеть в течение первых четырех лет (1998–2002), налагая санкции на незаконные подключения, выявляя неточные счетчики воды у потребителей и устраняя некоторые незначительные инциденты с утечками. Начиная с 2002 года и далее возникло множество технических проблем, которые были связаны с постоянными высокими показателями неучтенной воды, а также провальной деятельностью технической группы. Подразделение и его контролирующий орган — Народный комитет Ко Нхуэ — были вынуждены обратиться за помощью к своему деловому партнеру в решении самой насущной проблемы: отсутствия технических знаний.

В 2002 году, стремясь сократить физические потери воды, подразделение обратилось к своему деловому партнеру с просьбой помочь в проверке утечек в распределительной трубопроводной сети, идущей от главного счетчика до насосной станции. Техническая группа *Cau Giay Water Supply factory* откачала 1500 м^3 воды, чтобы обнаружить и устранить четыре случая утечки в системе и, таким образом, возобновить обслуживание 1257 домохозяйств. Столкнувшись с постоянным высоким уровнем воды, не приносящей дохода, и накопившейся задолженностью перед поставщиком услуг (*Cau Giay Water Supply factory*), 14 февраля 2006 года председатель Народного комитета потребовал встречи с представителями Министерства транспорта и общественных работ Ханоя, компаниями HWBC и *Cau Giay Water Supply factory* для обсуждения предоставления помощи в решении хронических проблем: постоянно высокого уровня неучтенной воды и задолженности за нее. Эта встреча, состоявшаяся после того, как Народный комитет получил три предупреждения за неуплату предприятию 96 920 904 донгов [Cau Giay WSF 2006], прошла при содействии Министерства транспорта и общественных работ. После встречи предприятие согласилось помочь подразделению проверить на точность 28 счетчиков воды, установленных на 28 ответвлениях коммунальной водопроводной сети. По результатам проверки выяснилось, что все 28 счетчиков не работают должным образом. Поскольку члены технической группы подразделения по управлению водоснабжением не смогли проверить их точность, им пришлось обратиться за технической помощью к предприятию, чтобы протестировать еще 40 счетчиков воды, установленных в коммунальной водопроводной системе в феврале 2007 года.

Процент неучтенной воды продолжал расти (с 65 % в 2006 году до 75 % в 2007 году), и подразделение задолжало значительную сумму *Cau Giay Water Supply factory*. Первые постоянно не платили за поставленные услуги водоснабжения. Задолженность по воде составила 121 884 974 донга, как сообщил председатель Народного комитета (правительственный документ № 76/UBND-VP, подписанный 8 марта 2007 года). В результате предприятие снова временно отключило услугу для 1257 домохозяйств в Ко Нхуэ. Впоследствии были созваны срочные собрания, чтобы найти совместно найти пути для решения хронического круга проблем, включая высокий уровень неучтенной воды, регулярные задолженности подразделения перед *Cau Giay Water Supply factory*, последующее прекращение водоснабжения и постоянную потребность в дополнительной технической помощи. 7 ноября 2007 года все заинтересованные стороны снова встретились, чтобы окончательного преодолеть проблемы, связанные с неэффективной работой и высоким уровнем неучтенной воды, сосредоточив внимание на их причинах, а также управленческих навыках. Помимо необходимой технической подготовки для членов подразделения, предполагалось, что компания HWBC сможет взять на себя эксплуатацию и управление коммунальной инфраструктурой водоснабжения. Однако компания отказалась и вместо этого попросила свой филиал сосредоточиться на сокращении подачи воды в сеть водоснабжения Ко Нхуэ, а также сотрудничать с подразделением в сокращении потерь воды, вызванных незаконными подключениями. Компания *Cau Giay Water Supply factory* также рекомендовала Народному комитету внимательно проверить бухгалтерские записи подразделения, и впервые потребовала, чтобы подразделение предоставило карту местной инфраструктуры водоснабжения и список зарегистрированных домохозяйств с целью разработки плана помощи. Эта подробная информация помогла подразделению только выяснить причины постоянного высокого уровня неучтенной воды, но не смогла смягчить влияние высоких эксплуатационных и управленческих затрат на предоставление услуг. Несмотря на неоднократные попытки улучшить ситуацию, подразделение не выплачивало задолженность за воду и постоянно сталкивалось с угрозами компании *Cau Giay Water Supply factory* прекратить предоставление услуг.

Местное правительство Ко Нхуэ и члены подразделения не были в курсе, что, когда предприятие *Cau Giay Water Supply factory* постоянно просило оказать давление на Народный комитет, чтобы они взыскали задолженность с подразделения, копившуюся на протяжении многих лет, компания HWBC тайно разработала инвестиционный проект по строительству сети водоснабжения новой мощности в Ко Нхуэ [HWBC 2007]. Инвестиционная стоимость этого проекта оценивалась в 60 386 миллионов донгов; строительство объекта планировалось в период с 25 декабря 2007 по июнь 2008 года (Правительственный документ № 2169/KDNS-CTCN от 14 декабря 2007 года). Планирование и разработка этого нового проекта показали, что компания HWBC не взяла на себя эксплуатацию и управление водопроводной сетью Ко Нхуэ, а заменила ее новой. Разработка этого проекта ознаменовала конец усилий общины Ко Нхуэ в области водоснабжения после примерно десяти лет планирования и строительства и еще одного десятилетия эксплуатации и управления.

Глава 6
Периурбанизация, совместное производство и институциональная культура

Ситуация с управлением водоснабжением в Пномпене

Быстрая урбанизация является серьезной проблемой для многих правительств развивающихся стран Азии, стремящихся обеспечить основные потребности, такие как безопасная питьевая вода и санитария. Поскольку обеспечение питьевой водой в условиях расширения городов стало серьезной проблемой планирования и политики в Камбодже, стране пришлось восстанавливать эффективные местные институты после многих лет войны. В отличие от других, урбанизация в Камбодже — это не просто рост новых второстепенных или главных городов, но и пригородная экспансия крупных городов. Скорее, это процессы, сочетающиеся с полной реконструкцией ранее функционирующих институтов, которые были почти полностью разрушены в период, когда революционное правительство полностью опустошило города страны во имя построения аграрной утопии.

В этой главе рассказывается о том, как одна ветвь власти творчески отреагировала на огромную проблему урбанизации в процессе восстановления. Помимо того, что эта глава является иллюстрацией успешного восстановления после конфликта, она подчеркивает необходимость внесения неофициального вклада, необходимого в этой ситуации, со стороны официальных институтов; в ней описываются отношения между муниципальным агентством, обеспечивающим водоснабжение, и городскими бедняками в Пномпене в Камбодже. При этом в главе показано, как грамотное управление инфраструктурным развитием может стать результатом принятия решений, сформированных благодаря неформальным сообществам и процессам, даже в самых сложных обстоятельствах. Более того, именно эта прочная связь с неформальным отношением может быть *причиной* такого успеха системы. Важно отметить, что это также подтверждает мнение о том, что совместное развитие инфраструктуры учитывает широкий круг планировщиков и регулирующих органов, в том числе из бедных сообществ, которых не следует считать просто пассивными получателями помощи, связанной с развитием. Этот последний пункт является важным аспектом успешной урбанизации демократического толка.

После гражданской войны в начале 1990-х годов Камбоджа начала сосредоточиваться на восстановлении и развитии столь необходимой всей стране инфраструктуры. В то время как большинство правительственных учреждений на уровне столицы/провинции не функционировали, Управление водоснабжения Пномпеня (PPWSA)[1] смогло обеспечить отличный уровень водоснабжения большинству жителей столицы, даже самым бедным слоям населения. Эта ситуация демонстрирует нам традиционное коммунальное предприятие, которое творчески экспериментировало с новыми методами управления и привлекло сообщество к своей работе. Этот случай также иллюстрирует условия, в которых городские службы водоснабжения могут фактически генерировать доходы для субсидирования других функций правительства. В частности, этот случай представляет собой пример совместного производства между реформаторски настроенными институциональными лидерами и пригородными сообществами,

---

[1] Phnom Penh Water Supply Authority (PPWSA). — *Прим. пер.*

переходящими от неофициальных поставщиков воды к муниципальной системе водоснабжения. В отличие пресловутой хвалебной литературы на эту тему, эта глава иллюстрирует демократическую основу успешного управления водными ресурсами, инициированного государственными учреждениями, но реализуемого посредством практических продуктивных общественных отношений.

Ситуация с водоснабжением Пномпеня в Камбодже, начиная с 1993 года и далее, представляет собой прекрасный пример в качестве рассмотрения официальных и неофициальных аспектов управления инфраструктурой и его влияния на услуги и материальные выгоды для городских жителей. Многие хвалили руководство Управления водоснабжения за его огромные достижения в обеспечении населения чистой водой в период сложных обстоятельств (см., например, [Asian Development Bank 2007; Asian Development Bank 2012; Biswas & Tortajada 2010]). Не умаляя выдающихся личных достижений Его Превосходительства Эк Сон Чана, занимавшего пост директора на протяжении большей части этого периода, и который был удостоен Премии Рамона Магсайсая[2] за добросовестность в деле управления, и многих других наград, это достижение кажется настолько выдающимся, что возникает вопрос о том, какие еще успехи, достигнутые непризнанными организациями, еще предстоит оценить и проанализировать. Конечно, эти похвалы оправданы; однако из-за чрезмерно восторженного подхода к роли официальных организаций упускается из виду важный аспект эффективного управления, основанный на сотрудничестве, и в этой главе я говорю о том, что успех Управления водоснабжения Пномпеня является примером основанного на широком участии и демократического управления, которое привело к замечательным материальным достижениям в условиях сложной обстановки в Пномпене в послевоенный период и период геноцида.

---

[2] Наиболее престижная региональная премия, аналог Нобелевской премии в Азии. Названа в честь президента Филиппин Рамона Магсайсая (1907–1957). — *Прим. пер.*

Историческое развитие Управления водоснабжения Пномпеня

Система водоснабжения Пномпеня была первоначально создана в 1895 году компанией *Compagnie des Eaux et Électricité de l'Indochine* (CEEI)[3]. Одним из первых ее предприятий было строительство очистной станции «Chroy Changva» со средней мощностью 15 000 м³ в день и с дистрибьюторской сетью протяженностью 40 километров в северной части округа Даун Пень. Сектору водоснабжения в то время разрешалось получать прибыль, если он обеспечивал достаточное производство и был финансово самодостаточным, а Компания водоснабжения и электроснабжения Индокитая эффективно действовала на рыночной основе.

После того как Камбоджа получила независимость от Франции, CEEI стала государственной компанией и в 1960 году была переименована в Управление водоснабжением Пномпеня (PPWSA)[4]. Это было производственно-коммерческое подразделение мэрии, созданное для производства и снабжения населения безопасной питьевой водой. С 1959 по 1970 год Управление увеличило свои производственные мощности за счет строительства новых водоочистных сооружений и распределительных сетей, часто привлекая частный сектор для поддержки этих инициатив. Они также отремонтировали старое очистное предприятие *Chamkar Morn*, построенное в 1958 году французской компанией *Dégrémont* и имеющее производственную мощность 10 000 м³/день. В 1959 году Управление отремонтировало и увеличило производственную мощность очистного предприятия *Chroy Changva* до 40 000 м³/день.

В 1966 году была построена водоочистная станция *Phum Prek* с производственной мощностью 100 000 м³/день — количество, необходимое для удовлетворения спроса на воду растущего населения города. К концу 1970 года Управление расширилось до

---

[3] Французская компания водоснабжения и электроснабжения Индокитая. — *Прим. авт.*
[4] Phnom Penh Water Supply Authority (PPWSA). — *Прим. пер.*

общей сети распределительных трубопроводов протяженностью 288 километров, увеличив мощность не только для снабжения города, но и для получения значительных доходов. Оно получило достаточную экономию в связи со своим масштабом и стало финансово самодостаточным, работая без какой-либо внешней финансовой помощи. На этом этапе у него была возможность выступать в качестве самостоятельного предприятия, приносящего положительную прибыль, но произошедшие политические события подорвали это значительное достижение.

Ситуация резко изменилась в конце 1960-х годов из-за значительных политических потрясений и отсутствия безопасности, которые не ослабевали в течение следующих двух десятилетий. Намерение сделать Управление водоснабжением автономным предприятием, независимым от муниципального правительства, было отложено из-за бушующей по всей стране гражданской войны. В 1975 году режим Красных Кхмеров (1975–1979) захватил страну, людей заставили работать в сельскохозяйственных коммунах, пытаясь сделать Камбоджу бесклассовым обществом. Водоснабжение Пномпеня было почти полностью остановлено, поскольку городское население было вынуждено покинуть город вследствие попыток создания аграрной утопии. Несмотря на заявления об устранении классового разделения, Красные Кхмеры по-прежнему снабжали водой небольшое количество своих кадров, а также солдат, проживающих в Пномпене, хотя почти никакого внимания не уделялось трем водоочистным станциям и связанным с ними производственным сетям, а также операциям по их техническому обслуживанию [Biswas & Tortajada 2010].

Управление водоснабжением столкнулась с огромными проблемами после краха режима Красных Кхмеров в 1979 году в своих усилиях по восстановлению водоочистных сооружений, устранению дисфункций и отсутствия электричества в секторе водоснабжения. Квалифицированного персонала для надлежащего обслуживания и эксплуатации существующей городской системы водоснабжения просто не было, а имеющиеся записи городских коммунальных предприятий были уничтожены. В целом производительность воды в Пномпене снизилась примерно вдвое: со 150 000 м³/день в 1975 году до 75 000 м³/день в 1993 году.

Осуществив планы, отложенные в 1966 году, Управление стало автономным органом в 1986 году. Несмотря на эти административные изменения, до 1993 года оно действовало при значительных субсидиях правительства Камбоджи. Общий доход покрывал лишь около половины эксплуатационных расходов [PPWSA 1996; PPWSA 1999], сюда входило более 500 сотрудников, работающих на компанию, со средней месячной зарплатой 50 000 риелей (на тот момент около 20 долларов США). Они были неквалифицированными, неэффективными, им мало платили и им не хватало мотивации. Более того, широко практиковалось кумовство, и высшее руководство работало в личных интересах, а не в интересах Управления.

Парижское мирное соглашение 1991 года дало путь устойчивому развитию и открыло Камбоджу для внешнего мира. Среди прочего Мирное соглашение привело к созданию национальной коалиции и активизировало помощь ООН, которая установила политическую стабильность и поддержала первые национальные избирательные процессы. Благодаря этим событиям Королевское правительство Камбоджи смогло получить помощь в целях развития от различных международных агентств, и в 1996 году Управление было преобразовано в государственное предприятие с полной финансовой и административной автономией в соответствии с актом № 52 [PPWSA 1999].

Сегодня Управление водоснабжением является автономным, коммерчески ориентированным и самодостаточным органом, действующим в соответствии с коммерческим законодательством. Оно считается наиболее эффективным и действенным государственным предприятием в Камбодже, ориентированным на клиента. Согласно данным веб-сайта, организация стремится к устойчивому развитию своих услуг по снабжению питьевой водой, предоставляя также услуги в качестве консультанта и посредника для обеспечения людям в других городах и провинциях Камбоджи доступ к питьевой воде. Оно обеспечивает подачу чистой питьевой воды 24 часа в сутки, 7 дней в неделю, с достаточным напором и по разумной цене населению города, в том числе городской бедноте, а также некоторым прилегающим городским районам провинции Кандал. Более того, Управление делится своим опытом с некоторыми органами водоснабжения провинциальных городов страны и региона[5].

Имея огромное историческое прошлое и старые системы водоснабжения — что наиболее важно, сохраняющиеся проблемы со старыми трубами и станциями — организация столкнулась со многими трудностями в своих попытках восстановления водного сектора для выполнения своих целей и задач. Не менее важно и то, что Управление и весь сектор водоснабжения приступили к удовлетворению основных потребностей растущего и пригородного населения Пномпеня (в настоящее время около двух миллионов, включая сезонных мигрантов), улучшению качества воды и демонстрацию ее в качестве образца для других органов власти. Этот сложный комплекс задач был решен при одновременном достижении приемлемого уровня качества воды, соответствующего национальным стандартам качества питьевой воды и Всемирной организации здравоохранения (ВОЗ). Несмотря на то что в течение ряда десятилетий в Пномпене было недостаточное количество и неудовлетворительное качество воды, а на связанные с водой заболевания приходилось почти 30 % всех госпитализаций [Biswas & Tortajada 2010], городом было обеспечено безопасное водоснабжение для населения и оказано содействие не только общественному здравоохранению, но и экономическому благополучию.

Периурбанизация и запрос на воду

С 1979 года население начало возвращаться в город Пномпень. К началу 2000-х годов в городе произошла быстрая урбанизация и рост: с одной стороны, после Парижского мирного соглашения 1991 года политика страны и экономического развития измени-

---

[5] http://www.ppwsa.com.kh/en/index.php?page=vision-and-mission (дата обращения: 13.10.2025).

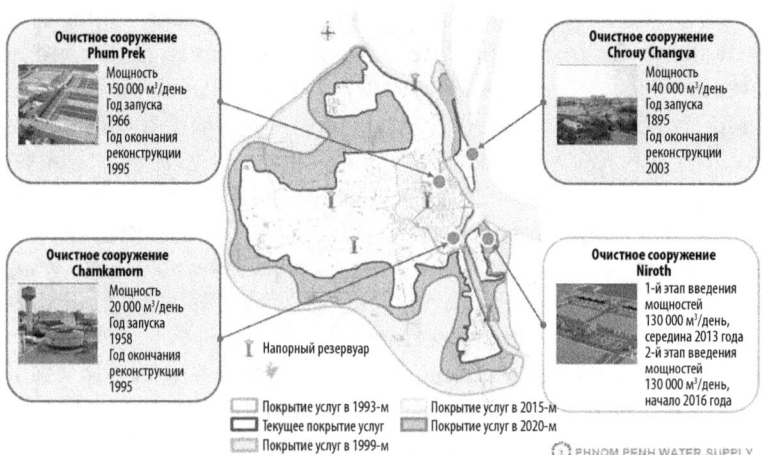

Рис. 6.1. Очистные сооружения управления водоснабжения Пномпеня (*Источник*: PPWSA, http://www.ppwsa.com.kh/en/index.php?page=vision-and-mission)

лись, и в городе появилось значительно больше возможностей трудоустройства; с другой стороны, последующее катастрофическое наводнение в сельских районах Камбоджи привело к тому, что большое количество сельского населения мигрировало в города, которые развивались больше других. Те, кто оказался между городом и деревней, — например, рабочие, работающие в городе, но неспособные позволить себе жить там, и сельские жители, спасающиеся от наводнений, — создали пригородную зону Пномпеня. Там они жили без регулярного водоснабжения и с отсутствовавшей канализацией, так же, как и многие в сельской местности; они полагались только на себя и привыкли жить в сельской местности [Ibid.]. Таким образом, миграция из села в город оказала значительное давление на городские службы.

На рис. 6.1 показано расположение водоочистных сооружений Управления в Пномпене. Указаны также текущие мощности поставок, год запуска и год восстановления.

С 1993 по 2008 год население Пномпеня выросло с примерно 700 000 до 1,3 миллиона, ежегодно увеличиваясь примерно на 10 % от населения страны; не менее важно то, что в пригородных районах города темпы роста в годовом исчислении составляли около 5 %, что обещало устойчивый спрос на услуги, тогда как ежегодные темпы роста городского населения на национальном уровне были ниже и составляли около 3,4 % [Ministry of Planning 2000]. Исследование урбанизации, проведенное в 2015 году, показало, что городское население по всей стране в 2014 году составляло почти 30 % и увеличится примерно до 44 % в 2030 году, что усложнит предоставление услуг. Тем не менее это стало стратегической целью Королевского правительства Камбоджи, особенно в секторе водоснабжения. Национальные задачи по улучшению доступа к безопасной воде, предусмотренные Целями развития тысячелетия Камбоджи (CMDG)[6], были достигнуты, а в центральных районах Пномпеня[7] эта цель уже была достигнута к 2007 году.

Прежде чем достичь цели, Управление быстро увеличило возможности водоснабжения и расширило охват обслуживаемого населения, чтобы к 2004 году охватить примерно 800 000 человек в городских и пригородных районах. В среднем в сутки это составило с 133 402 м³/день в 2004 году до 271 093 м³/день в 2020 году и на максимальной мощности с 204 027 м³/день в 2004 году до 414 612 м³/день в 2020 году [PPWSA 2006b]. Однако быстрая урбанизация и экономическое развитие города с присутствием гостиниц и коммерческой застройки, многочисленных швейных фабрик в пригородных районах и особенно расширение муниципальных границ привели к тому, что спрос на воду превысил прогнозы. К 2007 году потребность в воде во

---

[6] Cambodian millennium development goals (CMDGs). — *Прим. пер.*

[7] В административном отношении Пномпень состоит из 12 округов (*khans* по-кхмерски). Четыре из них в центральной части считаются городскими, а остальные — сельскими (или пригородными). Недавно 20 коммун прилегающих округов соседних провинций были переданы в состав столичных округов. — *Прим. авт.*

всем городе уже достигла 236 000 м³/день, что на 1000 м³/день превысило мощность производства воды на тот момент (235 000 м³/день) и почти сравнялось с прогнозами на 2020 год (интервью 2007 года с Его Превосходительством Эк Сон Чаном). Несмотря на рост спроса, Управление водоснабжением к 2007 году все еще могло контролировать подачу 24 часа в сутки. Однако некоторые представители компании опасались, что потребность в воде в засушливый сезон будет слишком велика из-за ограниченности водных ресурсов. Для обеспечения дополнительной воды также планировалось выкопать глубокие колодцы в качестве дополнительного источника [Ibid.], как указано в генеральном плане и технико-экономическом обосновании системы водоснабжения Пномпеня, созданном компанией *Tokyo Engineering Consultants* совместно с *Japan International Cooperation Agency* (JICA). Этот план стал основой развития коммунальных услуг на последующие годы. Все проекты, поддерживаемые донорами, должны были соответствовать этому плану. Однако это был лишь один из нескольких важных факторов, которые способствовали заметному устойчивому улучшению эффективности Управления [Biswas & Tortajada 2010]. Эти и другие факторы объединяются общим подходом, который удовлетворяет растущие потребности в условиях жестких финансовых ограничений и, что важно, иллюстрирует стратегическое совместное производство городских услуг, в котором государственное предприятие становится организатором в сообществе, стирая грань между общественной и государственной ролью в предоставлении услуг.

В целом с середины 1990-х до конца 2000-х годов, хотя Управление и сталкивалось с рядом серьезных проблем при выполнении своей роли, возникшей в результате быстрой периурбанизации и индустриализации, ему удалось увеличить годовое производство воды более чем на 400 %, а распределительную сеть более чем на 500. Однако недавний перевод коммун из прилегающих районов соседних провинций в юрисдикцию Пномпеня усложняет предоставление услуг Управлением. Развитие услуг совместного производства, упомянутое выше, помогло решить эти проблемы.

Активность государственного сектора и общественный надзор за водоснабжением

Управление водоснабжением было провозглашено образцовой системой водоснабжения в Азиатско-Тихоокеанском регионе и за его пределами управляемой государственным [Macan-Markar 2003]. И предприятие, и его руководитель получили множество раз упоминались и получили много наград[8]. В 2004 году оно получило премию Азиатского банка развития, связанную с водоснабжением, за кардинальную реконструкцию системы водоснабжения Пномпеня, а также за демонстрацию лидерства и инноваций в проектном финансировании и управлении. В 2006 году директор получил Премию Рамона Магсайсая за общественные заслуги в знак признания образцового восстановления разрушенного коммунального предприятия, обеспечивающего безопасную питьевую воду более чем миллиону человек в Пномпене.

Директор Эк Сон Чан заявил: «Не имеет значения, осуществляется ли распределение воды частным сектором или государственным учреждением, при условии, что эти учреждения прозрачны, независимы от политического давления и подотчетны» (личная беседа, июль 2006 года). Хотя это утверждение перекликается с иллюстрацией [Sclar 2000] того, что иногда государственные учреждения оказываются наиболее удачными для проведения институциональных реформ, его комментарии раскрывают лишь половину этой истории. Вторая часть заключается в том, что члены и лидеры сообществ — особенно бедных — активно участвовали в создании этой эффективной системы. Именно сочетание институциональной активности и надзора на уровне сообщества стало настоящей волшебной формулой эффективного управления водоснабжением Пномпеня.

---

[8] Этот раздел во многом основан на статье Кристины Дуэньяс (Christina Dueñas), координатора по водным коммуникациям Азиатского банка развития, которая взяла интервью у Эк Сон Чана о неучтенной воде (15 июня 2007 года). В этот раздел также включены данные и информация, полученные в ходе нашей беседы с Эк Сон Чаном во время нашего визита в Пномпень в период с декабря 2006 по январь 2007 года. — *Прим. авт.*

Лидерство как на институциональном, так и на общественном уровне играет важную роль в эффективном управлении коммунальными предприятиями, особенно в контексте стимулирования изменений внутри организации. [Hogan & Kaiser 2005] утверждают, что лидерство решает проблему организации коллективных усилий; следовательно, это ключ к организационной эффективности. При хорошем руководстве организации процветают. В этом разделе главы делается попытка понять влияние сильного руководства на Управление и его миссию по предоставлению услуг бедным и малообеспеченным сообществам.

Институциональная активность

Потери, связанные с неучтенной водой, были серьезной проблемой для Управления водоснабжением в 1993 году. В то время потери превышали 70 %. Преодоление этой проблемы потребовало строгого системного подхода. Необходимо было спланировать и реализовать строгий режим и сильное руководство, включавшее несколько взаимосвязанных компонентов [Biswas & Tortajada 2010]. Сокращение количества неучтенной воды было бы невозможно без хорошего сотрудничества и мотивированного персонала. Культуру труда, в которой отсутствовала дисциплина и допускалась плохая работа, необходимо было изменить посредством принуждения деликатным, справедливым и прозрачным образом. Это была трудная задача, поскольку остальные служащие государственного сектора Камбоджи в то время находились в аналогичной ситуации. Изменение культуры труда началось с высокопоставленных чиновников, которые должны были стать образцами для подражания, и это увенчалось успехом (интервью с генеральным директором Управления, 2006 год). С тех пор предоставление услуг водоснабжения в Пномпене значительно улучшилось. Что еще более важно, там, где раньше сотрудники Управления создавали проблемы, теперь они их решают.

Сталкиваясь с негативными аспектами и неэффективностью, директор Чан инициировал «изменение культуры», призванное обучать, мотивировать и дисциплинировать персонал и общественность. Он начал с реструктуризации всей организации.

Высшее руководство получило больше ответственности, представители более динамичного молодого поколения, обладавшие более высокой квалификацией, были продвинуты на более высокие должности, а персонал прошел обучение различным техническим навыкам, необходимым для эффективного управления. Кроме того, за хорошую работу были введены более высокие зарплаты, надбавки и премии, а за плохую работу были назначены штрафы.

Однако культура труда сотрудников была лишь частью решения; значительные изменения потребовались и для самого учреждения. Чтобы построить надежную систему, необходимую для удовлетворения растущего спроса на воду, Управление решило вопросы развития инфраструктуры, незаконного использования воды, ведения учета и выставления счетов, а также получения доходов.

Помня о более высоких доходах, организация укрепила свою инфраструктуру. Чтобы добиться этого, потребовалось пять подходов [PPWSA 2005]. Сначала Управление приступило к установке счетчиков воды на всех своих подключениях. В 1996 году 85 % из 32 404 подключений были оборудованы счетчиками воды. К 2007 году все 152 696 подключений имели счетчики воды, что означает почти пятикратное увеличение в абсолютных значениях, а также увеличение на 15 %. С улучшением качества воды появились новые, более точные счетчики.

Во-вторых, была создана инспекционная группа для пресечения незаконных подключений. Общественности было рекомендовано исключить незаконные подключения, а Управление поощряло всех, кто мог предоставить информацию о незаконных подключениях. Этот новый стимул стал радикальным и трудным шагом, поскольку большинство незаконных подключений было связано с сотрудниками организации. С помощью представителей общественности, сообщавших об этих подключениях, Управление смогло отсеять сотрудников, использующих свое положение в интересах семьи и друзей.

В сочетании с контролем за незаконными подключениями организации пришлось сократить большое количество нелегальных продавцов воды. Записи показали, что 90 % торговцев водой в Пномпене воровали воду с целью получения прибыли. Чтобы устранить эту проблему, Управление внедрило программу контроля, включающую специальные соединения, пломбы и экспертную группу для регулярной проверки этих нововведений. Однако директор признавал, что не может рассчитывать только на контроль за перепродажей воды. Вместо этого он говорил о том, что существует спрос на перепродаваемую воду. Таким образом, ключевой стратегией ликвидации нелегальных торговых посредников было сокращение спроса на перепродаваемую воду путем расширения своей распределительной сети для прямой ее поставки клиентам по доступным ценам.

В-третьих, Управление пересмотрело и улучшило свои потребительские архивы. Для выявления фактического количества подключений был проведен опрос потребителей. Было обнаружено, что в 1993 году 12 980 зарегистрированных подключений не получали воду, в то время как еще 13 901 получали воду, но не были зафиксированы. Данные потребительских архивов были исправлены и обновлены. Кроме того, в 1995 году при поддержке правительства Франции Управление внедрило автоматическую систему выставления счетов. Эта компьютеризированная система была окончательно внедрена в 1996 году и позволила управлению точно отслеживать своих клиентов.

В-четвертых, Управление приступило к реализации программы по информированию общественности, особенно высокопоставленных семей, других правительственных учреждений и даже высшего руководства организации о важности оплаты счетов за воду. Учитывая ситуацию, связанную с нерегулируемым и непринудительным контролем водоснабжения, состоятельные и влиятельные люди и семьи в Пномпене привыкли обеспечивать себя водой бесплатно или в обмен на взятки. Чтобы обеспечить справедливое обслуживание и доверие среди городской бедноты, директор обязался разъяснить этим потребителям, что Управление не сможет продолжать поставлять воду, если они не оплачивают счета; таким образом, практика бесплатного предоставления воды, существовавшая в Пномпене до 1993 года и в целом в Камбодже, подошла к завершению. Благодаря сильной поддержке со стороны премьер-министра и концепции «лидерства на личном примере» организации удалось убедить этих высокопоставленных чиновников оплатить свои счета. В результате объемы поступлений от населения также увеличились, почти сравнявшись со скоростью оплаты личных счетов.

В-пятых, Управление приступило к решению, казалось бы, самой сложной задачи — повышению тарифа на воду, чтобы покрыть свои расходы. Чтобы избежать огромного скачка тарифов на воду, было предложено трехступенчатое повышение тарифа на воду в течение семи лет. Благодаря мощной поддержке международных доноров и правительства Камбоджи, особенно губернатора Пномпеня, министра финансов и премьер-министра, первое увеличение тарифа было в 1997 году, а второе — в 2001-м. В конце концов, третий раз тариф уже не поднимался, поскольку стало ясно, что прибыль уже полностью окупила затраты из-за более высокого коэффициента сбора и снижения количества неучтенной воды.

В целом успех Управления водоснабжением зависел от стратегической поддержки агентств развития. В 1996 году при финансировании, предоставленном Азиатским банком развития, Всемирным банком и правительствами Франции и Японии, оно приступило к восстановлению и обновлению своей распределительной сети, завершив его к 2002 году. Также были отремонтированы и построены очистные сооружения. Позже, при финансовой поддержке Азиатского банка развития, через Пномпень была проложена новая линия электропередач протяженностью 16 километров. Были проложены новые распределительные сети протяженностью 1000 километров, охватывающие 100 % центральной части Пномпеня и распространяющиеся на пригородные районы. В итоге это охватило примерно 90 % территории всего муниципалитета Пномпеня, а к 2009 году — около 95 %.

В 2006 году выручка Управления водоснабжением превысила доход 2005 года из-за сокращения количества неучтенной воды. Общий доход увеличился до 78,5 миллиарда риелей в 2006 году по сравнению с 13 миллиардами в 1997 году [PPWSA 2007a].

Несколько лет спустя, в середине 2000-х годов, совокупный фонд капитала и доходов Управления составлял 434 миллиарда риелей и 152 696 подключений. Кроме того, чтобы внести свой вклад в достижение национальных целей по сокращению бедности и экономическому развитию, в ответ на Цели развития тысячелетия Камбоджи организация приложила все усилия для удовлетворения потребностей бедных слоев населения, особенно в пригородных районах муниципалитетов. Этот вопрос рассматривается в следующем разделе, чтобы понять, что именно и каким образом Управление водоснабжением сделало для улучшения уровня жизни бедных слоев населения.

Подключение последних 10 %: пригородная беднота в качестве планировщика и регулятора

Каждый из этих скоординированных шагов, инициированных Управлением по приказу директора, и поддержанных для достижения целей развития, был необходимой предпосылкой для эффективного управления водоснабжением. Однако эти шаги были бы трудными, если не сказать невозможными, без руководства и участия на уровне сообщества. По этой причине ситуация с Управлением отражает то, что Стив Джонсон [Johnson 2006] описывает в своем исследовании лондонского насоса на Броад-стрит, а также в микробной теории болезней. Джонсон подчеркивает необходимость координации общества и технологических усилий для преодоления социальных разрушительных последствий холеры: Джонсон отмечает важный технический медицинский опыт Джонатана Сноу, но понимает, что этот опыт был эффективен против холеры только в сочетании со знаниями Генри Уайтхеда о обществе, которые были доступны ему как пастору. Успешная борьба с холерой требовала медицинской экспертизы этого заболевания в сочетании с информацией о местонахождении жителей, включая вероятные пути передачи заболевания. Как и Уайтхед, лидеры преимущественно бедных пригородных общин Пномпеня оказались большими помощниками в успехе PPWSA, если они были эффективно задействованы в процессе.

К началу 2000-х годов Управление водоснабжением охватило более 80 % населения Пномпеня, что являлось заметным достижением в сфере коммунальных услуг и ключевых видов деятельности, и было достигнуто всего через девять лет после Мирного соглашения и через семь лет после возобновления деятельности организации. Однако учитывая большое количество бедных и незарегистрированных жителей, полагающихся на неофициальных и полуофициальных частных и нерегулируемых поставщиков услуг, оно столкнулось с серьезными вызовами, чтобы «пройти последнюю милю» и добиться почти 100-процентного охвата бедных сообществ.

Неофициальные поставщики услуг водоснабжения таким домохозяйствам предоставляли услуги по цене в 8–10 раз выше, чем по муниципальным тарифам в Пномпене, так что оставшиеся 10 %, которые нужно было охватить, представляли собой не только вопрос социальной справедливости, но и вопрос эффективности. Пытаясь устранить таких поставщиков воды, Управление разработало двухуровневый подход к планированию: во-первых, они креативно предложили программу субсидирования; и, во-вторых, контролировали хищение воды из системы, активно привлекая местных пользователей.

В рамках первого подхода организация просила жителей общин определить, каким образом лучше всего осуществить доступное подключение для бедных домохозяйств. В ответ лидеры сообществ разработали инновационный механизм, обеспечивающий перекрестное субсидирование подключения для бедняков, которые не могут оплатить полную стоимость подключения.

В то же время, когда перекрестное субсидирование было в разработке, Управление выработало инновационные эксперименты с общественным обучением, механизмами оплаты и уровнем заработной платы персонала для увеличения охвата и возмещения затрат всей системы. Попытки контроля неучтенной воды в бедных общинах подчеркивают роль общественного надзора и регулирования в совместном производстве услуг водоснабжения. Директор взял под свой контроль объемы неучтенной воды путем вовлечения сотрудников на уровне местного сообщества посредством поощрений и наказаний таким образом, чтобы они стали сторонниками деятельности Управления.

Второй механизм контроля неучтенной воды представлял собой включение жителей сообщества в качестве активных партнеров, а не пассивных получателей услуг водоснабжения. Директор организации Чан признал важность вовлечения жителей общины в решение этой проблемы: «Я знаю, что мы не понесли бы столько коммерческих или физических потерь в нашей системе водоснабжения, если бы общественность не проинформировала нас» (личная беседа, июль 2007 года). При поддержке Управления сообществами были организованы группы контроля неучтенной воды, которые оказались чрезвычайно успешными. Командам было поручено контролировать 41 отдельную распределительную зону, исследуя и устраняя утечки, а также отключая незаконные подключения. Стимулировались те, в чьих зонах уменьшался процент неучтенной воды, а когда штрафы налагались на тех, в чьих зоны увеличивался этот процент.

Эти механизмы способствовали поддержке Управлением государственных усилий по борьбе с бедностью. Как отмечалось в предыдущих главах, услуги водоснабжения сокращали разрыв в уровне бедности, помогая снизить заболеваемость, травмы и преждевременную смертность. Организация способствовала развитию более качественных услуг водоснабжения, ограничивая услуги тех, кто перепродавал воду, субсидируя и снижая плату за подключение, а также вовлекая общины в управление системой водоснабжения. Поэтому в своих попытках решения проблемы чистого водоснабжение Управление видело активную помощь правительству Камбоджи в его политике сокращения бедности, прямо заявляя, что бедные имеют право на получение безопасной питьевой воды.

В 1999 году пригородная беднота составляла значительную часть населения; тогда же государственная статистика показала, что в Пномпене легально и нелегально проживало 15 000 семей со средним дневным доходом от 0,85 до 2,50 доллара США на семью [PPWSA 2004]. Эти бедные общины в Пномпене в основном располагались в местах с затрудненным доступом и плохой санитарией, дренажем и другой инфраструктурой, связанной с гигиеной[9]. Таким образом, доступ к чистой воде был необходим для пригородной бедноты. Не имея доступа к государственной системе водоснабжения, бедняки должны были платить за воду около 0,50 доллара за м^3, а также с них удерживалось дополнительное время, которое они тратили на транспортировку воды от частных поставщиков к себе домой.

Чтобы уменьшить бремя, связанное с покупкой воды по высокой цене у тех, кто ее перепродает, Управление водоснабжением сделало официальной политикой поставку чистой и безопасной воды непосредственно этим бедным семьям. К 2004 году организация установила в общей сложности 7000 подключений в 81 бедном сообществе Пномпеня. Эта цифра отражает почти 100-процентное обеспечение всех бедных семей, проживающих в зоне покрытия Пномпеня [PPWSA 2005].

Присутствие тех, кто нелегально перепродает воду в этих населенных пунктах, было особенно проблематичным. Будучи субъектами рынка, создающими малый бизнес вне сферы государственных услуг, эти перекупщики не только поддерживали высокие цены на чистую воду, но и не смогли внести свой вклад в инфраструктуру посредством тарифов, поскольку бо́льшая часть воды была украдена посредством незаконных подключений. Более того, часто этими торговыми посредниками были видные члены сообщества.

---

[9] Следует отметить, что в этой главе различают две категории бедных. Во всех документах Управления водоснабжением для обозначения этих двух типов использовались два термина. Во-первых, используется термин «внутреннее сообщество» для обозначения городской бедноты — или, в более традиционном смысле, сквоттеров. По закону эти люди не имеют права на постоянное название, но в некоторых случаях им могут быть предоставлены гарантии владения жильем. В целом бедняки этой категории часто объединяются в сообщества — например, в сообщества городской бедноты. В основном эти бедняки живут в неофициальных поселениях, земли которых принадлежат государству или частным лицам. Отмечается, что к ним часто прикрепляется термин «сообщество» и они часто имеют представителей. Во-вторых, Управление использует термин «внешнее сообщество» для обозначения бедных в целом. Этот тип бедных зачастую легально проживает на своей земле, но Управление определило их как бедные семьи на основании своих критериев. — *Прим. авт.*

Например, в 1998 году 53 представителя общин получали воду незаконным путем и перепродавали ее своим общинам, получая прибыль как от бедняков, так и от Управления. В том же году Управление получила кредит от Всемирного банка развития, небольшая часть которого предназначалась для снабжения водой бедных слоев населения. На основе этого кредита была предложена реализация пилотной программы «Чистая вода для бедных», которая значительным образом субсидировала подключение. Однако, чтобы воспользоваться преимуществами пилотного проекта, бедняки должны были иметь место жительства, официально признанное Муниципалитетом Пномпеня (MPP)[10], и должны были согласиться оплатить как расходы на подключение/счетчик, используемые с учетом процентов, равно как и ежемесячную плату за использование.

Основываясь на предварительном успехе пилотной программы, в 2000 году Управление решило расширить предоставление услуг водоснабжения бедным слоям населения в других частях муниципалитета. Однако этот второй этап стратегии позволял и даже требовал, чтобы сообщества активно участвовали в системном планировании и управлении. Таким образом, на этом этапе расширения требовалось, чтобы жители вновь подключенных домохозяйств: (а) не меняли место жительства и не переезжали, (б) содействовали работам по подключению воды, (в) сообщали в Управление об утечках воды, (г) соглашались контролировать или сообщать о незаконных подключениях и (д) воздерживались от перепродажи воды с целью получения прибыли.

Основной проблемой, с которой столкнулись бедные слои населения, была невозможность платить высокую стоимость за подключение в размере 424 840 риелей (включая депозиты в размере 41 400 риелей и НДС (налог на добавленную стоимость) в размере 10 %). Понимая, что плата за подключение, включая счетчик воды, обходится бедным слоям населения дорого, Управление разрешило жителям разбить сумму на десять ежемесячных платежей. Чтобы увеличить коэффициент покрытия по этому

---

[10] Municipality of Phnom Penh (MPP). — *Прим. пер.*

плану, было создано две рабочие группы для распространения этой информации и объяснения принципов работы организации бедным слоям населения в населенных пунктах, чтобы они могли лучше осознать как финансовые преимущества, так и преимущества для здоровья. Более того, эти группы не просто провели одну встречу, а консультировали домохозяйства от стадии распространения информации до момента установления подключений. Благодаря реализации этой политики и связанных с ней мер поддержки к 2000 году было установлено 474 подключения, из которых 38 подключений были в домохозяйствах «внешних сообществ» и 436 — внутри сообществ в городе.

В 2001 году, чтобы улучшить и расширить услуги водоснабжения для бедных слоев населения в четырех центральных районах Пномпеня, Управление провело опрос в новых подключенных сообществах, чтобы узнать мнения людей и предложения по улучшению своих услуг. В результате выяснилось, что многие люди по-прежнему не подключены к системе. Этот недостаток объяснялся двумя основными причинами: (а) они не знали о пользе подключения или (б) они не могли позволить себе оплатить его даже с учетом существующей субсидии. В июне 2001 года Управление скорректировало свою политику, включив в нее три способа погашения вместо одного — 10, 15 или 20 месяцев. Каждое бедное домохозяйство выбирало способ исходя из своих финансовых возможностей. Кроме того, была сделана скидка в размере 20 % на плату за подключение для бедных домохозяйств, если они были частью организованного сообщества (личная беседа с г-ном Сем Кхенг Линем, директором коммерческого отдела PPWSA, июнь 2007 года).

В мае 2005 года Управление дополнительно субсидировало плату на подключение для бедных жителей, создав четыре категории субсидий: 30, 50, 70 и 100 % от общей платы за подключение в зависимости от степени бедности [PPWSA 2007b]. Управление оценивало масштабы бедности на основе таких критериев, как активы домохозяйств, состояние их жилья и доход домохозяйств. Чтобы обеспечить точность оценки, контрольные группы провели прямое наблюдение за каждым домохозяйством, подавшим заявку на субсидию (личная беседа с г-ном Сем Кхенг Линем, июнь 2007 года).

К концу 2007 года в рамках программы «Чистая вода для бедных» было установлено в общей сложности 14 872 подключения для бедных слоев населения как в центральных городских, так и в пригородных районах. В следующей таблице показаны виды подключения в зависимости от различных категорий субсидий и рассрочки платежей. Всего 100-процентную субсидию получили 610 семей, из которых 533 семьи проживали в пригородных районах муниципалитета. В общей сложности 10 434 семьи воспользовались рассрочкой оплаты за подключение к водоснабжению. По состоянию на май 2007 года общая сумма субсидий, предоставленных Управлением, составила 936 миллионов риелей, или 228 462 доллара.

Какими бы важными ни были эти технические программы, направленные на то, чтобы сделать подключение к чистой воде доступным для бедных слоев населения, они не добились бы такого большого успеха, если бы они не были объединены с тремя важными подходами в деятельности Управления, предложенными лидерами сообществ: (а) сделать оплату проще для потребителей, (б) информировать жителей о преимуществах чистой воды и (в) говорить клиентам о стоимости строительства. Таким образом, они узнали больше о своих клиентах, а клиенты почувствовали, что организация обслуживает их лучше.

Во-первых, в ходе интервью с лидерами местных сообществ Управление обнаружило, что те бедные домохозяйства, которые подключились раньше, часто тратили на транспорт для оплаты своих ежемесячных счетов за воду больше, чем была сумма самого счета. Будучи пригородными сообществами, эти семьи жили — по определению — на некотором расстоянии от платежного центра, расположенного на центральных объектах Управления в центре Пномпеня. Будучи слишком бедными, чтобы позволить себе собственный автотранспорт, этим домохозяйствам нужно было платить за мототакси, чтобы совершить специальную поездку в платежный центр. Не имея постоянных причин для поездок в центр города, эти домохозяйства поняли, что имеет смысл

Таблица 6.1. Субсидии на подключения и рассрочки платежей

Тип подключения	Центральные городские районы	Пригородные районы	Всего
100 %-ная субсидия	77	533	610
70 %-ная субсидия	188	1548	1736
50 %-ная субсидия	254	1210	1464
30 %-ная субсидия	117	511	625
Рассрочка платежей	5138	5296	10 434
Всего	5774	9098	14 872

Источник: [PPWSA 2007b].

просто не платить по счетам, чем платить сумму, эквивалентную двойной стоимости обслуживания только для того, чтобы оплатить счет. Признавая это ограничение в обслуживании бедных и пригородных общин, Управление открыло ограниченное количество общественных платежных центров, а также создала системы отчетности, позволяющие инженерам, регулярно посещающим эти общины, получать регулярные платежи от домохозяйств во время посещения их для проверки труб и другой инфраструктуры.

Во-вторых, по предложению общественных лидеров, организация провела семинары, призванные информировать пригородные сообщества о важности чистой городской воды. В ходе предварительных встреч с местными лидерами было установлено, что многие члены сообщества — приехавшие из сельских районов или выросшие тогда, когда чистых природных источников воды было много — не придавали должного значения чистой воде и поэтому решили, что за эти услуги не стоит много платить. Узнав об этом, Управление стимулировало спрос в этих областях, заставив своих инженеров проводить общественные семинары, на которых они рассказывали о рисках для здоровья, связанных с использованием неочищенной городской воды, загрязненной химическими веществами и тяжелыми металлами, которые могут не ощущаться посредством вкуса или запаха. Они также должны были продемонстрировать высокое качество воды, показав жителям процесс фильтрации и очистки и, что более важно, выпив очищенную воду прямо на их глазах, продемонстрировав возможность, с которой члены сообщества никогда не сталкивались, поскольку воду даже природных источников, которыми они пользовались, нельзя было пить без кипячения или другой обработки. В-третьих, инженеры Управления показали членам общин оборудование и схемы процесса строительства системы, чтобы они могли лучше понять фактические затраты на предоставление услуг водоснабжения. Потратив время на информирование общества о важности чистой воды, качестве воды, которую они предоставляют, и затратах, связанных с ее обеспечением, эти инженеры ответили на вполне реальную потребность в обучении этих новых городских жителей знаниям о необходимых и доступных услугах для улучшения жизни по доступной цене. Конечно, некоторые жители оставались в стороне, потому что даже такая стоимость была слишком высокой, но занятия по общественному образованию, проводимые Управлением, устранили у сообщества ощущение, что их просят платить за что-то, что до этого было бесплатным.

В целом, отвечая на высказанную озабоченность местного руководства этими бедными пригородными сообществами, организация значительно сократила непредвиденные барьеры для оплаты и увеличение общего спроса. При этом это привело к гораздо большему пониманию среди сообществ — и потенциальных клиентов — самих услуг, от которых они в итоге получили выгоду с точки зрения новых связей с домохозяйствами, способными оплачивать счета, а также бесчисленного количества пользователей, которые поняли ценность сервиса и видели свои коллективные интересы в защите инфраструктуры и обеспечении того, чтобы все пользователи вносили свой справедливый вклад. Благодаря этим совпадающим интересам те же самые жители общины стали глазами и ушами Управления водоснабжением в его усилиях по обеспечению того, чтобы о незаконных подключениях и поломках немедленно сообщалось с целью их устранения.

Общественный надзор и устойчивая деятельность

Введение новых тарифных систем в 1997 и 2001 годах в сочетании с политикой как на институциональном, так и на общественном уровне, существенно способствовало улучшению финансовой жизнеспособности Управления водоснабжением. Как уже упоминалось, такая практика позволила предложить трехступенчатое повышение тарифа: в 1997, 2001 и 2007 годах. Управление не настаивало на третьем этапе, поскольку доходы уже полностью покрыли затраты.

Этот финансовый успех был главным образом обусловлен более высоким коэффициентом сбора и снижением неучтенной воды с 72 % в 1993 году до 8 % к 2007 году. В таблице 6.2 показаны увеличение и система тарифов в 2001 году по сравнению с 1997 годом. Тариф разделен на три категории: первая — внутреннее потребление; вторая — администрация и сообщества; и третья — промышленное и коммерческое потребление. Также показан диапазон объема воды, используемой в каждой категории. Отмечается, что Управление следует двухмесячному циклу выставления счетов, что указывает на максимально реальный срок погашения дебиторской задолженности в течение 60 дней. Несмотря на то что удалось выполнить финансовые соглашения Всемирного банка в этом регионе в течение 80 дней, улучшение его показателей сдерживается тем, что многие государственные организации отстают от сроков платежей.

С тех пор как Управление водоснабжением стало полностью автономной организацией, оно получало чистую прибыль за вычетом расходов на эксплуатацию и техническое обслуживание, амортизацию и обслуживание долга в размере почти 25 000 миллионов риелей в течение 7 лет (1200 миллионов риелей в 1997 году; 30 миллионов риелей в 1998 году; 1500 миллионов риелей в 1999 году; 3353 миллиона риелей в 2000 году; 5838 миллиона риелей в 2001 году; 5046 миллионов риелей в 2002 году; и 7948 миллионов риелей в 2003 году) [PPWSA 2004]. Финансовой независимости способствовала установка Информационной системы

Таблица 6.2. Новая система тарифов на воду

Категория	Расход (м³/мес)	Риели за м³ в 1997 году	Риели за м³ в 2001 году
Внутреннее потребление	0–7	300	550
	8–15	300	770
	16–30	620	1010
	31–50	940	1010
	51–100	940	1270
	Более 100	1260	1270
Администрация и сообщества		940	1030
Промышленное и коммерческое потребление	0–100	940	950
	101–200	1260	1150
	201–500	1580	1350
	Более 500	1900	1450

Источник: [PPWSA 2004]

управления бухгалтерским учетом (AMIS)[11], включающую с себя локальную вычислительную сеть (LAN)[12] с программным обеспечением для бухгалтерского учета и выставления счетов за воду под названием *Navision Financials*. Эта система автоматизирует и интегрирует различные аспекты бухгалтерского учета и операций между департаментами/управлениями Управления водоснабжением. Она удовлетворяет требованиям по модернизации своих средств операционной поддержки с целью обеспечения эффективности финансовых и бухгалтерских функций посредством полностью интегрированной автоматизированной системы. Система также предоставляет прозрачную финансовую информацию.

---

[11] Accounting Management Information System (AMIS). — *Прим. пер.*
[12] Local Area Network (LAN). — *Прим. пер.*

Уроки, которые мы вынесли

Опыт управления водными ресурсами в государственном секторе Пномпеня показывает, что вода не должна быть бесплатной, даже в условиях крайней бедности. Услуги водоснабжения в этом городе и прилегающих к нему регионах работают достаточно эффективно и охватывают бóльшую часть территорий. Наиболее важным аспектом обеспечения безопасной питьевой водой является то, что беднейшие также могут пользоваться доступом к коммунальным предприятиям Управления водоснабжением, даже если они не могут позволить себе плату за подключение, учитывая программы субсидирования. Эти успехи были бы невозможны без «изменения культуры» в Управлении и, в частности, изменений, которое вовлекли сообщества в процесс планирования и управления. Эти реформы позволили возместить затраты на производство и доставку и стать финансово жизнеспособными, добившись полного возмещения затрат к 1998 году и впоследствии способных генерировать небольшую прибыль.

Успех управления во многом обусловлен сильным руководством и приверженностью руководителей и менеджеров Управления, особенно Эк Сон Чана, генеральному директору. Ключевые решения, такие как продвижение динамичного и квалифицированного персонала на руководящие должности, создание долгосрочных консультативных групп из бедных домохозяйств и привлечение их к «надзору» за инфраструктурой, были особенно важны. Однако это можно сделать только в том случае, если нет политического давления. Таким образом, обретение Управлением независимости стало большим вкладом в его успех. Это позволило развивать платежную и тарифную системы и корпоративную культуру, включающую мотивированных сотрудников, чутко реагирующих на потребительский спрос, а также операций, способных генерировать доходы для дальнейшего развития инфраструктуры.

Кроме того, большим вкладом в успех является участие представителей гражданского общества и частных лиц. Например, значительное увеличение сбора платежей и устранение незаконных подключений были бы невозможны без участия потребителей в отчетности и контроле за утечками воды. Успех в этих вопросах привел к материальной выгоде в сфере услуг и большому скачку доходов. Важнейшей особенностью этого успеха является построение долгосрочных отношений между коммунальными предприятиями и потребителями в целях обеспечения устойчивости услуг водоснабжения. Хотя участие гражданского общества в оказании финансовой помощи бедным слоям населения для оплаты водопроводной воды в районах трущоб, где Управление не могло установить индивидуальные счетчики, обеспечило услуги водоснабжения в трудных обстоятельствах, а организация предприняла усилия по обеспечению прямого подключения к каждому домохозяйству вместо подачи воды через посредников и обеспечила разумную цену на воду для всех.

Однако успех Управления водоснабжением Пномпеня — это не конец истории. Курс, взятый на городское развитие, конечно, прогрессировал и даже ускорился после 2007 года, а дальнейшее расширение системы водоснабжения предполагало, что новые вызовы ожидают Управление и входящие в него сообщества. Согласно бизнес-плану на 2007–2012 годы [PPWSA 2006a], планировалось потратить 60,23 миллиона долларов США на необходимые инвестиции для улучшения своего распределительного потенциала в течение запланированного периода. Из этой суммы 32,85 миллиона долларов — это кредит донорского сообщества, а 27,38 миллиона долларов — внутренние средства. Эти расходы намного больше, чем в предыдущие годы, и влияют на деятельность организации. Финансовый прогноз указывает на то, что с 2011 по 2012 год Управление будет иметь дефицит, если не будут приняты меры для решения существующих проблем.

Из таблицы 6.3 видно, что начиная с 2011 года Управление должно было потерять чистую прибыль. Оно предложило смягчить потери за счет: (а) увеличения количества ежедневно потребляемой воды; (б) сокращения потерь воды; (в) увеличения количества клиентов; и (г) повышения тарифа на воду [PPWSA 2006c].

Несмотря на проблемы, с которыми столкнулась организация после 2007 года, период восстановления и роста 1993–2007 годов является замечательным и наиболее соответствующим другим

Таблица 6.3. Некоторые ключевые финансовые показатели, демонстрирующие финансовое состояние PPWSA в период с 2006 по 2012 год

Эксплуатационные и финансовые показатели	2006	2007	2008	2009	2010	2011	2012
Продажа воды (тыс. м³)	64 544	68 584	71 278	74 196	77 563	80 257	82 502
Средний размер тарифа (риели)	985	985	985	985	985	985	985
Потери воды (%)	13	11	10	10	10	10	10
Услуги подключения	149 266	156 266	161 266	169 266	176 266	181 266	185 266
Коэффициент выставления счетов (%)	87	89	90	90	90	90	90
Операционный коэффициент (%)	41	44	48	54	56	58	61
Чистая прибыль (риели, млн)	12 690	7512	4292	736	659	−1551	−3195
Всего активов (риели, млн)	520 032	544 938	544 832	531 261	523 619	575 795	583 831
Отдел обслуживания	1,54	2,45	1,48	1,43	1,48	1,50	1,51
Рентабельность доходов (%)	20,00	11,10	6,10	1,00	0,90	−2,00	−3,90
Рентабельность активов (%)	2,80	1,60	0,90	0,20	0,10	−0,30	−0,60

Источник: [PPWSA 2006a]

контекстам урбанизации, если мы рассматриваем его как пример выхода за пределы отделения инфраструктуры от сообщества и демократического процесса. В частности, с точки зрения совместного производства и анализа водоснабжения в Пномпене можно рассматривать правительственных бюрократов как общественных организаторов и защитников бедных слоев населения, а представителей сообществ в качестве регуляторов и местных управляющих водными ресурсами. Такая смена ролей и переплетение обязанностей позволяют предположить, что, возможно, более важной, чем различные типы организаций, участвующих в производстве воды, является прозрачность их институциональных границ и прагматическая адаптируемость институциональной культуры. Более того, эти размытые границы предполагают тесную взаимосвязь между расширением городской инфраструктуры и ростом процесса демократического участия.

В целом успехи Управления в этот период были не только признаны международными наградами, такими как Фонд Рокфеллеров и Премия Магсайсая 2006 года директору Эк Сон Чану, но и легли в основу последующей национальной политики в последующие десятилетия. По состоянию на 2015 год одной из основных среднесрочных стратегий, рекомендованных рядом национальных правительственных министерств и международных финансовых организаций [World Bank 2019], было «следовать модели Управления водоснабжением Пномпеня»: (а) приложить все усилия для установления финансовой и институциональной автономии от национальных и местных органов власти, (б) использовать все без исключения творческие методы, предлагаемые сообществом, и (в) стремиться, как в ситуации с Управлением, к достижению почти всеобщего охвата и финансовой устойчивости.

Глава 7
За пределами устойчивости

Мыслим ли мы в отношении прав, участия и управления в правильном ключе?

В главе 1 я описал общественную и научную дискуссию о различных способах обеспечения городского водоснабжения во всем мире. Это описание явно связывало эволюцию и развитие этих способов с эволюцией новых форм устойчивого местного управления, возникающих в быстро урбанизирующихся поселениях и местностях. Более того, эти формы управления предлагают широкий спектр инвестиций со стороны государственного, частного и гражданского секторов и проливают более свет на то, как, в каком направлении двигаются процессы совместного развития.

Результаты, полученные в Гресике, Кантхо, Ханое и Пномпене, содержат существенные детали того, как партнерство и совместное производство четко определяют скоординированные обязательства домохозяйств, сообществ и правительств, которые должны они взять на себя для расширения доступа к чистой воде. Дебаты о государственном или частном водоснабжении, описанные выше, часто маскируют эти важные региональные различия и договоренности внутри стран. Я надеюсь, случаи, описанные мной, переориентировали дискуссию с дихотомии публичного и частного на более важный вопрос масштаба, как географического, так и организационного. Частные поставщики воды могут варьироваться от мелких поставщиков воды до транснациональных корпораций, тогда как государственные поставщики варьируются от местных корпораций водоснабжения до муниципальных и национальных корпораций.

Таким образом, вместо того чтобы обращать внимание на инициированные Западом дебаты о государственно-частных системах управления, эмпирические данные из ЮВА показывают, что нам следует искать институциональные принципы, чтобы двигаться вперед, в другом месте. Глядя на ближайшее и среднесрочное будущее — сроки, необходимые для наиболее эффективного управления переходом к городскому образу жизни — институты, управляющие этим переходом, не могут быть отделены от их аграрной экономики и истории.

Аграрные корни городского неофициального образа жизни: периурбанизация и обеспечение городской инфраструктуры

Исследователям городского управления водными ресурсами на Глобальном Юге есть чему поучиться у аграрной социальной экономики и политики. В конце концов, именно эти связи, привычки и практики новые урбанизированные аграрные жители приносят с собой в пригородные поселения, описанные выше. Отправной точкой для понимания такого рода связей являются экономики коренных народов — в данном случае, грубо говоря, аграрные — которые теперь стали частью глобальной экономики. В густонаселенных обществах, таких как Вьетнам, Индонезия и Камбоджа, рост городов лучше всего стоит рассматривать как своего рода «аграрную урбанизацию», которая знаменует собой начало быстрых перемен, являющихся результатом быстрого роста сельского хозяйства и, как следствие, пищевой промышленности.

Примеры инфраструктуры водоснабжения в Гресике, Кантхо, Ханое и Пномпене иллюстрируют способы, с помощью которых децентрализация и преобразование государств могут — и, что более важно, делают это — включать рыночные принципы участия частного сектора, а также подходы к совместному производству в сфере предоставления государственных услуг. Экономические кластеры коренных народов, основанные на малых и средних предприятиях, как известно, трудно контролировать. Их разрозненные сети и взаимоотношения делают их чрезвычайно трудными для понимания местными и другими властями, не говоря уже об обеспечении адекватного управления. Тем не менее всем известно, что базовые услуги нельзя игнорировать до бесконечности, а льготы необходимо сохранять или развивать по мере изменения физического и социального контекста, связанного с частными лицами, гражданами и жителями. Грязные дороги в итоге становятся асфальтированными, стандарты строительства зданий в итоге становятся частью кодексов после того, как пожары и обрушения уносят достаточно жизней, и — в первую очередь — системы, обеспечивающие самую базовую потребность человека в воде, поднимаются на поверхность.

По мере того как с 1990-х годов экономики Вьетнама, Индонезии и Камбоджи развивались, государственные планировщики столкнулись с запутанной, многогранной и неуправляемой структурой предприятий, учреждений и потребителей. Процесс их адаптации к этой новой среде красноречиво говорит о том, как местные органы власти в регионе развивались в соответствии с конкретными моделями индустриализации, глобализации и урбанизации стран ЮВА. Созданные ими квазичастные, квазигосударственные и квазигражданские системы распределения на самом деле никогда не были предназначены для комплексного решения всех местных проблем, связанных с водоснабжением, а скорее предлагали жителям новый набор возможностей, поскольку они сталкивались со все более приходящими в негодность домашними колодцами и природными источниками. Однако они не отказались от прежней практики — так как при медленном росте семейных бюджетов — сохранялся достаточный спрос на продукцию более низкого качества. вода. В частности, те, кто пользуется частными колодцами и домохозяйствами, и получают воду из полноводных рек, каналов и грунтовых вод, — как это делали их семьи на протяжении поколений — часто предпочитают не подключаться к новым системам, так как предпочитают покупать ограниченное количество бутилированной воды и при необходимости использовать свой доход для инвестирования в альтернативные механизмы улучшения домашнего хозяйства, такие как образование или транспорт, вместо того, чтобы брать на себя расходы на подключение и ежемесячную оплату регулярной подаваемой чистой водопроводной воды. Для некоторых эти системы — как бы странно это ни звучало — слишком роскошны для их нужд, и эти системы «перенасыщают» рынок. Следовательно, из-за существования этих альтернативных источников воды поставщики услуг должны действовать предпринимательским образом, а не просто как естественная монополия. В переходные периоды спрос на высококачественные услуги водоснабжения недостаточен для поддержания крупной системы в новых урбанизированных районах, поскольку многочисленные источники различного качества по-прежнему обслуживают беднейших жителей.

Однако со временем все домохозяйства вынуждены переходить на использование водопроводной воды. Поскольку природные источники воды в регионе становятся все более загрязненными сельскохозяйственными стоками, промышленными отходами и сточными водами аквакультуры, стоимость очистки природных источников и воды из частных колодцев будет увеличиваться, оставляя жителям только один вариант. Таким образом, эти случаи столь же интересны, как шаги в сторону перехода к городскому образу жизни, поскольку они являются решениями долгосрочных проблем. Во-первых, постепенная эволюция институтов, которая привела к эффективности предприятий малого и среднего партнерства, требует, чтобы они были тесно связаны между собой официальными и неофициальными отношениями, которые зависят многоуровневых связей, в свою очередь, зависящих от о пространственной близости и агломерации. Эта сложная градация спроса на воду и, в частности, спрос на «плохую» воду, которая оценивается соответствующим образом, а также диапазон поставщиков, сосуществующих в одном и том же локальном пространстве, отражают меняющиеся и переходные институты промышленного производства. Подобно тому, как в конце 1990-х годов по всему региону традиционные формы сельского хозяйства постепенно трансформировались в высокоэффективные заемные предприятия по переработке продуктов питания, традиционные формы водоснабжения впоследствии привели к постепенному расширению систем государственных, частных и гражданских партнерских отношений на уровне сообществ.

Переосмысление финансовых и прочих ресурсов

В трех деревнях на востоке Индонезии, где общины финансировали собственное водоснабжение в обход официальных государственных структур, лидеры местных сообществ взяли на себя роль стратегического управления и финансирования там, где местные государственные органы власти были неэффективны. Три деревни продемонстрировали творческий подход и управленческий потенциал неформальных лидеров, а также необходимость их признания, участия и поддержки со стороны официальных властей, способных решать конфликты, связанные с природными ресурсами, и предоставлять высококлассные технические услуги, такие как контроль качества.

В частности, Гресик представляет важный пример неформальных финансовых сообществ в развитии и планировании, общественную услугу, наблюдаемую, например, в неофициальных банковских услугах в Китае во время его перехода к развитию городов [Tsai 2002]. Пример Гресика подтверждается аргументом о том, что сообщества — это не просто субъекты развития, активисты с социальными и политическими полномочиями или примеры уникальных и контекстно-зависимых организаторов. Скорее, там, где существуют отдельные общественные и общие цели, они представляют собой последовательные, организованные и пригодные для финансирования структуры, во многом такие же, как и местные органы власти.

Как и в Гресике, в Кантхо действуют системы, практически невидимые для анализа государственного сектора. Однако Кантхо, с одной стороны, демонстрирует, как провинциальный муниципалитет может привлечь предприимчивых местных землевладельцев, создавая для этих членов сообщества стимулы для продажи подключений к водопроводу. Ханой, с другой стороны, демонстрирует предприимчивое районное правительство, творчески привлекающее участников к своим схемам водоснабжения; Ханой обращается за помощью не на общинный уровень, как, например, Кантхо, а скорее к городским властям, чтобы опробовать новые механизмы. Наконец, Пномпень демонстрирует способы, с помощью которых муниципалитет может творчески вовлекать общественных лидеров и учреждения в повседневное управление крупномасштабной инфраструктурой.

Рассматривая это в сравнительной перспективе, я предполагаю, что, поскольку каждый регион рос в высшей степени децентрализованным способом, институты управления за пределами экономики также были сильно разрознены, вместо того, чтобы планировать деятельность посредством крупномасштабных мегапроектов — с огромными потребностями в капитале — основываясь на неверных предположениях об исключительных полномочиях естественных монополий, рассматриваемые проекты были гораздо более гибкими и чуткими к местным условиям. Хотя невозможно однозначно сказать, что одно привело к другому, я предполагаю, что мощная, но децентрализованная коренная аграрная экономика, основанная на сельском хозяйстве, вероятно, приведет к появлению высоко социализированных и локализованных «коренных» форм управления, характеризующихся неофициальными и полуофициальными учреждениями, даже несмотря на то, что эти сообщества и экономики становятся все более городскими.

Государственные финансы на уровне сообществ и общественные эксперты в области развития: новые модели участия

Как я описывал ранее в этой книге, со времен Джейн Джейкобс все больше внимания уделялось участию, действиям и организации на уровне сообществ, и это открыло одну из самых динамичных областей городского и регионального планирования. Обширная литература на эту тему закрепила одну из центральных областей планирования, обеспечивая противовес историческому акценту этой области на рациональных и нисходящих подходах к планированию.

[Roy & Sayyad 2004], например, исследуют широкий спектр случаев, произошедших на Ближнем Востоке, в Латинской Америке и Южной Азии, утверждая, что новые формы местной политической власти и расширения социальных прав стали возможными в условиях глобальной урбанизации. [Beard et al. 2008] рассматривают глобальную перспективу, используя проблему децентрализации, межправительственных отношений и растущую роль государственно-частного партнерства на Глобальном Юге, чтобы изучить способы, которыми гражданское общество и местные неофициальные институты бросают вызов тем, кто развивает планирование и практики развития, изменяя и пересматривая планы на местах от Буэнос-Айреса до Южной Африки и Таиланда.

Усилия этих неофициальных и полуофициальных групп могут принимать конструктивные формы, как в случае с Мумбаи [Mukhija 2003], где группы самопомощи берут на себя ответственность за развитие жилья в отсутствие государственной поддержки или в форме переосмысления «науки» для удовлетворения потребностей экологической справедливости у местных и активистов [Corburn 2005]. Другие (см., например, [O'Rourke 2004]) документируют и интерпретируют общественную экологическую активность как новую форму общественного регулирования, когда национальные и провинциальные учреждения не могут или не желают выполнять эту роль. Документирование и анализ в подробностях таких случаев обеспечивают эмпирическую основу для того, чтобы рассматривать местные сообщества не в качестве пассивных потребителей и субъектов технической «экспертизы», а как активных потребителей научных знаний, будь то в области машиностроения и жилищного строительства, научных исследований или экологических исследований, связанных с загрязнением окружающей среды.

Тот факт, что исследователи планирования сосредоточили внимание на связи между глобальной урбанизацией, децентрализацией и исследованиями на уровне сообществ, чтобы переоценить «экспертную» концепцию, предполагает, что городское и региональное планирование созрело не только для более детальных тематических исследований, но и для создания всеобъемлющего набора принципов, с помощью которых мы можем лучше понять отдельные ситуации, другими словами, теории. Первый шаг в формулировании такой теории состоит в том, чтобы избегать только лишь поддержки роли сообществ в городском развитии и понимать, что их способности к такому опыту часто имеют аграрное происхождение, но на сегодняшний день являются переходными; они являются в большей степени поселениями «развития», нежели поселениями стабильности.

Частью этого перехода является переход, при котором неденежные обязательства аграрного сообщества постепенно монетизируются, переход, при котором принципы «плати за игру» должны включать *как* денежные, *так и* неденежные обязательства. Эмпирические примеры Гресика, Кантхо, Ханоя и Пномпеня бросают вызов идее государственного управления, которое должно признавать финансовое и прочее материальное участие бедных слоев населения в их собственном развитии, а также финансовый и управленческий потенциал местного руководства и учреждений по предоставлению услуг. Я утверждаю, что, признавая эти возможности, местные неофициальные институты должны быть связаны с финансовыми и другими ресурсами, необходимыми для внесения улучшений там, где официальное государство не в состоянии это сделать. Более того, их также следует рассматривать как основной элемент планирования перехода к городской среде, а также то, что получаемые в результате общественные блага носят не только материальный, но и политический характер.

Переориентация нашей системы управления городскими водными ресурсами гораздо важнее, чем просто практические последствия. Понимание аграрных корней этих систем, а также того, как они перерождаются в пригородные ассоциации, дает модель для более широкого понимания эволюции систем управления на Глобальном Юге. В целом возобновленная концепция, которую я использую для понимания ситуаций, выходящих за рамки их материальных результатов, расширяет понимание [Laquian et al. 2007] того, что городская инфраструктура может быть центральной основой демократического широкого участия в развивающихся городах и что понять эволюцию сообществ, переходящих от аграрных корней к городским кварталам, означает понять один из способов, благодаря которым обычные люди участвуют в народном управлении.

Признание этого вклада и возможностей местных неофициальных институтов, однако, не означает, что они идеальны, но это бросает вызов междисциплинарной группе ученых, которые занимаются проблемами местной политики, планирования, окружающей среды и государственного управления, чтобы лучше организовать мышление, связанное с управлением, чтобы оно соответствовало материальным условиям и конкурирующей институциональной лояльности жителей местных сообществ в быстро развивающихся пригородных районах и Глобального Юга в целом.

Если мы признаем тот факт, что эти творческие решения новых городских проблем могут возникать на местном уровне, почему мы должны думать, что это не является короткой промежуточной фазой, которую нужно пройти на пути к более эффективно функционирующему и пригодному для жизни городу? Если мы не готовы признать, что города являются динамичными системами, мы никогда не сможем отвергнуть идею о том, что творческие учреждения, решающие проблемы, выступят первыми для решения новых задач. Фактически, эти системы во многом отражают продолжающуюся эволюцию — часто происходящую скачкообразно — и то, что все города находятся в состоянии постоянного изменения, и их следует рассматривать как важный институт управления нашей растущей и постоянно меняющейся городской средой.

Усиление участия и создание устойчивых сообществ: «ставка» на городские услуги и домохозяйства

Извлечение, спекуляция и теоретическое обобщение необходимы, если мы хотим, чтобы уроки, извлеченные из ряда ограниченных тематических исследований, укоренились в более широком понимании и, возможно, политике и системных действиях. Масштабы урбанизации и вызовы, связанные с предоставлением городских услуг, описанные в главе 2, доказывают, что без более широкого теоретизирования, связанного с такими усилиями на местном уровне сообществ, нам остается лишь пассивно оценивать ситуации, описанные выше, без каких-либо указаний для более широкого применения и более глубокого изучения. В этом сценарии уроки и примеры будут развиваться и исчезать по мере роста городских рынков, а возможности для поддержки справедливой урбанизации будут упущены.

Некоторые базовые элементы более широкой теоретической основы возникают из сравнительных примеров, описанных выше, и могут способствовать разработке более широких стратегий решения проблем, связанных с глобальным переходом к городскому развитию. Если говорить более конкретно, я предлагаю думать об урбанизации как о циклическом процессе, требующем циклического осознания предоставления городских услуг и такого понимания, которое связывает наше партнерство в масштабе сообщества с тем, что я называю здесь «Большой Инфраструктурой».

Переходное городское управление: от маленькой инфраструктуры к большой

В центре этой теоретической структуры находится необходимость согласования мелкомасштабных проектов с крупномасштабными. Существование быстрой урбанизации требует теории инфраструктуры и роста, которая обязательно должна согласовать эти две шкалы. В частности, оно должно согласовать их таким образом, чтобы усилия на уровне сообществ «взаимодействовали» с официальными, финансируемыми государством системами Большой Инфраструктуры.

С точки зрения управления очень важно определить, какие источники, например, среди различных источников водоснабжения, будут работать в краткосрочной перспективе, а какие будут жизнеспособными в долгосрочной перспективе для удовлетворения насущных потребностей жителей пригородов, когда район находится в стадии быстрой трансформации. В большинстве случаев пригородные районы в итоге будут включены в состав города; однако темпы инкорпорации существенно зависят от темпов урбанизации, которые, возможно, планируются и поддерживаются центральным правительством или же развиваются спонтанно, без направленного вмешательства государства. Местные инициативы, то есть учреждения, управляемые сообществом, и другие нетрадиционные пути предоставления услуг, *возможно,* могут стать *долгосрочными* решениями проблемы урбанизации, но в большинстве случаев окажутся временными решениями в отсутствие дееспособного государственного сектора. Таким образом, эти инициативы либо перестанут функционировать — приведя в упадок созданную ими физическую и социально-политическую инфраструктуру — либо обретут долгосрочную роль. В итоге такие системы могут быть включены в эффективно функционирующую городскую систему водоснабжения или продолжать существовать, играя родственную, но независимую роль.

Появление общественных инициатив, независимо от их характера (т. е. являются ли они программой самопомощи или программой, созданной преимущественно государственными учреждениями или местными властями), на самом деле демонстрирует потенциал сообщества и его готовность принять участие в коллективных действиях, связанных с предоставлением и управлением услугами водоснабжения. Поскольку эксплуатация и управление такой инфраструктурной системой, как водопроводная сеть, требует технической компетентности и управленческого опыта, настоятельно рекомендуется создавать и укреплять потенциал местных ответственных жителей/групп. Как показано в тематических исследованиях, нетрадиционные способы подачи воды на уровне района и общественных учреждений требуют большего внимания со стороны властей, поскольку эта форма имеет потенциал не только для объединения жителей с различным социально-экономическим статусом, но также может облегчить и улучшить более крупные системы, которые наверняка в итоге их вытеснят.

Что можно сделать для поддержки таких усилий? Во-первых, их можно было бы включить в планы развития города как часть стратегии водоснабжения, определив области, в которых они могут с уверенностью работать. Правительства могут обеспечить «облегченную» нормативную базу для обеспечения качества и безопасности без повышения эксплуатационных расходов, предложить техническую помощь и способствовать развитию ассоциаций поставщиков. Они также могут сотрудничать с государственным сектором и позволить коммунальным предприятиям воспользоваться опытом, накопленным мелкими поставщиками в реализации воды и отношениях с потребителями [Department for International Development 2007]. Вместо того чтобы считаться хорошими или плохими для сектора, мы можем изучить условия, при которых они могут стать частью общей стратегии по предоставлению безопасных, доступных и надежных услуг бедным слоям населения. Например, как мы видели на примере Кантхо, местное правительство находит местных землевладельцев, готовых пожертвовать землю для строительства станций водоснабжения. В этом случае землевладелец несет ответственность за управление, мониторинг и ремонт станции. Чтобы побудить землевладельцев включиться в этот процесс, существует базовая стипендия для управления сбором счетов и их оплаты местному государственному управлению водоснабжения. Второй и более важный стимул заключается в расширении сети. Землевладельцам предоставляется денежный эквивалент в размере одного кубического метра воды за каждые три кубических метра, использованных через установленные счетчики. Таким образом, они ищут новых клиентов, которых можно добавить в свою сеть.

Наконец, правительства могут дать юридически признать и создать благоприятную деловую среду для этих мелких поставщиков, а также помочь им получить доступ к капиталу. Например, в городе Хошимин правительство признало важность таких поставщиков для достижения целевых показателей охвата и разработало правовую основу для «социализации инвестиций» и привлечения местных фирм, желающих развивать небольшие сети [Conan 2002].

Мелкие поставщики воды также представляют собой проблему для правительств с точки зрения управления водными ресурсами. Многие из них вырыли колодцы в водоносные горизонты на частных землях или землях, находящиеся в общественной собственности и которые никак не регулируются, что создает нагрузку на режимы частной и общей собственности и их способность регулировать водопользование. Кроме того, во многих новых жилых комплексах роют колодцы в замкнутых водоносных горизонтах. Если водоснабжение не является монопольной/государственной собственностью, как это часто бывает в пригородах, кто тогда контролирует использование местных водных ресурсов местными сообществами и мелкими поставщиками? Это означает, что, хотя последние и являются важными поставщиками воды, участие государства в регулировании ее забора и мониторинге уровня на местах является ключом к устойчивости таких предприятий.

В большинстве политических документов участие сообщества обычно отображается как участие сообщества в инициативе, созданной сторонними организациями [McGranahan 2002]. Это не всегда так. Хотя роль сообщества не всегда может быть признана в официальном секторе водоснабжения, она играет центральную роль в обеспечении водой во многих недостаточно обслуживаемых районах, и общественные и местные лидеры организуют попытки удовлетворить местные потребности [Ibid.]. С одной стороны, результаты могут различаться в рамках безопасности, справедливости и эффективности, но часто могут быть инновационными и адаптированными к местным условиям. С другой стороны, общественные институты играют важную роль не только в предоставлении услуг, но и в более фундаментальных ролях, например, в организации сообщества. Общественные организации уходят корнями в историю в большинстве аграрных обществ, поскольку совместный труд был необходим для эксплуатации природных ресурсов, а общие ценности и регулирование были необходимы для защиты естественных основ существования на протяжении поколений.

Сообществам, действующим самостоятельно, может быть сложно инициировать процесс, когда коллективные вызовы не так непосредственно влияют на финансы домохозяйств, как, например, ирригация влияет на доходы от фермерских хозяйств. Даже когда членам удается преодолеть эти первоначальные сложности, они не могут контролировать внешнее влияние. Таким образом, по мере того как аграрные сообщества становятся все более урбанизированными, они нуждаются в поддержке со стороны официальных политических структур, которые их окружают, а также в технических знаниях, которые по своей сути ограничивают их усилия на местном уровне. Однако, хотя взаимодействие между сообществом и государством может быть сложным, существуют способы создания синергии, благодаря которой государственные учреждения, выступая в качестве партнеров для сообществ, могут более эффективно выполнять свои полномочия. Партнерство между государством и сообществом, вероятно, будет более плодотворным, чем усилия государства или сообщества в отдельности, поскольку только сотрудничества между домохозяйствами недостаточно для решения масштабной задачи по расширению возможностей бедных слоев населения для развития своих сообществ в ответ на глобальный водный кризис.

Государства не являются монолитом; сообществам необязательно привлекать внимание всего государства, чтобы получить положительный отклик со стороны государственных учреждений. В случае с Гресиком местные органы власти, такие как деревенские управы, часто играют роль жизненно важную роль в обеспечении сел, даже несмотря на то, что внешние государственные агентства могут быть ограничены в поддержке поставок чистой воды. Даже на самом базовом уровне участия государство может попытаться взаимодействовать и обучать граждан. Например, в Пномпене, чтобы увеличить оплату счетов за воду, муниципальное предприятие водоснабжения просвещало население, каким образом работают системы водоснабжения и что вода тоже является чем-то, что необходимо производить; в результате число неплательщиков сократилось.

Роль НПО также может быть значительной в рамках синергии государства и гражданского общества. В случае с проектом *Or-*

angi Pilot Project в Пакистане, в рамках которого была создана недорогая канализационная система для 1,2 миллиона жителей крупнейшего незаконного скваттерского поселения Карачи, сообщество получило помощь от местной НПО в организационном и техническом виде. В кампонге Пенас Танггул [Winayanti & Lang 2004] местная НПО сыграла важную роль в укреплении доверия сообщества и предоставлении им возможности мобилизовать свои собственные ресурсы для улучшения окружающей среды.

Янг и МакГи кратко объясняют концептуальные обоснования непосредственного участия сообществ в предоставлении городских услуг: они помогают снизить социальные издержки, увеличить информированность сообщества и выявить местных лидеров. Во-первых, участие сообщества может снизить общую стоимость социальных трансфертов. Во-вторых, программы на уровне сообществ могут предоставить правительству большой объем информации о социальных и экономических потребностях населения; вместо запуска дорогостоящих программ сбора данных создаются каналы, по которым информация может поступать вверх. Например, на одной из встреч в Гресике, на которой собрались управляющий общественным колодцем и представители здравоохранения округа, стало очевидно, что, хотя чиновники были осведомлены об инициативах сообщества, они никогда не предлагали базовые услуги, такие как тестирование качества воды. В-третьих, совместные сервисные организации могут помочь правительствам выявить потенциальных лидеров, которые могут помочь в процессе развития или, по крайней мере, распространять информацию о задачах правительства. Такая синергия имеет все больше шансов на успех, учитывая недавний глобальный толчок к политике децентрализации в развивающемся мире [Yeung & McGee 1986].

Сообщества могут действовать самостоятельно или в партнерстве с местными органами власти или частным сектором, но никогда не могут игнорировать нормативно-правовую среду, в которой они действуют. В некоторых случаях сообщества вполне способны обеспечить себя и нуждаются лишь в номинальной помощи извне. Другим сообществам не хватает ни институционального, ни финансового потенциала для генерирования собственных решений, и поэтому может потребоваться взаимодействие с местными органами власти. Децентрализация — это одна из реформ управления, которая упрощает взаимодействие между партнерами. Регулирование — это еще одна область государственных реформ, которая может помочь развитию сообщества. Например, высокий уровень государственного участия в управлении водными ресурсами и регулировании добычи воды может потребоваться для обеспечения устойчивости ресурсной базы. Это, скорее всего, имеет место в таком районе, как Гресик, где водный потенциал варьируется от деревни к деревне, а также в районах, которые страдают от низкого водного потенциала. Поскольку урбанизация продолжается, мониторинг уровня воды и регулирование ее забора являются той ответственностью, которую не могут реализовать общины и деревенские власти.

Последствия для политики и планирования: общественные блага для общественного благосостояния

Признание сложностей в предоставлении городских услуг водоснабжения в условиях урбанизации не означает, что мелкие предприятия-поставщики идеальны или что Большая Инфраструктура обречена на провал. Скорее, это предполагает, что необходима более точная теория предоставления общественных благ в условиях урбанизации, текущей и уже состоявшейся, чтобы понять сохранение смешанных форм предоставления услуг, существующих во всем мире. Более того, это сложное понимание и моделирование необходимо политикам и планировщикам для разработки скоординированных долгосрочных, среднесрочных и краткосрочных стратегий, отвечающих потребностям жителей. Эти модели должны четко фиксировать, что местное управление в условиях быстрой урбанизации является нестабильным, с конкурирующими поставщиками воды и множественной лояльностью, характерной для быстро развивающихся городов; эти быстрые изменения требуют не только лучшего понимания периурбанизирующегося Глобального Юга, но и понимания того, что периурбанизация представляет собой ценные модели перехода. Без более детального понимания альтернативных форм социальной и экономической организации, таких как местное государственно-частное партнерство в Кантхо или местные водные инвесторы в Гресике, планировщикам и политикам остается только обеспечивать основную инфраструктуру, зная, что работа на этом уровне будет постоянно колебаться между большим профицитом и дефицитом.

Два направления работы значительно облегчили бы такое долгосрочное городское планирование обслуживания: государственная поддержка местных служб и множество альтернатив местным проблемам. Оба этих усилия могут возникнуть в результате тщательного изучения постоянно меняющейся пригородной среды. Во-первых, государственная поддержка групп местных водопользователей, организованная с целью обеспечения удовлетворения спроса в периоды дефицита воды, поможет гарантировать, что эта основная человеческая потребность соответствует базовым задачам охвата, цены, доступности и качества во период нестабильности. Во-вторых, разработка альтернатив городскому водоснабжению с единым спросом обеспечит бо́льшую гибкость как жителям, так и поставщикам воды, и поможет им адаптироваться к изменяющейся ситуации доступности водопроводной воды, пригодной для питья. Это означает, что в то время как системы Большой Инфраструктуры наращивают потенциал, государство должно обратиться к местным группам, чтобы гарантировать наличие минимального и постоянного снабжения водой различного качества и ценовой категории; предоставление таких вариантов будет более тесно согласовываться со структурой доходов жителей и их быстро меняющимися потребностями в чистой воде, чем одна система Большой Инфраструктуры в отдельности. Более того, развитие таких «резервных» систем было бы самым надежным способом сохранить права граждан, поскольку их среда обитания становится все более урбанизированной, а их целевой капитал находится под угрозой.

Это зарождающееся понимание инфраструктуры, прироста и функциональной совместимости предлагает способ рассматривать мелкие предприятия-поставщики и организации на уровне сообществ как наименее эфемерные составляющие урбанизации — и, что важно, — более существенные части процесса городского *развития*. Примечательно, что совместимость обеспечивает прагматическую эвристику для планировщиков и других лиц, принимающих решения в контексте развивающихся стран, где использование воды и многочисленные потребности создают проблемы в реализации Большой Инфраструктуры. Не менее важно то, что как только мы признаем постоянную и решающую роль, которую мелкие предприятия-поставщики и потенциал сообществ играют в сохранении прав, мы сможем понять путь адаптации к непредсказуемым событиям в среде, где меняющиеся сообщества всегда будут требовать адаптации. Как только мы признаем эту постоянную и функциональную роль учреждений и организаций в Гресике, Кантхо, Ханое и Пномпене, мы сможем более четко различить подход к обеспечению инфраструктуры, который отражает степень, в которой наши системы — в широком смысле — являются устойчивыми. Возвращаясь к [Mumford 1937], можно сказать, что *способы*, благодаря которым инфраструктура, такая как водоснабжение, физически появляется на местности, отражают лежащие в основе социальные и политические ценности нашего общества.

Государственно-частно-гражданская природа устойчивого управления

По сути, политическая и административная фрагментация зависит от размера мегаполиса и скорости его роста в годы своего становления. Будь то Европа XIX века или Глобальный Юг XXI века, существует уровень, на котором людям требуются коллективные действия для удовлетворения основных потребностей. Для Гаррета Хардина[1] потребность в общем пастбище в центре небольшого

---

[1] См. краткое описание «Трагедии общин». — *Прим. авт.*

города была основным требованием сообщества. Хотя трущобы Киберы, Мумбаи и Бангкока внешне отличаются от Лондона XIX века, формировались они примерно одинаково: люди, приезжающие и живущие вместе за пределами обжитой местности, могут существовать так лишь ограниченное время. В какой-то момент им придется по-новому объединить свои ресурсы, чтобы не допустить чрезмерной эксплуатации земли, на которой они живут. Это теоретическое предположение подтверждается эмпирическими фактами: по мере того, как люди начинают жить все ближе друг к другу, у них возрастает потребность в коллективных действиях в отношении водоснабжения, управления отходами, транспорта и руководящих принципов строительства, и это лишь некоторые из проблем, которые урбанизация ставит перед человеком, а также проблемы, которым способствуют городская инфраструктура и услуги. Первое, что требуется большинству городских жителей, — это снабжение чистой бытовой водой, — независимо от того, доступно ли оно на территории дома или в другом месте — поскольку это не только основная и универсальная потребность человека, но и потребность, которая становится все более насущной по мере загрязнения традиционных источников из-за все более плотной застройки, в то время как запасы подземных вод быстро истощаются. Поэтому первое собрание соседей часто собирают для обсуждения проблем инфраструктуры водоснабжения.

Конечно, городские планировщики и политики уже давно сосредоточены на удовлетворении этих коллективных потребностей, поскольку население становится более плотным, потребление увеличивается, а возможности природной среды ограничены тем, что требует от нее человек. Одной из особых проблем, стоящих перед этими градостроителями и политиками, является тот факт, что адаптироваться к меняющимся демографическим и популяционным изменениям крайне сложно, когда они включают в себя создание физических и социальных структур, строительство которых требует длительного времени и значительных ресурсов, а восприятие человеческих потребностей и наша способность находить решения обладают разной скоростью ответа на совершенно разные стимулы. Может потребоваться очень много времени, чтобы построить необходимую инфраструктуру водоочистных сооружений и свалок, канализационных сетей, не говоря уже о зданиях, мостах, дорогах и транспортных системах, пока городские жители не поймут, например, что они больше не могут полагаться на водяной насос во дворе или на сжигание мусора на дворовой территории. Фактически одна из центральных проблем планирования заключается в том, как инвестировать в общественные блага, принимая в расчет период длиной в 30 лет, тогда как отдельные лица и семьи часто не могут мыслить даже на 10 лет вперед.

Инфраструктура, городские услуги и конкурирующее управление

В предыдущих главах были проиллюстрированы сложности, связанные с размышлениями о предоставлении коллективных благ на Глобальном Юге, где они в настоящее время отсутствуют, в отличие от экономик, которые были индустриализированы в течение более длительных периодов времени. Если говорить более конкретно, я описал, где именно конкурентные и неконкурентные рыночные силы пересекаются с государственным и частным обеспечением товарами жителей сообществ. Углубленная проработка этих вопросов приводит к более фундаментальному вопросу о том, что служит легитимностью государства в этих быстро меняющихся условиях.

Использование общих описаний децентрализованного и централизованного финансирования, поставщика и регулирующего органа, частного и государственного управления, местного и общественного управления, хотя и полезно в качестве общей идеальной типологии, но часто может маскировать важные *связанные с ними* переходные механизмы, которые указывают на важность местного прагматизма, лидерства и институционального сотрудничества; ни один из случаев, описанных в этой книге, не соответствует дихотомии публичного и частного.

То, как подается вода в условиях быстрой урбанизации, а также там, где города еще не полностью сформированы, позволяет понять изменчивую природу городского управления, а также жизненные циклы городских агломераций. В этих областях может в значительной степени отсутствовать управление в обеспечении домохозяйств питьевой водой, однако ассоциации и организации на уровне сообществ берут на себя роль управления использованием водоносных горизонтов, сохранением ресурсов и правами доступа к официальному ценообразованию. Хотя использование благ одинаково как в современном городе, так и в традиционном сельском поселении, институты и процессы производства этих благ различаются. В сельской местности вода добывается из природной среды и подвергается минимальной обработке перед употреблением, тогда как в городе вода производится посредством интенсивного процесса накопления, фильтрации, очистки, обработки и распределения. В этом и состоит разница между сбором ягод в лесу и промышленным выращиванием клубники: одна производится с минимальным вмешательством человека, а другая является результатом интенсивных действий человека, основанных на сложных научных методах и социальной организации. Оба вида ягод могут иметь прекрасный вкус, но они попадают на наш стол в результате разных социально-политических процессов.

Оба эти идеальных типа предоставления услуг, описанные выше, существуют и в значительной степени в окружающей среде (естественной природе и созданной человеком), человеческом потенциале и социальной организации. Более того, в литературе задокументированы институциональные механизмы и технологии, подходящие для каждого из них. Внимание только к этим двум крайностям, однако, упускает из виду гибридные формы городских систем предоставления услуг, характерные для поселений переходного периода, а также поселений, претерпевающих быструю трансформацию от аграрной формы к городской.

Вопрос, который я затронул в этой книге, заключается в том, как инвестиции в базовую инфраструктуру могут способствовать достижению широких целей жизнеспособности сообщества. *В частности,* каким образом системы доставки, используемые для материальных инвестиций в удовлетворение основных потребностей сообществ, могут оказать вторичное воздействие на *развитие* сообщества, участие и управление? Как они могут повысить устойчивость городских сообществ? Сосредоточив внимание на альтернативных источниках городского водоснабжения в различных условиях ЮВА, я исследовал, как государственные инвестиции могут или не могут привести к долгосрочным институциональным улучшениям местных сообществ.

Этот вопрос «взаимодействия» крупномасштабных и мелких систем предоставления государственных услуг часто упускается из виду и — я утверждаю — лежит в основе того, что обеспечивает устойчивость городского управления. Помимо водоснабжения, пересечение Большой и Малой Инфраструктур одинаково недостаточно исследовано и в других областях. Аргумент, представленный ранее в этой главе, заключается в том, что более крупное государство не может адекватно поддерживать свою способность поставлять общественные блага в соответствии с меняющимися потребностями общества; следовательно, гражданско-частное организации и финансовые учреждения внедряют модели местного масштаба для удовлетворения потребительского спроса. С точки зрения экономики эти организации нивелируют провалы рынка, а с политической точки зрения они компенсируют неспособность местного правительства оправдать ожидания жителей.

Урбанизация, участие и развитие инфраструктуры

Городское планирование на Глобальном Юге претерпело значительные изменения за последние 20 лет, поскольку оно пыталось адаптироваться к масштабным вызовам глобализации. После усилий по децентрализации, начавшихся в 1990-х годах, и которые сейчас становятся нормой на местном уровне, местные юрисдикции теперь берут на себя гораздо больше прав и обязанностей. Однако эти случаи и литература показывают, что такая децентрализация власти сочетается с отсутствием потенциала для планирования и приводит к проблемам на местах. В частности, у местных чиновников мало опыта в планировании в рамках быстрого развития, и существует тенденция просто следовать тому, что делает корпоративный частный сектор. Поскольку все больше юридических и финансовых органов инвестируют в местные сообщества, существует потенциал для переговоров о лучших договоренностях с застройщиками из частного сектора, но, похоже, многие местные органы власти еще не способны преобразовать эти новые инструменты в лучшую поддержку городских услуг и инфраструктуры, необходимых для поддержки бедных сельскохозяйственных сообществ, поскольку сельские земли переводятся в городское пользование.

В частности, государства часто не осознают приоритеты, необходимые для долгосрочных государственных инвестиций, таких как транспортные пути, земли для водоснабжения и канализации, а также общественные места; зачастую это просто запоздалые размышления о событиях, происходящих в частном секторе. Я предполагаю, что градостроители могут помочь местным планирующим организациям развить потенциал, необходимый для систематической связи небольших и ориентированных на сообщества инвестиций, с более крупномасштабными, которые в итоге появятся. Не менее важно и то, что в сфере планирования необходимо учитывать финансовые механизмы, которые сделают эти инвестиции основной частью процесса распределения местных политических ресурсов. Хотя местные чиновники и специалисты по планированию в настоящее время, возможно, не в состоянии решительно действовать в этой среде, потому что у них нет необходимых данных (например, карт участков, собственности и т. д.) или потому, что они сталкиваются с лицами, принимающими решения, у которых нет знаний в этой области, однако многие национальные правовые и политические условия, по-видимому, способствуют улучшению местного планирования. Каждый случай, представленный здесь, описывает национальный контекст, в котором в настоящее время на местные органы власти оказывается значительное давление, связанное с управлением инвестициями и поддержанием высокого качества жизни. Таким образом, вполне вероятно, что политическая воля для принятия решений, связанных с местным планированием и инфраструктурой, действительно существует.

На Глобальном Юге существует огромное разнообразие городов и населенных пунктов, в которых наблюдается быстрый пространственный и демографический рост. Это разнообразие обусловлено как значительными различиями в экологических, экономических и социально-экономических условиях в каждой местности, так и широкими различиями в национальной политической среде. Кроме того, децентрализация политического процесса привела к тому, что эти различия затем отразились на различных местных политических процессах. Этот факт говорит о том, что для того, чтобы избежать «шаблонного» подхода, реализация таких подходов на уровне сообществ должна будет обеспечить гибкость, позволяющую адаптироваться к очень различным местным условиям. Именно разнообразие местных ситуаций делает теоретическое понимание взаимодействующих инфраструктурных систем столь важным. Такое теоретическое понимание позволяет выработать общую концепцию сохранения прав для всех городских жителей, поскольку города циклически проходят через периоды роста и стагнации. Хотя сохранение этого общего принципа с течением времени может выглядеть по-разному в разных странах мира, внимание к общему характеру проблем, связанных с переходом к городскому образу жизни, обеспечит то, что урбанизация будет служить не только наиболее маргинализированным в результате урбанизации слоям, но также вовлечет их в процесс принятия коллективных политических и социальных решений. Поощрение их к участию в совместном производстве для удовлетворения своих материальных потребностей даст пригородным сообществам право на принятие публичных решений и тем самым создаст демократическое государственное устройство.

Таким образом, взаимосвязанность лежит в основе создания устойчивой формы управления, способной адаптироваться к быстро меняющимся условиям, оправиться от проблем и улучшить возможности сообщества по мере развития глобализации самым непредсказуемым образом.

Библиография

Acey 2010 — Acey, C. Gender and community mobilization for urban water infrastructure investment in Southern Nigeria // Gender & Development. 2010. Vol. 18. № . 1.

Acey 2016 — Acey, C. Managing wickedness in the Niger Delta: Can a new approach to multi- stakeholder governance increase voice and sustainability? // Landscape and Urban Planning. Vol. 154.

Akram-Lodhi 2004 — Akram-Lodhi, A. H. Are 'landlords taking back the land'? An essay on the agrarian transition in Vietnam. European Journal of Development Research // Vol. 16. № 4.

Allen et al. 2006a — Allen, A., Davila, J. D., & Hofmann, P. Governance of water and sanitation services for the peri-urban poor: A framework for understanding and action in metropolitan Regions. London: Development Planning Unit, University College London, 2006.

Allen et al. 2006b — Allen, A., Davila, J. D., & Hofmann, P. The peri-urban water poor: Citizens or consumers? Environment and Urbanization // Vol. 18. 2006, № 2.

Angel 2012 — Angel, S. Planet of Cities. Cambridge: Lincoln Institute of Land Policy, 2012.

Angel et al. 2012 — Angel, S., Parent, J., Civco, D. L., & Blei, A. M. Atlas of urban expansion. Cambridge: Lincoln Institute of Land Policy, 2012.

Arkadie & Mallon 2003 — Arkadie, B. V., & Raymond Mallon, R. Viet Nam: A transition tiger? Asia Pacific Press, 2003.

Arnstein 1969 — Arnstein, S. R. A ladder of citizen participation. Journal of the American Institute of Planners // Vol. 35. 1969, № 4.

Asian Development Bank 2007 — Asian Development Bank. Water for slums: Small piped water networks deliver in the interim. https://www.adb.org/publications/small-piped-water-networks-deliver-interim

Asian Development Bank 2012 — Asian Development Bank Water operational plan: 2011–2020. Manila, Philippines. https://www.adb.org/sites/default/files/institutional-document/33671/ppp-operational- plan-2012–2020.pdf

Baker 2009 — Baker, J. L. Opportunities and challenges for small scale private service providers in electricity and water supply: Evidence from Bangladesh, Cambodia, Kenya, and the Philippines. Washington: The World Bank, 2009.

Bakker 2003 — Bakker, K. Archipelagos and networks: Urbanization and water privatization in the South. The Geographical Journal // Vol. 169. 2003, № 4.

Barlow & Clarke 2004 — Barlow, M., & Clarke, T. The struggle for Latin America's water. August 14. NACLA Report on the Americas. https://nacla.org/article/struggle-latin-america%27swater

Beard et al. 2008 — Beard, V., Miraftab, F., & Silver, C. Planning and decentralization: Contested spaces for public action in the global South. New York: Routeledge, 2008.

Biswas & Tortajada 2010 — Biswas, A. K., & Tortajada, C. Water supply of Phnom Penh: An example of good governance // International Journal of Water Resources Development Vol. 26. 2010, № 2.

Bivens 2014 — Bivens, J. The short and long term impact of infrastructure investments on employment and economic activity in the US economy // Briefing Paper № 374. Economic Policy Institute. 2014.

Bjorkman 2015 — Bjorkman, L. Pipe politics, contested waters: Embedded infrastructures of millennial Mumbai. Durham: Duke University Press, 2015.

Blaikie & Brookfield 1987 — Blaikie, P., & Brookfield, H. Land and degradation and society. New York: Methuen & Co Inc., 1987.

Blanc & Botton 2010 — Blanc, A., & Botton, S. Water services and the private sector in developing countries: Comparative perceptions and discussion dynamics. Paris: PPIAF, 2010.

Blomkvist & Nilsson 2017 — Blomkvist, P., & Nilsson, D. On the need for system alignment in large water infrastructure: Understanding infrastructure dynamics in Nairobi, Kenya // Water Alternatives. Vol. 10. 2017, № 2.

Bond & Dugard 2008 — Bond, P. and J. Dugard. «The Case of Johannesburg Water: What Really Happened at the Pre-paid «Parish Pump» // Law, Democracy and Development. Vol. 12. 2008, № 1.

Booth 1999 — Booth, A. Development: Achievement and weakness. In D. K. Emerson (Ed.). Indonesia beyond Suharto. New York: Routledge, 1999.

Budds & McGranahan 2003 — Budds, J., & McGranahan, G. Are the debates on water privatization missing the point? Experiences from Africa, Asia and Latin America // Environment and Urbanization. Vol. 15. 2003, № 2.

Burger & Hawkesworth 2011 — Burger, P., & Hawkesworth, I. How to attain value for money: Comparing PPP and traditional infrastructure public procurement // OECD Journal on Budgeting. Vol. 11. 2011, № 1.

Cau Giay WSF 2006 — Cau Giay Water Supply Factory. Lenh ngung cung cap nuoc. [An order of discontinuation of water service provision.] Government Document No. 590/XN CG, signed on April 17, 2006.

Ceridwen et al. 2013 — Ceridwen, O., Dovey, K., & Raharjo, W. Teaching informal urbanism: Simulating informal settlement practices in the design studio // Journal of Architectural Education. Vol. 67. 2013, № 2.

Cities Alliance 2012 — Cities Alliance. About slum upgrading. Retrieved October 20. http://citiesalliance.org/About-slum-upgrading

Co Nhue CPC 2000a — Co Nhue People's Committee (CPC). Báo cáo phát triển kinh tế, xã hội 2000. [Annual report on socio-economic development in 2000.] Unpublished report.

Co Nhue CPC 2000b — Co Nhue People's Committee (CPC). Thông báo về việc thanh toán tiền nước tiêu dung. [Announcement regarding the application of water tariff for water users of Co Nhue.] Government Document No. 18, signed on March 30, 2000.

Co Nhue CPC 2001a — Co Nhue People's Committee (CPC). Báo cáo phát triển kinh tế, xã hội 2001. [Annual report on socio-economic development in 2001.] Unpublished report.

Co Nhue CPC 2001b — Co Nhue People's Committee (CPC). Thông báo về việc giá thanh toán tiền nước máy. [Announcement regarding tariff for water services in Co Nhue.] Government Document No. 175, signed on November 20, 2001.

Co Nhue CPC 2002 — Co Nhue People's Committee (CPC). Báo cáo phát triển kinh tế, xã hội 2002. [Annual report on socio-economic development in 2002.] Unpublished report.

Co Nhue CPC 2003 — Co Nhue People's Committee (CPC). Báo cáo phát triển kinh tế, xã hội 2003. [Annual report on socio-economic development in 2003.] Unpublished report.

Co Nhue CPC 2004 — Co Nhue People's Committee (CPC). Báo cáo phát triển kinh tế, xã hội 2004. [Annual report on socio-economic development in 2004.] Unpublished report.

Co Nhue CPC 2005 — Co Nhue People's Committee (CPC). Báo cáo phát triển kinh tế, xã hội 2005. [Annual report on socio-economic development in 2005.] Unpublished report.

Co Nhue CPC 2006 — Co Nhue People's Committee (CPC). Thông báo về việc tăng giá tiền nước máy. [Announcement regarding increased water tariff.] Government Document No. 424/ TB-UB, signed on May 31, 2006.

Co Nhue CPC 2007 — Co Nhue People's Committee (CPC). Báo cáo sơ kết công tác quản lý đất đai, trật tự xây dựng năm 2007 và phương hướng nhiệm vụ năm 2008 (Số 247/BC-UBND). [Annual report on local land use management and construction in 2007 and plans for 2008 (Document No. 247/BC-UBND).] Unpublished report.

Co Nhue CPC 2009a. — Co Nhue People's Committee (CPC). Báo cáo phát triển kinh tế, xã hội 2009. [Annual report on socio-economic development in 2009.] Unpublished report.

Co Nhue CPC 2009b — Co Nhue People's Committee (CPC). Báo cáo theo nội dung công văn số 750/CV-TTTP-P7 ngày 29/4/2009 của thanh tra thành phố Hà Nội (Công văn số 69/BC-UBND ngày 14 tháng 5 năm 2009). [Responses to the Document # 750/CV-TTTP-P7 signed on April 29, 2009 by the city of Hanoi's construction inspection delegation (Document # 69/BC-UBND on May 14, 2009).] Unpublished document.

Collignon & Vézina 2000 — Collignon, B., & Vézina, M. Independent water and sanitation providers in African cities. Washington: The World Bank, 2000.

Conan 2002 — Conan, H. (Ed.). Small piped water networks: Helping local entrepreneurs to invest. Asian Development Bank. www.adb.org/water. 2002.

Corburn 2005 — Corburn, J. Street science: Community knowledge and environmental health justice. Cambridge: MIT Press, 2005.

Crane 1994 — Crane, R. Water markets, market reform and the urban poor: Results from Jakarta, Indonesia //World Development. Vol. 22. 1994, № 1.

Crow-Miller et al. 2017 — Crow-Miller, B., Webber, M., & Rogers, S. The techno-politics of big infrastructure and the Chinese water machine // Water Alternatives. Vol. 10. 2017, № 2.

Cutler & Miller 2007 — Cutler, D. M., & Miller, G. Water, water, everywhere: Municipal finance and water supply in American cities. Chicago: Univeristy of Chicago Press, 2007.

Davis et al. 2008 — Davis, J., White, G., Damodaron, S., & Thorsten, R. Improving access to water supply and sanitation in urban India: Microfinance for water and sanitation infrastructure development // Water Science & Technology. Vol. 58. 2008, № 4.

De Konick 2004 — De Konick, R. The challenges of the agrarian transition in Southeast Asia. Labour // Capital and Society. 2004, Vol. 37.

Department for International Development 2007 — Department for International Development. Working paper 24. Literature review on private sector infrastructure investment. WSP International Management Consulting. 2007.

Dick 2003 — Dick, H. W. Surabaya: City of work. Singapore: Singapore University Press, 2003.

Dinavo 1995 — Dinavo, J. V. Privatization in developing countries: Its impact on economic development and democracy. New York: Bloomsbury Academic, 1995.

Donahue 1989 — Donahue, J. D. The privatization decision: Public ends, private means. New York: Basic Books, 1989.

Douglass 2000 — Douglass, M. Mega-urban regions and world city formation: Globalisation, the economic crisis and urban policy issues in Pacific Asia // Urban Studies. Vol. 3. 2000, № 12.

Ellis 2012 — Ellis, P. D. Indonesia's urban development toward inclusive and sustainable economic growth. Washington: World Bank, 2012.

Fforde & De Vylder 1996 — Fforde, A., & De Vylder, S. From plan to mmarket:The economic transition in Vietnam. Boulder: Westview Press, 1996.

Firman 2002 — Firman, T. Urban development in Indonesia, 1990–2001: From boom to the early reform era through the crisis // Habitat International. Vol. 26. 2002, № 2.

Firman 2012 — Firman, T. Urbanization and urban development patterns. The Jakarta Post. http://www.thejakartapost.com/news/2012/05/12/urbanization-and-urban-development-patterns.html

Fontenelle 2003 — Fontenelle, J.-P. Water Management Decentralization in the Red River Delta, Vietnam: An Uncompleted Transition Process Toward Local Governance // International Journal of Water. Vol. 1. 2003, № 3(4).

Fuente 2019 — Fuente, D. The design and evaluation of water tariffs: A systematic review // Utilities Policy. Vol. 61. 2019, № 10. https://doi.org/10.1016/j.jup.2019.100975

Gainsborough 2003 — Gainsborough, M. Changing political economy of Vietnam: The case of Ho Chi Minh City. New York: Routledge, 2003.

Gandy 2006 — Gandy, M. The bacteriological city and its discontents // Historical Geography. Vol. 34. 2006, № 6.

Gormley 1991 — Gormley, W. T. The privatization controversy. In W. T. Gormley (Ed.), Privatization and its alternatives. Madison: University of Wisconsin Press, 1991.

Government of Gresik Regency 2007 — Government of Gresik Regency. The prospects and potential of Gresik regency. Gresik in Figures. (2005). Statistical yearbook. Gresik Regency. 2007.

Gresik in Figures 2005 – Statistical Yearbook. Gresik Regency, 2005.

Gulyani et al. 2005 — Gulyani, S., Talukdar, D., & Mukami Kariuki, R. Universal (non) service? Water markets, household demand and the poor in urban Kenya // Urban Studies. Vol. 42. 2005, № 8.

Gutierrez 2003 — Gutierrez, E. Privatization and the failed promise of free market theory in water services provision: Towards developing an alternative theoretical framework [Paper presentation]. Mexico City Conference. 2003, April 2–3.

Hanoi PC 2001 — Hanoi People's Committee. Quyết định của UBND thành phố Hà Nội về việc điều chỉnh giá thanh toán tiền nước máy tiêu dùng tại Thành phố Hà Nội. [Hanoi People's Committee's Decision on the water tariff adjustment applied to Hanoi city]. Government Document No. 80/2001/QD-UB, signed on October 4, 2001.

Hanoi PC 2005 — Hanoi People's Committee. Quyết định của UBND thành phố về việc điều chỉnh giá nước tiêu thụ nước sạch trên địa bàn thành phố Hà Nội. [Hanoi People's Committee's Decision on the water tariff adjustment applied to Hanoi city]. Government Document No. 36/2005/QD-UB, signed on March 15, 2005.

HWBC 2001 — Hanoi Water Business Company. Thông báo hướng dẫn thực hiện giá bán nước máy đã tiêu dung tại thành phố Hà Nội. [Announcement regarding instructions to the implementation of water tariff in Hanoi.] Government Document No. 1351/KDNS-KD, signed on October 5, 2001.

HWBC 2007 — Hanoi Water Business Company. Quyết định của công ty kinh doanh nước sạch Hà Nội. Dự án Đầu tư, xây dựng mạng lưới cấp nước xã Cổ Nhuế, huyện Từ Liêm. [The Hanoi Water Business Company's Decision on the project development of a water supply network investment and construction in Co Nhue commune, Tu Liem district.] Government Document No. 1621/QĐ-KDNS, signed on October 3, 2007.

Harsapurtra 2004 — Harsapurtra, I. Water supplies in East Java. The Jakarta Post. 2004. Monday, April 26.

Herrera 2017 — Herrera, V. From participatory promises to partisan capture: Local democratic transitions and Mexican water politics // Comparative Politics. Vol. 49. 2017, № 4.

Hill 1996 — Hill, H. The Indonesian economy since 1966: Southeast Asia's emerging giant. Cambridge: Cambridge University Press, 1996.

Hodge 2007 — Hodge, G. Regulatory frameworks for urban services. Melbourne: Monash University, 2007.

Hogan & Kaiser 2005 — Hogan, R., & Kaiser, R. B. What we know about leadership // Review of General Psychology. Vol. 9. 2005, № 2.

Hudalah 2010 — Hudalah, D. Peri-urban Planning in Indonesia: Contexts, approaches and institutional capacity [PhD Dissertation]. Groningen: University of Groningen, 2010.

Hughes 1987 — Hughes, T. P. The evolution of large technical systems. In W. E. Bijker, T. P. Hughes, & T. Pinch (Eds.), The social construction of technological systems: New directions in the sociology and history of technology. Cambridge: MIT Press, 1987.

Hughes & Coutard 1996 — Hughes, T., & Coutard, O. Fifteen years of social and historical research on large technical systems: An interview with Thomas Hughes // Flux. Vol. 25.1996.

Hughes & Un 2011 — Hughes, C., & Un, K. (Eds.) Cambodia's economic transformation. Copenhagen: Nias Press, 2011.

Hutton & Varughese 2016 — Hutton, G., & Varughese, M. The costs of meeting the 2030 sustainable development goal targets on drinking water, sanitation, and hygiene. Washington: The World Bank, 2016.

International Labor Organization 2018 — International Labor Organization. Women and men in the informal economy: A statistical picture (3rd Ed.). Geneva: International Labor Organization. Available at https://www.ilo.org/wcmsp5/groups/public/---dgreports/---dcomm/documents/publication/wcms_626831.pdf

India Times 2013 — India Times. People in urban slums contribute over 7 percent GDP: Study. India Times. 2013. October 15.

Isham & Kähkonem 1999 — Isham, J., & Kähkonem, S. What determines the effectiveness of community- based water projects? Evidence from central Java, Indonesia on demand responsiveness, services rules, and social capital. Social Capital Initiative Working Paper No. 14. Washington: The World Bank, 1999.

Johnson 2006 — Johnson, S. The ghost Map: The story of London's most terrifying epidemic — And how it changed science, cities, and the modern world. London: Penguin Books, 2006.

Kane & Puentes 2014 — Kane, J., & Puentes, R. Beyond shovel ready: The extent and impact of US infrastructure jobs, Brookings Institution Report. Metropolitan Policy Program. 2014.

Keck 2002 — Keck, M. E. Water, water, everywhere, nor any drop to drink. In B. Peter Evans (Ed.), Livable cities?: urban struggles for livelihoods and sustainability. Oakland: University of California Press, 2002.

Kessides 2004 — Kessides, I. N. Reforming infrastructure: Privatization, regulation and competition. Oxford: World Bank and Oxford University Press, 2004.

Kim 2008 — Kim, A. M. (2008). Learning to be capitalists: Entrepreneurs in Vietnam's transition economy. Oxford: Oxford University Press, 2008.

Kimura 2013 — Kimura, E. Political change and territoriality in Indonesia: Provincial proliferation. New York, Routledge, 2013.

Kirkpatrick & Parker 2004 — Kirkpatrick, C., & Parker, D. Regulation and the privatisation of water services in developing countries: Assessing the impact of the General Agreement on Trade in Services (GATS). Centre on Regulation and Competition (CRC) Working Papers 30600. University of Manchester, Institute for Development Policy and Management (IDPM), 2004.

Kompass 2003 — Kompass. Baru 20 persen penduduk Indonesia nikmati air bersih. www.kompass.co.id. 2003.

Laquian et al. 2007 — Laquian, A. A., Tewari, V., & Hanley, L. M. The inclusive city: Infrastructure and public services for the urban poor in Asia. Baltimore: Johns Hopkins University Press, 2007.

Le 2003 — Le, T. A. Technical report on water supply in the Mekong Delta. Can Tho: Can Tho University, 2003.

Lowry et al. 2005 — Lowry, K., White, A., & Courtney, C. National and local agency roles in integrated coastal management in the Philippines // Ocean & Coastal Management. Vol. 48. 2005, № 3–6.

Macan-Markar 2003 — Macan-Markar, M. The price of Cambodia's WTO entry. Asia Times. 2003, September 16.

Marks et al. 2014 — Marks, S. J., Komives, K., & Davis, J. Community participation and water supply sustainability: Evidence from handpump projects in Rural Ghana // Journal of Planning Education and Research. Vol. 34. 2014, № 3. P. 276–286.

Matthew & McDonald 2007 — Matthew, R. A., & McDonald, B. Cities under siege: Urban planning and the threat of infectious disease // Journal of the American Planning Association. Vol. 7. 2007, № 1.

Manyar in Figures 2005 — Manyar in Figures. Statistical yearbook, Manyar subdistrict. Gresik Regency. 2005.

Marin 2009 — Marin, P. Public-private partnerships for urban water Utilities: A review of experiences in developing countries. Washington: World Bank, 2009.

Marks & Davis 2012 — Marks, S., & Davis, J. Does user participation lead to sense of ownership for rural water systems? Evidence from Kenya // World Development. Vol. 40. 2009, № 8. P. 1569–1576.

Marshall et al. 2009 — Marshall, F., Waldman, L., MacGregor, H., Mehta, L., & Randhawa, P. On the edge of sustainability: Perspectives on peri-urban dynamics. STEPS Centre, University of Sussex, 2009.

McGee 1991 — McGee, T. G. The emergence of 'Desakota' regions in Asia: Expanding a hypothesis. In B. Koppel & T. G. McGee (Eds.), The extended metropolis: Settlement transition in Asia, by Norton Sydney Ginsburg (3–26). Honolulu: University of Hawaii Press, 1991.

McGranahan 2002 — McGranahan, G. Demand-side water strategies and the urban poor. London: International Institute for Environment and Development, 2002.

McNichol 2016 — McNichol, E. It's time for States to invest in infrastructure. Policy Futures — The Center on Budget and Policy Priorities. http://www.cbpp.org/research/state-budget-and-tax/its-time-for-states-to-invest-in-infrastructure.

Megginson 2005 — Megginson, W. L. The financial economics of privatization. Oxford: Oxford University Press, 2005.

Ministry of Construction 2018 — Ministry of Construction. Interview conducted by the author with officials at the Vietnamese Ministry of construction. October 2018.

Ministry of Planning 2000 — Ministry of Planning. General population census of Cambodia 1998: Analysis of census results (spatial distribution and migratory movement) (Report 5). Ministry of Planning. 2000.

Montgomery et al. 2003 — Montgomery, M. R., Stren, R., Cohen, B., & Reed, H. E. (Eds.) Panel on Urban Population Dynamics; Committee on Population; Division of Behavioral and Social Sciences and Education; National Research Council. Cities transformed: Demographic change and its implications in the developing world. Washington: The National Academies Press, 2003.

Mukhija 2003 — Mukhija, V. Squatters as developers? slum demolition and redevelopment in Mumbai. London: Ashgate Publishing Limited, 2003.

Mumford 1937 — Mumford, L. What is a city? // Architectural Record. Vol. 82. 1937.

Nguyen 1993 — Nguyen, K. T. The village: Settlement of peasants in Northern Vietnam. In Phan Huy Le, Tu Chi, Nguyen Duc Nghinh et al. (Eds.), The traditional village in Vietnam (7–43). Hanoi: The Gioi Publishers, 1993.

Nguyen et al. 2017 — Nguyen, T. B., van der Krabben, E., Spencer, J. H., & Truong, Kien T. Collaborative development: Capturing the public value in private real estate development projects in Ho Chi Minh City, Vietnam // Cities: The International Journal of Urban Policy and Planning. Vol. 68.

Niessen 1999 — Niessen, N. Municipal government in Indonesia: Policy, law and practice of decentralization and urban spatial planning. Research School CNWS, School of Asian, African, and Amerindian Studies. Leiden: Universiteit Leiden, 1999.

Oliveira et al. 2004 — Oliveira, C. C. G., Lacerda, H. G., Martins, D. R. M., Barbosa, J. D. A., Monteiro, G. R., Queiroz, J. W., Sousa, J. M. A., Ximenes, M. F. F. M., & Jeronimo, S. M. B. Changing epidemiology of American cutaneous leishmaniasis (ACL) in Brazil: A disease of the urban-rural interface // Acta Tropica. Vol. 90. 2004, № 2.

Oliveira & Lewis 2004 — Oliveira, O., & Lewis, T. Cochabamba! Water war in Bolivia. Boston: South End Press, 2004.

O'Rourke 2004 — O'Rourke, D. Community-driven regulation: Balancing development and the environment in Vietnam. Cambridge: MIT Press, 2004.

Ortiz & Piedrafita 2001 — Ortiz, A., & Piedrafita, C. Providing and Expanding Water Provision and Solid Waste Collection Services in Peri-urban and Rural Areas: THE ROLE OF SMALL- SCALE PROVIDERS: The Case of El Salvador within a Regional Context. Washington: The World Bank, 2001.

Ostrom 1996 — Ostrom, E. Crossing the great divide: Coproduction, synergy, and development // World Development. Vol. 24. 1996, № 6. P. 1073–1087.

Owusu 2007 — Owusu, F. Conceptualizing livelihood strategies in African cities: Planning and development implications of multiple livelihood strategies // Journal of Planning Education and Research. Vol. 26. 2007, № 4.

Pannell 2002 — Pannell, C. W. China's continuing urban transition // Environment and Planning A: Economy and Space. Vol. 34. 2002, № 9.

Pannell & Ma 1997 — Pannell, Clifton W. and Laurence J.C. Ma. Urban transition and interstate relations in a dynamic post-soviet borderland: The Xinjiang uygur autonomous region of China // Post-Soviet Geography and Economics. Vol. 38. 1997, № 4.

PDAM Gresik 2005 — PDAM Gresik. Website of the perusahaan Daerah air minum (дата посещения: March 3, 2010). http://pdam.gresik.go.id/

Pearce 2006 — Pearce, F. When the rivers run dry: Water — The defining crisis of the 21st Century. Boston: Beacon Press, 2006.

Perry & Praskievicz 2017 — Perry, M. D., & Praskievicz, S. J. A new era of big infrastructure? (Re)developing water storage in the U.S. West in the context of climate change and environmental regulation // Water Alternatives. Vol. 10. 2017, № 2.

Peters 2013 — Peters, R. Surabaya, 1945–2010: Neighborhood, State and economy in Indonesia's city of struggle. Singapore: NUS Press, 2013.

Pham et al. 1994 — Pham, V. T., Thinh, D., Khoat, L. C., and Phan, H. T. (Eds.) (1994). Lịch sử cách mạng xã Cổ Nhuế (1930–1992) [Revolutionary history of Co Nhue commune (1930–1992)]. Labour Publishing House, 1994.

Polanyi 1997 — Polanyi, K. The great transformation: The political and economic origins of our time. Boston: Beacon Press, 1997.

PPWSA 1996 — PPWSA. History and 5-year development plan 1997–2001. Phnom Penh Water Supply Authority. 1996.

PPWSA 1999 — PPWSA. Report on improvements in the State of Phnom Penh water supply authority (PPWSA) from 1993 to 1999. Phnom Penh Water Supply Authority. 1999.

PPWSA 2004 — PPWSA. Business plan for year 2005–2009. Phnom Penh Water Supply Authority. 2004.

PPWSA 2005 — PPWSA. PPWSA from 1993 until now: A case study in rapid productivity and performance improvements in the public sector water supply in post conflict era. Phnom Penh Water Supply Authority. 2005.

PPWSA 2006a — PPWSA. Business plan for year 2007–2012. Phnom Penh Water Supply Authority. 2006.

PPWSA 2006b — PPWSA. The study on the master plan of greater phnom penh water supply — Phase II in the kingdom of Cambodia (3 volumes). Phnom Penh Water Supply Authority. 2006.

PPWSA 2006c — PPWSA. 8-month report–4-month estimate in 2006 and planning for 2007. Phnom Penh Water Supply Authority. 2006.

PPWSA 2007a — PPWSA. 2006 annual report. Phnom Penh Water Supply Authority. 2007.

PPWSA 2007b — PPWSA. Report on clean water supply to the poor in May 2007. Phnom Penh Water Supply Authority. 2007.

Prasad 2006 — Prasad, N. Privatization results: Private sector participation in water services after 15 years // Development Policy Review. Vol. 24.

PWC 2012 — Pricewaterhouse Coopers (PWC). (2012). Meeting the World's water challenges: Introducing PWC's sustainable water services. http://www.pwc.com/gx/en/sustainability/assets/pwc-meeting-the-world-s-water-challenges-introducing-pwc-s-sustainable-water-services-v2.pdf

Putnam 2001 — Putnam, R. Bowling alone. New York: Simon & Schuster, 2001.

Rivas 2014a — Rivas, M. G. Decentralization, community participation, and improvement of water access in Mexico // Community Development. Vol. 45. 2014, № 1.

Rivas 2014b — Rivas, M. G. Ethnolinguistic divisions and access to clean water in Mexico // Latin American Research Review. Vol. 49. 2014, № 2.

Rivas et al. 2014 — Rivas, M. G., Beers, K., Warner, M. E., & Weber-Shirk, M. Analyzing the potential of community water systems: The case of AguaClara // Water Policy. Vol. 16. 2014, № 3.

Rodriguez et al. 2012 — Rodriguez, D. J., van den Berg, C., & McMahon, A. Investing in water infrastructure: Capitol, operations and maintenance. Washington: World Bank, 2012.

Rondinelli 1990 — Rondinelli, D. A. Financing the decentralization of urban services in developing countries: Administrative requirements for fiscal improvements // Studies in Comparative International Development. Vol. 25. 1990, № 2.

Roy & Sayyad 2004 — Roy, A., & Sayyad, N. Al. (Eds.) Urban informality: Transnational perspectives from the Middle East, Latin America, and South Asia. Lexington: Lexington Books, 2004.

Sachs 2005 — Sachs, J. D. The end of poverty: How can we make it happen in our lifetime. New York: The Penguin Press, 2005.

Salemink 2003 — Salemink, O. Disjunctive developments: The politics of good governance and civil society in Vietnam. Eidos: Revista de filosofia de la universidad del norte, 2003.

Schnitzler 2016 — Schnitzler, A. von. Democracy's infrastructure: Technopolitics and protest after apartheid. Princeton: Princeton University Press, 2016.

Sclar 2000 — Sclar, E. You don't always get what you pay for: The economics of privatization. New York: Cornell University Press, 2000.

Scott 1998 — Scott, J. C. Seeing Like a State: How certain schemes to improve the human condition have failed. New Haven: Yale University Press, 1998.

Sen 1983 — Sen, A. K. Poverty and famines: An essay on entitlement and deprivation. Oxford: Oxford University Press, 1983.

Sen 1990 — Sen, A. Food, economics, and entitlements. In C. K. Eicher & J. M. Staatz (Eds.), Agricultural development in the third world. Baltimore: Johns Hopkins University Press, 1990.

Simonson 2003 — Simonson, K. The global water crisis: NGO and civil society perspectives. CASIN Publications, 2003.

Siregar 2003 — Siregar, P. R. (2003). World Bank and ADB's role in privatizing water in Asia. Jubilee South. www.jubileesouth.org/news.

Smith 1997 — Smith, K. Development, health, and the environmental risk transition. In G.S. Shahi, B. S. Levy, A. J. Binger, T. Kjellstrom, & R. Lawrence (Eds.), International perspective in environment development, and health Toward a sustainable world (51–62). Cham: Springer, 1997.

Solo 1999 — Solo, T. M. Small-scale entrepreneurs in the urban water and sanitation market // Environment and Urbanization. Vol. 11. 1999, № 1.

Solo 2003 — Solo, T. M. Independent water entrepreneurs in Latin America: The other private sector in water services. World Bank Group. 2003.

Spencer 2007 — Spencer, J. H. Innovative systems to create peri-urban infrastructure: Assessment of a local partnership to provide water to the poor in Vietnam // International Development Planning Review. Vol. 29. 2007, № 1.

Spencer 2008a — Spencer, J. H. Decentralization and privatization in Viet Nam's water sector: Innovative local financing in the Mekong Delta. In V. A. Beard, F. Miraftab, & C. Silver (Eds.), Planning and decentralization: Contested spaces for public action in the global South (106–118). New York: Routledge, 2008.

Spencer 2008b — Spencer, J. H. Household strategies for securing clean water: The demand for piped water in Viet Nam's peri-urban settlements // Journal of Planning Education and Research. Vol. 28. № 2.

Spencer 2021 — Spencer, J. H. Small and big infrastructure: A community planning theory of increments and interoperability // Journal of Economic Policy Reform. Vol. 24. 2021, № 2.

Spencer & Guzinsky 2010 — Spencer, J. H., & Guzinsky, C. Periurbanization, public finance and local governance of the environment: Lessons from small-scale water suppliers in Gresik, Indonesia // Environment and Planning A. Vol. 42. 2010, № 9.

Steck 2006 — Steck, J.-F. Qu'est-ce que la transition urbaine? Croissance urbaine, croissance des villes, croissance des besoins à travers l'exemple africain (What's urban transition?urban growth, growth of cities, growth of needs: The african example, with english summary) // Revue d'économie Financière. Vol. 86. 2006, № 5.

Swyngedouw 2004 — Swyngedouw, E. Social power and the urbanization of water: Flows of power. Oxford: Oxford University Press, 2004.

Tana 1998 — Tana, L. Nguyen Cochinchina: Southern Vietnam in the 17th and 18th centuries. SEAP, New York: Cornell University, 1998.

Tang & Chung 2002 — Tang, W.-S., & Chung, C. Rural–urban transition in China: Illegal land use and construction. Asia Pacific // Asia Pacific Viewpoint. Vol. 43. 2002.

Taye et al. 2016 — Taye, M. T., Tadesse, T., Senay, G. B., & Block, P. The grand ethiopian renaissance dam: Source of cooperation or contention? // Water Resources Planning and Management. Vol. 142. 2016, № 11.

Tempointeractive 2006 — Tempointeractive. President confident per capita income increase by 15 percent. http://www.tempointeractive.com/hg/ekbis/2006/11/03/brk,20061103-87036,uk.html

Tendler 1997 — Tendler, J. Good government in the tropics. Baltimore: The Johns Hopkins University Press, 1997.

The People's Committee of Tu Liem District 2011 — The People's Committee of Tu Liem District. Tu Liem statistical office 2011. Unpublished report.

Tibaijuka 2003 — Tibaijuka, A. K. Waterless cities // Our Planet. Vol. 14. 2003.

Tsai 2002 — Tsai, K. S. Back Alley banking: Private entrepreneurs in China. New York: Cornell University Press, 2002.

Umemoto 2001 — Umemoto, K. Walking in another's shoes: Epistemological challenges in participatory planning // Journal of Planning Education and Research. Vol. 21. 2002, № 1.

United Nations 2005 — United Nations. Water: A shared responsibility. New York: UNESCO and Berghahn Books, 2005.

Umemoto 2013 — Umemoto, K. World population prospects the 2012 revision. United Nations. 2013.

UNESCO 2006 — United Nations Educational, Scientific and Cultural Organization. Water: A shared responsibility. The United Nations World Water Development Report 2. http://www.unesco.org/water/wwap/wwdr2

UN habitat 2003 — United Nations human settlements program. Water and sanitation in world's cities: Local action for global goals. Earthscan. 2003.

UN habitat 2013 — United Nations human settlements program. State of the world's cities 2012/2013. Earthscan. 2013.

Water Management Unit of Co Nhue 2002a — Water Management Unit of Co Nhue. Báo cáo tổng kết công tác năm 2002. [2002 Annual program report.] Unpublished document.

Water Management Unit of Co Nhue 2002b — Water Management Unit of Co Nhue. Đề xuất nâng giá nước sinh hoạt. [Proposal on increasing water tariff.] Signed on August 7, 2002.

Watts 1983 — Watts, M. Silent violence: Food, famine, and peasantry in Northern Nigeria. Oakland: University of California Press, 1983.

Webster 2002 — Webster, D. On the edge: Shaping the future of Peri-urban East Asia. Shorenstein Asia Pacific Research Center, 2002.

Whittington et al. 1998 — Whittington, D., Davis, J. C., & McClelland, E. Implementing a demand-driven approach to community water supply planning: A case study of Lugazi, Uganda // Water International. Vol. 23. 1998, № 3.

Whittington et al. 2002 — Whittington, D., Pattanayak, S. K., Yang, J.-C., & Bal Kumar, K. C. Household demand for improved piped water services: Evidence from Kathmandu, Nepal // Water Policy. Vol. 4. 2002, № 6. P. 531–556.

Wie 2002 — Wie, T. K. (2002). The Soeharto era and After: Stability, development and crisis. In H. Dick, V. J. H. Houben, J. T. Lindblad, & T. K. Wie (Eds.), The emergence of a national economy: An economic history of Indonesia, 1800–2000 (194–243). Honolulu: University of Hawaii Press, 2002.

Winayanti & Lang 2004 — Winayanti, L., & Lang, H. C. Provision of urban services in an informal settlement: A case study of Kampung Penas Tanggul, Jakarta // Habitat International. Vol. 28. 2004, № 1.

Wira Study Team 2012 — Wira Study Team. Indonesia water investment road map 2011–2014. http://water.worldbank.org/sites/water.worldbank.org/files/publication/WATER-Indonesia-Water-Investment-Roadmap-2011-2014.pdf

World Bank 2003 — World Bank. Cities in transition: Urban sector review in an era of decentralization in Indonesia. Urban Sector Development Unity, Infrastructure Dept., East Asia and Pacific Region. Washington: World Bank, 2003.

World Bank 2006 — World Bank. Indonesia: Enabling water utilities to serve the urban poor. Washington: World Bank, 2006.

World Bank 2007a — World Bank. Evaluation of small scale providers of water supply and sanitation services in Peru. Washington: World Bank, 2007.

World Bank 2007b — World Bank. Spending for development: Making the most of Indonesia's new opportunities. World Bank. https://openknowledge.worldbank.org/handle/10986/6347

World Bank 2012a — World Bank. Indonesia the rise of metropolitan regions: Towards inclusive and sustainable regional Development. World Bank. http://documents.worldbank.org/curated/en/520931468269430645/pdf/717400WP00PUBL020FINAL0to0PRINTING0.pdf

World Bank 2012b — World Bank. Microfinance and financial inclusion. http://web.worldbank.org/ archive/website01363/WEB/0__CO-79.html

World Bank 2019 — World Bank. Cambodia - Water supply and sanitation improvement project (English). World Bank Group http://documents.worldbank.org/curated/en/942241554084076305/Cambodia-Water-Supply-and-Sanitation-Improvement-Project.

Yeung & McGee 1986 — Yeung, Y., & McGee, T. G. (Eds.) Community participation in delivering urban services in Asia. International Development Research Centre, 1986.

Zamzami 2017 — Zamzami, I. A new wave of water privatisation in Indonesia, December. The Transnational Institute. https://www.tni.org/en/article/a-new-wave-of-water-privatisation-in-indonesia

Предметно-именной указатель

аграрные регионы 68, 80, 81, 117, 193
Азиатский банк развития (ADB) 47, 60, 61, 68, 76, 81, 82, 99, 248, 252
Аллен А./ Allen A. 55, 91, 92, 98, 101
американская демократия 41
Африка к югу от Сахары 23, 33, 34, 53, 65, 80–82, 84, 89, 104, 274
Африканский банк развития (АФБР) 81

Баддс Дж./ Budds J. 58, 59, 61, 64
Бангкок 90, 286
Банджасари 119, 121–123, 137, 139, 142
Бьоркман Лиза 23

валовой национальный продукт (ВНП) 55, 106, 151
водные ресурсы 25–28, 30–32, 54–56, 72, 102, 105, 113, 117, 133, 142, 144, 150, 153, 154, 157, 159, 161, 218, 240, 247, 264, 267, 269, 275, 280, 283

водопроводная система 124, 137, 163–166, 179, 183, 186, 199, 209, 224, 225, 232
водоснабжение пригородных районов 16, 17, 25, 43, 68, 90–93, 98, 102, 103, 109, 116, 139–147, 149, 155, 164, 166–168, 189, 190, 193, 213, 239, 244–246, 252, 253, 259, 277, 278, 280
Восточная Ява 104, 110–116, 146
Всемирный банк (ВБ) 48, 64–66, 76, 81, 82, 97, 156, 160, 167, 252, 257, 262
вызовы 13, 14, 17, 19, 21, 29, 34, 36, 38, 45, 46, 49, 51, 52, 54, 59, 70, 78, 79, 87, 90, 94, 99, 110, 129, 140, 154, 184, 188, 224, 228, 254, 265, 274–277, 280, 289

Гербангкертосусила 114, 115
глобальная водная инфраструктура 48, 49, 64
глобальная урбанизация 19, 35, 44, 69, 79–103, 274
глобальный кризис 19, 44
городская система 60, 73, 103, 189, 210, 223, 242, 278, 288
городские службы 239, 245

городское планирование 9, 22, 69, 115, 284, 289
городское управление 45, 94, 105, 139, 269, 275, 277, 288, 289
городской водопровод 15, 162, 229
государственное финансирование на уровне сообществ 43, 64, 73, 104–147
государственно-частно-гражданский характер управления 285–287, 289
государственно-частное партнерство (PPP) 58, 60, 61, 64, 66–68, 75, 157, 192, 274, 284
государственно-частное партнерство на уровне сообщества 157, 159, 162
государственные финансы на уровне сообществ 43, 64, 73, 104–147, 273–276
градостроительство 22–25, 43, 198, 286, 290
Гресик, Индонезия 9, 14, 15, 25, 31, 105, 111–121, 123–126, 132, 137, 138, 140, 141, 143, 145–147, 149, 268, 269, 272, 275, 281–285
группа управления проектами (PMU) 199, 202–204, 208, 212

дельта Меконга 5, 8, 15, 100, 148, 150–154, 156, 158, 163, 167, 192
демократия 23, 24, 31, 38–43, 45, 46, 93, 105, 106, 145, 146, 188, 201, 213, 239, 240, 267, 276, 291
дерегуляция 62, 107
Джаботабек 108, 115
Джакарта, Индонезия 56, 66, 89, 90, 105, 108, 111, 113

Джейкобс Джейн/ Jane Jacobs 43, 273
Джонсон Стивен 70, 253
Дик Говард/ Dick Howard 111–113
домохозяйства 16–18, 27, 30, 36, 65, 68–70, 74, 75, 91, 93, 97, 98, 100, 116, 117, 121, 124, 125, 127–132, 134–141, 154–158, 160–169, 171–179, 182–184, 186, 189, 192, 196, 200, 208, 215, 221, 223–225, 227, 228, 231, 232, 235, 236, 254, 257–261, 264, 265, 268, 270, 271, 276, 277, 281, 288

жилые комплексы 102, 112, 116, 120, 124, 126, 280

загрязнение природных источников воды 28, 57, 80, 110, 113, 116, 138, 140, 142, 155, 158, 184–187, 274, 286
Закон о водных ресурсах 2004 года 55, 56
занятость 42, 50, 114, 122, 168
землевладельцы 15, 16, 56, 159, 160, 162, 272, 279
землепользование 93, 117, 119, 150–152, 223

индивидуальная автономия против расширения прав и возможностей 40
Индия 51, 82, 90, 167
индустриализация 49, 69, 70, 81, 82, 89, 113, 114, 116, 154, 184, 191, 247, 270
инновации/конфликты в сфере водоснабжения 13, 15, 19, 21, 37, 55, 71–73, 90, 104, 110, 116,

125, 132, 168, 248, 254, 280
институты управления 84, 273, 276
институциональная активность 248–253
информационная система управления бухгалтерским учетом (AMIS) 262, 263
инфраструктура водоснабжения на базе сообществ в Камбодже 5, 10, 17, 239–243, 245, 246, 249, 253, 255, 270
инфраструктура водоснабжения на базе сообществ в Кантхо, Вьетнам 15, 25, 35, 153–155, 157, 158, 165–168, 179, 184, 188–193, 224, 268, 269, 273, 279, 285

Йосовилангун, деревня 119, 121–123, 125–128, 132–135, 137, 138, 140–142, 146

кабупатен 14, 140
Калимантан, Индонезия 105
Камбоджа 5, 6, 9, 10, 17, 32, 34, 37, 44, 83, 238–243, 245, 246, 249, 252, 253, 255, 269, 270
кампонг 121, 124, 125, 127, 132–135, 137, 138, 140–142, 282
Кантхо 15, 25, 31, 149, 153–159, 163, 165–168, 173, 174, 179, 182–184, 188–193, 201, 224, 268, 269, 272, 273, 275, 279, 284, 285
качество/очистка/использование водоснабжения 172–177
Кек М. Э. 55
кекаматан 14, 140

Кессидес И. Н. 56
Кибера 286
Китай 33, 51, 52, 76, 82, 83, 272
колодцы на уровне сообществ 14–16, 27, 30, 51, 57, 70, 95, 96, 100, 102, 113, 116, 126–130, 132, 134, 136–139, 142, 153, 155, 156, 164, 165, 168, 169, 173, 174, 176, 178, 179, 182–186, 189, 191, 195, 199–201, 247, 270, 271, 280, 282
Ко Нхуэ, коммуна 16, 17, 193–225, 228, 229, 231, 232, 234–237
Конан X. 97
Кочабамба, Боливия 59, 65, 104
крупные технологические системы (LTS) 30

Лакиан А. А./ Laquian A. A. 44, 275
лидерство 106, 248, 249, 252, 287
лишение гражданских прав 104
локальная вычислительная сеть (LAN) 263
Лондон 22, 70, 71, 286
Лос-Анджелес 73

МакГи Терри 108, 282
МакГранахан Дж./ McGranahan G. 58, 59, 61, 64, 280
Мамфорд Льюис/ Mumford L. 46, 285
Маньяр, подрайон 118–121, 125, 128, 132, 133
Международная организация труда 42
Международный валютный фонд (МВФ) 62
международные донорские агентства 58, 62

мелкие предприятия-поставщики (SSP) 30
местная районная ассоциация 126, 130, 131
Местное подразделение по управлению водоснабжением (WMU) 16, 193, 207, 208, 212, 228, 231
местное руководство 200, 205, 261, 275
местные сервисные центры (PPL) 116
микробная теория болезней 253
Мумбаи 23, 274, 286
муниципалитет Пномпеня (MPP) 252, 257
муниципалитеты 15, 23, 108, 146, 153, 158, 201, 208, 252, 253, 257, 259, 272, 273

надзор 132, 215, 219, 248, 254, 262, 264
народные комитеты 15–17, 157, 159, 193, 196–200, 202–208, 211–214, 216, 217, 219–221, 223–230, 232–236
  Ко Нхуэ 17, 193, 196–198, 206, 208, 216, 217, 219–221, 224, 225, 232, 234
  Ханоя 193, 202
население 15, 18, 20, 27, 28, 32–36, 39, 41–43, 48, 50, 52, 61, 64, 70–72, 74, 78–81, 83–90, 92, 95, 98, 99, 101, 105, 107, 108, 109, 111, 117–121, 123, 137, 145, 148–154, 157, 160, 166, 167, 178, 183, 184, 192, 197, 198, 200, 211, 212, 221, 239–242, 244–246, 252–255, 257–259, 265, 267, 275, 279, 281, 282, 286
насосы 48, 123, 126–128, 130, 131, 134, 139, 142, 155, 156, 172, 204, 216, 217, 230, 235, 253, 287
  Sanyo 127
Национальная ассоциация округов/ US National Association of Counties (NAC) 74, 76
неконтролируемое качество воды 225–227
неправительственные организации (НПО) 6, 19, 58, 98, 191, 281, 282
неучтенная вода (UFW) 97, 227–230, 232–236, 248, 249, 252, 254, 255, 262
неучтенный уровень воды 227–230, 233, 235, 236
Новый Орлеан 73
Нью-Йорк 22, 73

обеспечение городской инфраструктуры 21, 45, 268, 269
обслуживание системы водоснабжения 212, 214, 218, 226
общественное здравоохранение 22, 23, 87, 92, 244
общественные блага 22, 29, 44, 72, 88, 94, 110, 143, 153, 192, 275, 283, 287, 289
общественные колодцы 15, 30, 70, 102, 126, 127, 136, 137, 139, 142, 195, 200, 280, 282
общественные товары для общественного блага 192
общественные эксперты в области развития 273–276

общинное планирование 9, 17, 20, 24, 56, 105, 101, 237
общинные организации 9, 58, 97
ограниченные запасы воды 225
Оливейра О. 87, 104
Олмстед Фредерик Лоу 22
Организация экономического сотрудничества и развития (ОЭСР) 50, 51, 53, 68
острова 105, 111
оценка источников воды домохозяйствами 178–184

пакет мер по дерегуляции 107
Папуа, Индонезия 105
Парагвай 100, 101
Париж 71
Парижское мирное соглашение 1991 года 243, 244
Патнэм Роберт 41
перекрестное использование/ потребление/стоимость водоснабжения 168–172
переход к городскому развитию 33, 35, 36, 79, 80, 86, 93, 102, 140, 143, 146, 155, 188, 192, 269, 271, 277, 291
переход в область здравоохранения 35, 92
период *Дой Мой* 16, 154
периурбанизация 33, 35, 44, 67, 78, 79, 85, 90, 109, 110, 113, 117, 121, 125, 140, 148–192, 238–267, 269, 284
перумахан/ perumahan 14, 15, 112, 120, 121, 125, 132, 137–142, 146
План государственно-частного партнерства 60

популяция 286
потеря дохода 161, 217, 227
потребление воды 161, 170, 211, 219
права доступа к ресурсам 23, 44, 288
права собственности 101, 150
Прасад Н./ Prasad N. 61–65
предоставление городских услуг 53, 59, 69, 70, 96, 148, 277, 282, 283
предприниматели в сфере водоснабжения на уровне сообществ 56, 97, 99–101, 120, 139, 148–192, 194
приватизация водного сектора 57–59, 61–68, 86, 148, 149, 154, 157, 191
пригородное водоснабжение 139–147
пригородный интерфейса (PUI) 93
пригороды Ханоя 16, 17, 193
прямые иностранные инвестиции/ Foreign direct investment (FDI) 90, 96, 108

размышления местных жителей о системе водоснабжения 209–212
Рафик Нагар 23
региональная урбанизация 152
режим *Новый порядок* 106
Ривас Марсела Гонсалез/ Rivas M. G. 23, 95
Ростоу В. В./ W.W. Rostow 42
рынок 57, 62, 73, 75, 77, 96, 120, 134, 135, 149, 153, 159, 161, 163, 165, 179, 183, 271

муниципальных облигаций 73
недвижимости 120
облигаций США 75, 77

Сен А. К. 26
система водоснабжения 15, 22, 51, 54, 58, 61, 62, 65, 70, 71, 73, 82, 91, 92, 94, 100, 103, 116, 130, 132, 139, 142, 153, 154, 163, 165, 184, 188, 190, 199–202, 204, 205, 207–212, 214, 216–220, 222–224, 234, 240–242, 244, 247, 248, 255, 256, 265, 278, 281
водоотведения 92
глубинных скважин 16, 48, 58, 100, 123, 126–131, 133–137, 142, 145, 146, 154, 156, 157, 164, 178, 179, 182, 191, 200
Скотт Джим 12
снабжение чистой водой 19, 139, 286
Сноу Джон 22, 253
совместное производство 153, 155, 159, 160, 162, 192, 238–269, 291
Соло Т. М. 97
социально-политическая среда 24
социально-политическое развитие 69, 93
социально-экономические условия 28, 30, 32, 38, 47, 58, 72, 93, 109, 148, 151, 185, 196, 225, 278, 291
Сулавеси, Индонезия 105
Суматра, Индонезия 105
Сурабая, Индонезия 9, 14, 108, 111–116, 121, 123, 124, 126, 132, 140

Сучи, деревня 119, 121–123, 125, 134, 135, 137, 138, 141, 142

тарифное ценообразование 23
темпы роста 18, 81–84, 117, 119, 120, 124, 190, 246
городского населения 81, 84, 85, 117, 246
Трагедия общин, книга Гаррета Хардина 72, 285
трубопроводные сети 179, 183, 185, 204, 215, 217, 225, 226, 228, 233–235

Уайтхед Генри 22, 253
управление 7, 8, 13–17, 22–27, 29, 30, 32, 34, 36, 38–41, 43–45, 52, 57, 62, 70, 79–82, 84, 86, 87, 92–96, 98, 102, 103, 105, 107, 110, 117, 125, 128, 132, 133, 139–142, 144, 148–150, 154, 155, 157, 159–161, 192, 193, 196, 199, 202–204, 207, 208, 210–214, 216–222, 224–227, 229, 230, 232–265, 267–270, 272, 273, 275–280, 283, 285, 291
водными ресурсами 25, 102, 105, 117, 142, 144, 150, 154, 159, 218, 240, 264, 269, 280, 283
водопроводной сетью 234, 237
водоснабжением 16, 140, 144, 157, 193, 199, 207, 208, 212–214, 217, 222, 224–227, 229, 230, 232, 233, 235, 238–243, 245, 247–249, 252–256, 261–265, 267, 279
водоснабжением Пномпеня (PPWSA) 238–246, 250,

252, 253, 255, 256, 258, 260, 262, 263, 265, 266
здравоохранением 24, 87, 92
отходами 286
самоуправление 13, 91, 211, 213, 220
усилия по приватизации 65, 149, 191
устойчивость 23, 29, 31, 39, 42, 43, 46, 48, 57, 77, 101, 102, 110, 116, 132, 144, 216, 265, 267–291
ученые 19–23, 45, 88, 94, 276

Филадельфия 82
финансирование 8, 13, 15, 32, 43, 52, 54, 58, 62, 64, 65, 67, 72–78, 82, 100, 101, 104, 147, 156–158, 202, 248, 252, 272, 287
   в городе Ханой 8, 202
   в Гресике 146, 272
   в дельте Меконга 8, 15, 100
   в Пномпене 248, 252
   городской инфраструктуры 74–78
   на уровне сообщества 43, 67, 128, 132, 146
   самофинансирование 51
финансовая жизнеспособность 55, 131, 160, 262, 264
финансовые ресурсы 73, 156
фон Шницлер Анита 23
Фуэнте Д. 23

Ханой, Вьетнам 8, 16, 17, 25, 193–237, 268, 269, 272, 273, 275, 285
Хардин Гаррет 72, 285
   Трагедия общин 72, 285
Хошимин 102, 153, 154, 279

Цели развития тысячелетия Камбоджи (CMDG) 246
Цель развития тысячелетия (MDG) 49
Центр водоснабжения и санитарии Кантхо (CTCWSS) 155
Центр межрегионального развития (PPAW) 115, 116
Центр национального развития (PPWN) 115
Центр регионального развития (PPW) 116

Чистая вода для бедных, программа 257, 259
чистая прибыль 262, 265

Эк Сон Чан 240, 247–249, 255, 264, 267
экономический рост 12, 34, 48, 91, 106, 109, 118
экспорт 106, 111, 151, 152
Эррера Вероника 24

Юго-Восточная Азия (ЮВА) 5, 9, 13, 14, 25, 31–34, 36, 37, 45–47, 53, 68, 80–86, 89, 94, 111, 117, 269, 270, 289
ЮНИСЕФ 154–156, 159

Ява 14, 104, 105, 108, 110–113, 115, 120, 123, 146

aguateros 99, 101
Air Bawah Tanah (ABT) 126
bak mandi 127
Cau Giay Water Supply Company, компания водоснабжения 17, 203, 204, 212–214, 216,

220, 222, 225–229, 232, 233, 235, 236
Compagnie des Eaux et Electricite de l'Indochine (CEEI), компания водоснабжения и электроснабжения 241
Community-based organizations (CBOs) 58
Ha Noi Water Business Company (HWBC), компания водоснабжения 17, 193, 194, 202, 206, 207, 209, 210, 212–214, 216, 221–223, 225–227, 229–231, 235–237
Japan International Cooperation Agency (JICA) 247

Large technical systems (LTS) 30
Local Area Network (LAN) 263
Peri-urban interface (PUI) 93
Perusahaan Daerah Air Minum (PDAM), компания водоснабжения 15, 123–125, 128, 132, 134–142, 146
Phnom Penh Water Supply Authority (PPWSA) 239, 241, 243, 245, 246, 250, 252, 253, 255, 256, 258, 260, 262, 263, 265, 266
rukun tetangga (RT), районная ассоциация 126, 127, 129, 131, 137
Small-scale providers (SSP) 30
Tokyo Engineering Consultants 247

Оглавление

Предисловие 5
Введение 12
Глава 1. Вода и безопасность человека 47
Глава 2. Глобальная урбанизация. Слияние периурбанизации и перехода к городскому развитию ... 79
Глава 3. Общинное и государственное финансирование систем глубинного водоснабжения в периурбанизированной Яве 104
Глава 4. Периурбанизация Канхто и рост числа предпринимателей-поставщиков воды в дельте Меконга 148
Глава 5. Ханой. Оптовая продажа воды в периурбанизированных районах 193
Глава 6. Периурбанизация, совместное производство и институциональная культура. Ситуация с управлением водоснабжением в Пномпене 238
Глава 7. За пределами устойчивости. Мыслим ли мы в отношении прав, участия и управления в правильном ключе? 268

Библиография 292
Предметно-именной указатель 307

Научное издание

Джеймс Нгуен Х. Спенсер
ПЛАНИРОВАНИЕ ВОДНОЙ БЕЗОПАСНОСТИ В ЮГО-ВОСТОЧНОЙ АЗИИ
Общинная инфраструктура в период перехода к городскому развитию

Директор издательства *И. В. Немировский*
Ответственный редактор *И. Белецкий*
Куратор серии *Е. Яндуганова*
Заведующая редакцией *И. Емельянова*

Дизайн *И. Граве*
Редактор *О. Немира*
Корректоры *А. Хижун, И. Манлыбаева*
Верстка *Е. Падалки*

Подписано в печать 29.11.2025.
Формат издания 60 × 90 $^1/_{16}$. Усл. печ. л. 19,8.
Тираж 200 экз.

Academic Studies Press
1577 Beacon Street, Brookline, MA 02446 USA
https://www.academicstudiespress.com

ООО «Библиороссика».
198207, г. Санкт-Петербург, а/я № 8

Знак информационной продукции согласно Федеральному закону от 29.12.2010 № 436-ФЗ

www.ingramcontent.com/pod-product-compliance
Lightning Source LLC
Chambersburg PA
CBHW052045220426
43663CB00012B/2454